Falk Wieland

TAUCHREISEFÜHRER DEUTSCHLAND

BRANDENBURG · HAMBURG
MECKLENBURG-VORPOMMERN · NIEDERSACHSEN

Rainer Maria Rilke

Es träumet der See

Im schwankenden Schilfe ganz leise und lind
spielt sachte, nur säuselnd, der kühlende Wind;
hernieder wohl weht er aus glänzender Höh:
es wallet die Woge
Es träumet der See.

Allmählich nur regt sich's im Rohre noch sacht,
geheimnisvoll säuselnd mit zaubernder Macht,
und kündet uns Wunder voll Wonne und Weh
leis lispelt die Welle
es träumet der See.

Und stiller und stiller wird rings schon die Flut;
im Westen erstirbt schon die rötliche Glut,
besänftigend breitet den Schleier die Fee:
es legt sich die Welle
Es träumet der See.

Falk Wieland

TAUCHREISEFÜHRER DEUTSCHLAND

BRANDENBURG • HAMBURG
MECKLENBURG-VORPOMMERN • NIEDERSACHSEN

Delius Klasing
EDITION NAGLSCHMID

Alle in diesem Buch enthaltenen Angaben, Daten, Ergebnisse usw. wurden vom Autor nach bestem Wissen erstellt und von ihm und vom Verlag mit größtmöglicher Sorgfalt überprüft. Gleichwohl sind inhaltliche Fehler nicht vollständig auszuschließen. Daher erfolgen die gemachten Angaben, Daten, Ergebnisse usw. ohne jegliche Verpflichtung oder Garantie des Autors oder des Verlags. Weder der Autor noch der Verlag übernehmen irgendeine Verantwortung und Haftung für etwaige inhaltliche Unrichtigkeiten. Trotz sorgfältiger Recherche übernehmen Verlag und Autor auch keine Verantwortung dafür, dass das Gerätetauchen an den beschriebenen Gewässern weiterhin und dauerhaft gestattet ist. Diese Entscheidung liegt allein bei den Ländern, Landratsämtern, diversen Wasserbehörden, Gemeinden, Gewässerbesitzern und Gewässerpächtern.

Baden, Schnorcheln, Tauchen und Technisches Tauchen können Gefahrenmomente beinhalten, die sich allein durch ständiges Training und die sachkundige Ausbildung bei lizensierten Tauchschulen minimieren lassen. Verlag und Autor empfehlen dringend, innerhalb der durch Ausbildung, eigene Erfahrung und Tagesform gesetzten Grenzen zu tauchen. Verlag und Autor übernehmen keine Haftung für Unfälle oder Todesfälle, die auf Grund von Informationen aus diesem Buch entstanden sind oder sein könnten.

Geschützte Warennamen und Warenzeichen werden nicht besonders gekennzeichnet. Aus dem Fehlen solcher Hinweise kann also nicht geschlossen werden, dass es sich um einen freien Warennamen oder ein freies Warenzeichen handelt.

Bibliografische Information Der Deutschen Bibliothek
Die Deutsche Bibliothek verzeichnet diese Publikation in der Deutschen Nationalbibliografie;
detaillierte bibliografische Daten sind im Internet über »http://dnb.ddb.de« abrufbar.

2., aktualisierte Auflage
ISBN 3-89594-089-5

Herausgeber: Dr. Friedrich Naglschmid

Titelfoto: Falk Wieland / MTi-Press, Stuttgart
Fotos: Sabine und Falk Wieland / MTi-Press, Stuttgart,
Weitere Bildnachweise bei den entsprechenden Abbildungen
Gesamtherstellung: J. P. Himmer Gmbh & Co. KG, Augsburg
Printed in Germany 2004

Vertrieb: Delius Klasing Verlag, Siekerwall 21, D-33602 Bielefeld
Tel.: 05 21/5 59-0; Fax: 05 21/5 59-1 15
E-Mail: info@delius-klasing.de
www.delius-klasing.de

Inhalt

Zankapfel Süßwassertauchen?

Anstelle eines Vorwortes

Liebe Taucherinnen und Taucher,
das Jahr 2003 ist von der UNO zum Internationalen Jahr des Süßwassers erklärt worden (siehe auch die Internet-Seite der UNESCO: www.wateryear2003.org). Das erinnert uns alle nachdrücklich daran, wie reich wir als Bewohner eines Landes eigentlich sind, die nicht nur über ausreichend sauberes Trinkwasser verfügen, sondern zudem betauchbare Süßwasserseen erleben können.
Was kann es Schöneres und Beruhigenderes geben, als in die mystisch-hellgrüne Unterwasserwelt unserer einheimischen Seen abzutauchen? Die von Ort zu Ort verschiedenen Varianten der Entstehung unserer Seen, die Vielfalt der Seebeckenformen und differenzierte Nährstoffangebote haben zahllose Lebensgemeinschaften entstehen lassen. Kaum ein Gewässer gleicht dem anderen völlig, auf jedem Tauchgang können Sie ihre ganz persönliche Entdeckung machen.
Wir Taucher haben wie nur wenige Menschen Gelegenheit, Landschaften, Natur und Jahreszeiten am und unter Wasser zu erleben. Der Zugang zu sensiblen, vor wenigen Jahrzehnten noch nicht erreichbaren Biotopen erfordert jedoch auch Vorsicht und Fairness gegenüber der Natur. Ein sinnvoller Abstand zu Pflanzenfeldern sollte ebenso selbstverständlich sein wie das Respektieren von Fischereischutzgebieten oder das Parken weitab vom Wasser.

In manchen Regionen soll das Gerätetauchen zukünftig nur noch an ausdrücklich dafür benannten Seen zugelassen sein; diese Seen sind jedoch noch nicht festgelegt.
Deshalb ist dieser Tauchreiseführer zum Teil ein Schnorchel(ver)führer, vor allem für einige Brandenburger Seen. Das Schnorcheln ist ebenso attraktiv wie das Gerätetauchen, weil in den meisten Seen die artenreiche Pflanzenzone mit all ihren Bewohnern in den oberen 6 Metern leicht zu erreichen ist. Das teilweise Verbot des Gerätetauchens ist ein Grund mehr für korrektes Auftreten und die sachliche Abstimmung der Taucherei mit anderen Gewässernutzern und Erholungssuchenden.
Die in diesem Buch vorgestellten Flüsse und Seen sind Vorschläge für eigene Naturbeobachtungen, ein Ideenpool für Wochenendreisen und die erholsame Erweiterung Ihres Wissens über Binnengewässer. Die Aufnahme eines Gewässers in dieses Buch begründet jedoch keinen juristischen Anspruch auf Taucheinstiege; das Buch kann Ihnen das Gerätetauchen weder gestatten noch verbieten. Verfügungen zu Tauchverboten oder festgeschriebenen Taucheinstiegsstellen können kompetente Behörden vor Ort jederzeit kurzfristig treffen.
Deshalb kann Sie dieses Buch eines begeisterten Tauchers voller Tauchtipps für Deutschland nicht davon entbinden, örtliche Regelungen und Beschilderungen zu beachten sowie neueste Bestimmungen zu erfragen. Selbstverständlich sollten Sie dort, wo offensichtlich Waldwege gesperrt sind, den Idealismus für längeres Ausrüstungstrekking ebenso »dabeihaben« wie das Equipment.
Es gehört zur Verantwortung des Tauchers, über ein Gewässer in der Literatur, bei den Tauchfreunden und den möglicherweise ansässigen Tauchbasen so viele Informationen zu sammeln wie möglich und dann vor Ort situationsabhängig zu entscheiden, ob man taucht oder schnorchelt – ob vielleicht schon zu viele Taucher am Ort sind, sodass man selbst einen anderen Tauchplatz aufsucht ...? Und auch bewusst zu wählen, ob man an einem Tauchplatz mit Service und Basis tauchen möchte oder »Natur pur« wünscht. Dann ist es Ehrensache, nicht die geringste Spur zu hinterlassen.
Trotz vieler Einschränkungen für den Tauchsport an Binnenseen sind positive Entwicklungen erkennbar. So ist sogar die Tauchbasis am legendären Stechlin (Naturschutzgebiet seit 1938) wieder eröffnet worden. Natürlich sind dort die Taucherzahlen limitiert, aber man kann den See der Seen wieder legal mit Tauchgerät kennen lernen.
Das Beispiel Stechlin führt zudem die weit verbreitete Vorstellung ad absurdum, dass in Nationalparks und Naturschutzgebieten – wo nahezu überall gebadet und geangelt wird – das Tauchen generell verboten sei. Richtig ist, dass in Schutzgebieten aller Art keine Aktivität »zu einer erheblichen oder nachhaltigen Beeinträchtigung des Biotops« führen darf. In den vorangestellten Leitsätzen des Bundesnaturschutzgesetzes ist zu lesen, dass die Wälder und Seen für die Erholung der Menschen grundsätzlich frei zu halten sind.

Süßwassertauchen – Ein Erlebniss vor der Haustür für Groß und Klein.

Während es die Sportfischer geschafft haben, den Angelsport infolge der Kombination von Angeln und Fischbesatz in den Augen der Öffentlichkeit als Hege und Pflege von Gewässern zu etablieren, steht eine solche Aufwertung des Tauchsportes noch aus. Einzelne Gewässerreinigungsaktionen durch Taucher finden Medienbeifall. Dennoch ist es zu Gewässerbesitzern wie Behörden noch nicht vollumfänglich durchgedrungen, dass ständiges Tauchen eine Art Gewässermonitoring darstellt: Die Zusammenfassung aller taucherischen Beobachtungen wird über ein Gewässer mehr aussagen als wenige, behördlich vorgeschriebene Beprobungen im Jahr. Außerdem macht die ständige Präsenz von Tauchern, die ihre heimatlichen Gewässer kennen und wertschätzen, den Diebstahl von Kulturgütern oder auch Umweltvergehen wie kritikwürdige Einleitungen oder Entsorgung im Wasser risikohaft und nahezu unmöglich.
Angesichts der widersprüchlichen Emotionen hinsichtlich des Gerätetauchens haben Sie eine ganz persönliche Verantwortung für Ihren gerade geplanten Tauchgang: Bitte suchen Sie keine Konfrontation. Gehen Sie auch einmal Schnorcheln, wenn die Umstände gegen das Gerätetauchen sprechen, damit in Zukunft weitere vernünftige Regelungen wie am Stechlin denkbar sind.
Andererseits erfordert es manchmal sachlich geäußerte Zivilcourage, um der »Vertreibung aus dem Paradies« durch dazu in keiner Weise ermächtigte und qualifizierte Personen zu widersprechen. Denn nicht jeder, der am Wasser allein zu sein wünscht, kann ein Tauchverbot aussprechen. Wenn die Natur unter Wasser lockt, sollte man es mit Oscar Wilde halten, der da schrieb: »Versuchungen sollte man nachgeben. Wer weiß, wann sie wiederkommen.« Ob mit Maske und Schnorchel oder Tauchgerät beobachtet wird, ist da eher belanglos.

Tauchen und Entdecken schließt jederzeit die Möglichkeit historischer Funde ein. In den Denkmalschutzgesetzen der Länder sind seit kurzem auch relativ neuzeitliche Funde erfasst, die man landläufig nicht als Altertümer ansprechen würde. Bitte beachten Sie zu diesem Thema den Anhang »Archäologische Funde«. Qualifizierte »Schatzsucher« sind jederzeit in den diversen Vereinen für Unterwasserarchäologie willkommen.

Immer wieder finden Sie Angaben zur möglichen Sichtweite. Diese basieren auf unseren Erfahrungen, sind also zusammengefasste Augenblicksbeobachtungen. Denn das Tauchen im Süßwasser ist wie das Leben selbst: voller Überraschungen und Enttäuschungen, mal durchschnittlich-langweilig-altbekannt und dann doch wieder wunderbar. Wir finden langfristig und meistens klare Seen ebenso wie solche, die jährlich mehrere klare Phasen haben. Eine absolut perfekte Vorhersage bleibt dauerhaft so sicher wie die Wettervorhersage. Deshalb empfehle ich Ihnen den unerschütterlichen Optimismus jenes Tauchers, der einmal lächelnd zu mir sagte: »Auch der trübste Tümpel hat seine 14 klaren Tage.«

Herzlicher Dank für wunderbare Unternehmungen und hunderte gemeinsame Tauchgänge gebührt meiner Ehefrau und liebstem Model Sabine Wieland. Darüber hinaus danke ich Anne Katrin Deuter, Ute Mohr, Daniela Hinz, Sabine Kückemann und Patrick Dors, Uwe Conrad, meinen Bruder Roy Wieland, Andreas Erkenberg, Jan-Martin Manzek, Christian Salomon, Udo Krause, Oliver Zimmermann und Andreas Schablowsky, die ebenfalls mit mir für die Fakten und Bilder in diesem Buch getaucht sind. Danke und freundliche Grüße an die Profis von den heimatlichen Tauchbasen. Auf bald!

Natur hautnah und aufregende Tauchgänge wünscht Ihnen allen

Falk Wieland
www.unterwasserfoto-und-story.de
Frühjahr 2004

Im Großen Stubben leben kräftige Edelkrebse. Sie wirken als »Gesundheitspolizei«, beispielsweise durch das Vertilgen eines toten Fisches wie auf dem Bild rechts.

I. Mecklenburg-Vorpommern

Ein Land mit 2013 Seen von je über 1 Hektar Größe.

1. Der Kleine Stubben auf Rügen und der Tauchturm Dänholm

Der Kleine Stubben wirkt auf den Betrachter heute wie ein normaler Binnensee. Das Gewässer ist jedoch aus einem gefluteten Kreidebruch entstanden. Sie erreichen den See, indem Sie nach dem Passieren von Stralsund und Rügendamm über Gustow und Poseritz nach Groß Stubben fahren. Sobald Sie Groß Stubben passiert haben und sich auf dem Wege nach Berglase befinden, liegt der See auf der rechten Seite.
Von der Straße Berglase–Garz aus gibt es eine direkte Zufahrt zum Wasser. Wenn Sie das Gewässer schlecht finden, können Sie auch nach dem Berglaser See fragen und mit anbringen, dass dort schon Meisterschaften im Orientierungstauchen stattfanden. Daran erinnern sich die Einheimischen auf jeden Fall.
Der See hat eine schmale Röhrichtzone, man findet große Teichmuscheln und reichlich Barsche. Die Besonderheit des Sees ist eine kräftige Population von Edelkrebsen, die in diesem abgelegenen und unbewirtschafteten See ein gutes Auskommen hat. Der See kann gute Sichtweiten um 6 Meter bieten. Aber er wird manchmal bei Starkwind und Wellenschlag durch die Kreide auch auf Sichtweiten von nur 1 Meter eingetrübt.
Wenn das Wetter weder für den Kreidesee noch für das Ostseetauchen geeignet ist, gibt es noch eine dritte Alternative: Sie fahren zurück bis zum Rügendamm und suchen das Taucherhotel Dänholm auf. In diesem speziellen Objekt wurden vor der Wende Schiffstaucher der Volksmarine ausgebildet. Heute können Sie hier in einem über fünf Meter tiefen Tauchturm tauchen, DIWA-Kurse absolvie-

Der Tauchturm des Taucherhotels Dänholm ist über fünf Meter tief (links).

Im Nautineum auf dem Dänholm ist auch das berühmte Unterwasserlabor »Helgoland« zu sehen (rechts).

ren und sogar Helmtauchen (HSTG) unter kontrollierten Bedingungen ausprobieren. Es existieren nicht gerade viele Gebäude, in denen so wie hier der Einstieg in den Tauchturm in derselben Etage wie die Taucherbar liegt.
Der Dänholm dient schon seit Jahrhunderten als Militär- und Kriegsmarinegelände. So können Sie auf dieser Insel viele Ausstellungen bestaunen, neuerdings auch eine Außenstelle des Meeresmuseums Stralsund; das Nautineum. Für Taucher besonders interessant: Auch das berühmte Unterwasserlabor (UWL) »Helgoland« hat hier seinen Ruheplatz gefunden und kann besichtigt werden.
Infos: Tauchbasis 64.

2. Die Kiesseen von Sauzien auf Usedom

Max. Tiefe des großen Kiessees 10 Meter, max. Tiefe des kleinen Kiessees 12 Meter.

Dicht bei Sauzien auf der Insel Usedom liegen zwei hübsche Baggerseen. Diese bieten alle Möglichkeiten zum erholsamen Naturtauchen in geringer, durchlichteter Tiefe. Der Pächter der Seen hat mit dem Tauchsportzentrum Zinnowitz vereinbart, dass in seinen Gewässern allein im Rahmen von organisierten Ausfahrten dieser Basis getaucht werden darf und damit so genanntes »Schwarztauchen« nicht statthaft ist.
Der kleinere Kiessee bietet uns meistens um 3 bis 4 Meter Sicht. In 8 Meter Tiefe liegt ein Trabiwrack, die legendäre, unverrottbare Kunststoffkarosse. Darin haben sich Fische angesiedelt. Rund um die Insel im See ruhen gewaltige abgerundete Steine, regelrechte Findlinge auf dem Seeboden. Immer wieder lassen sich im See Hechte, grosse Karpfen, Aale, Barsche, Bleie, Plötzen, Rotfedern und Schleien beobachten.
Der größere Kiessee hat ziemlich sicher aufgrund des größeren Wasservolumens einen »stabileren Stoffwechsel« und bietet oft sogar 5 bis 10 Meter Sicht. Im Seeboden gibt es düstere Gruben, tiefere, 5 mal 5 Meter große Ausspülungen, die noch vom Kiesabbau herrühren. Das sind die interessantesten Stellen im See.

Artenreiche Wasserpflanzenfelder schmücken die Kiesseen von Sauzien (oben).

Begegnung mit dem Barsch im Baggersee (unten).

Auch im großen Kiessee kann man die für den kleinen See bereits geschilderten Fischarten erwarten und darüber hinaus ausgedehnte Wasserpflanzenfelder.
Um hier zu tauchen, kontaktiert man das Tauchsport-Zentrum Zinnowitz und meldet sich für eines jener Wochenenden an, an denen die Zinnowitzer Crew mit ihrer mobilen Basis am See ist und in der warmen Jahreszeit lustige Taucherzeltlager veranstaltet.
Infos: Tauchbasis 1.

3. Der Dolgener See östlich der A 19

Max. Tiefe 9 Meter, 81 ha.

Diesen See erreichen Sie über die Autobahn A 19 Berlin-Rostock und weiter über die B 103 bis Laage, dann durch Groß Lantow nach Dolgen. Der See ist an diversen Badestellen bei Dolgen zugänglich. In der Nähe eines markanten Bootshauses gibt es eine Ausbildungsplattform. Es handelt sich bei diesem Gewässer um einen Grabensee, der sich südlich des »Dolgener Os«, eines Höhenzuges eiszeitlicher Prägung, befindet. Rund um den See erstrecken sich ausgedehnte Wiesen sowie schöne Mischwälder mit gewaltigen Buchen, Ahornen, Eichen, Weiden und Linden.
Weite Bereiche des Sees sind nur 3 bis 4 Meter tief. Wer hier tauchen möchte, sollte sich im Wesentlichen an Wasserpflanzen, Fischen und den kleinen Tieren des Süßwassers erfreuen können. Im ufernahen Bereich sind Gelbe Teichrosen oder Mummeln weit verbreitet und zum Teil liegen ihre armdicken Rhizome sichtbar auf dem Seeboden. Außerdem wuchern Wasserpestwiesen, Quellmoos, Krauses Laichkraut und Spiegelndes Laichkraut mosaikartig in kleinen Feldern vor der Schilfzone des Sees. Man findet auch Starren Hahnenfuß und Wasserminze. Die Pflanzenbestände erstrecken sich meist nur bis in 3 Meter Tiefe, denn der Dolgener See ist ein eutropher Klarwassersee mit mäßigen Sichttiefen und -weiten. Trotz relativer Trübe hat der See eine gute Wasserqualität und ein erstaunliches Artenspektrum. In der Seemitte besteht der Seeboden zumeist aus Gyttja, einem feinpartikulären, braunen bis grauen Material aus zerfallenen Pflanzen.

Am nur ufernah festen Seegrund leben handgroße Teichmuscheln, Dreikantmuscheln und Moostierchen. Speziell an versunkenen Zweigen und in den Pflanzenzonen existiert eine Vielzahl von bizarren kleinen Ungeheuern wie etwa Plattbauchlibellenlarven oder Köcherfliegenlarven der Gattungen Anabolia und Limnephilus. Letztere erinnern mit ihren aus Sprossbruchstücken und zernagten Laubblattteilen angefertigten Wohnköchern beinahe an Gespensterheuschrecken. Für uns unsichtbare Beläge auf allen möglichen harten Gegenständen werden von Ohr-, Spitzschlamm- und Posthornschnecken intensiv beweidet.
Bei Tage kann der Dolgener See fischarm wirken, aber beim Nachttauchen beobachtet man mit Sicherheit Barsch, Hecht, Zander, Plötze, Blei, viele Amerikanische Flusskrebse und mit etwas Glück auch einmal einen Wels. Vorsicht bei sehr geringer Sicht, es stehen viele alte Stegpfosten im Wasser.
Infos: Tauchbasis 3.

4. Der Dudinghausener See und seine Krebspfade

Max. Tiefe 16 Meter.

Wenn Sie an der Anschlussstelle Laage/Güstrow von der A 19 abfahren, führt der Weg zum See zunächst durch Laage (Richtung Bad Doberan) über diverse Landstraßen bis kurz vor Dudinghausen. Links hinter der Leitplanke wird der See sichtbar, weiter westlich gibt es einen kleinen Parkplatz unter den Buchen (mit tollem Efeu!) und Schwarzerlen des Seeufers.
An diesem einzig möglichen Einstieg in den See existiert ein massiver Steg mit einer Bank, auf der eventuell nichttauchende Begleiterinnen Ihre Tauchzeit in herrlicher Natur verträumen können. Der Fußweg zum See beträgt nur wenige Meter.
Vorsicht am Einstieg! Man muss damit rechnen, schlagartig knie- bis hüfttief im Weichsediment des Seebodens zu versinken. Am Vorderende des Steges liegen allerhand Althölzer am Seeboden und hier kann man sich im Wasser stehend besser fertig ausrüsten als direkt in Ufernähe.
Der kreisrunde See ist von Wald umgeben, gegenüber des Steges führt ein schmaler Streifen Ackerland bis in Wassernähe, links vom Steg steht abseits ein einziges Haus in Seenähe – alles still hier.
Der Dudinghausener See ist von Auenwald und Niedermoor umgeben, was auch unter Wasser sofort sichtbar wird: Vor der Schilfzone finden wir leicht aufwirbelbare, grundlos erscheinende Sedimente, teils fließend, teils halbfest, bei Berührung mit der flachen Hand erzitternd wie ein Pudding. Lediglich ein Teil dieser Sedimente ist mit rasenartigen Astalgenwiesen bewachsen, die auf eine gute Wasserqualität dieses Moorsees hindeuten. Die Sedimente sind vermutlich die früher noch artenreichere, nunmehr zerfallene Wasservegetation des Sees.
Dicht neben der Schilfzone finden wir im See ein paar spärliche Characeen-Vorkommen, Hornblatt und ganz vereinzelt Spiegelndes Laichkraut. Wie in man-

Idyll am Dudinghausener See – Ein verträumter Ort (oben links).

... im Tiefenwasser kann uns schon einmal ein Zander begegnen (oben rechts).

Bereits nahe am Ufer versinkt man beinahe im moorigen Grund (unten links).

Mühsam arbeiten sich Amerikanische Flusskrebse durch das weiche Sediment (unten rechts).

chem anderen Sumpfsee zieren Gelbe Teichrosen oder Mummeln das Freiwasser vor dem Schilf.

Der nur 16 Meter tiefe See bietet in Einstiegsnähe schnell 3 bis 8 Meter Tiefe und ist außerordentlich fischreich. Man beobachtet Wolken von jungen Plötzen, Barschschwärme und zahlreiche Gründlinge, die vermutlich in den Zulaufgräben laichen.

Außerdem bevölkert eine große Zahl Amerikanischer Flusskrebse den See. Die Tiere laufen auf ihren ausgedehnten Trips zur Futtersuche halb eingesunken im Weichsediment vorwärts. Dabei schleifen sie den Schwanzfächer oder Telson nach und hinterlassen ganz charakteristische, unverwechselbare Spuren. Diesen kann man folgen, um Krebse zu finden und zu beobachten.

Das kann recht lustige Tauchkurse mit zahlreichen seltsamen Wendungen ergeben, denn die Krebspfade sind verschlungen und gewunden, es gibt regelrechte Wegkreuzungen mit vielen Möglichkeiten und auch Versammlungsplätze. Nie

zuvor sahen wir einen See, in dem die Wege der Krebse so gut dokumentiert und nachvollziehbar waren. Die Schleifspuren der Krebs-Schwanzfächer ähneln beinahe der Spur eines Miniatur-Kettenfahrzeuges am Seegrund.
Auch Freunde der ländlichen Regionalgeschichte kommen auf ihre Kosten. Sie können rechts vom Einstieg nach den (mindestens!) drei versunkenen alten Fischerkähnen suchen, die noch nicht völlig im Sediment versunken sind. Im Dudinghausener See werden meist 3 bis 5 Meter Horizontalsicht angetroffen und er ist in der Regel transparenter als der nachfolgend beschriebene Hohensprenzer See. Aber der Dudinghausener See ist ein Sumpfsee, was immer wieder scheinbar grundlose dramatische Veränderungen der Sichtweite bewirkt.
Infos: Tauchbasis 3.

5. Der Hohensprenzer See und die verlorene Zeit

216 ha.

Man fährt von Dudinghausen weiter nach Hohensprenz, wo in Ortslage das Seeufer erreichbar ist. Hier könnte man schon einmal die Sicht einzuschätzen versuchen. Der ruhig gelegene perfekte Tauchplatz abseits der Siedlung befindet sich jedoch kurz vor dem Ortseingang von Friedrichshof. Hier gibt es einen kleinen Badestrand und einen Parkplatz für vielleicht 10 Autos. Ungefähr 50 Meter vom Parkplatz entfernt erreichen Sie nach dem Überqueren der Landstrasse und einer Uferwiese den See. Und es ist ein schöner See, mit malerischer Schilfzone und großen Weiden am Ufer.
An dem kleinen Sandbadestrand steigen Sie problemlos über festen Boden ein. Beim Hinaustauchen bleibt der Seegrund noch bis in 3 oder 4 Meter Tiefe fest, ehe er in weißes, bei Berührung federndes Sediment übergeht. Wir beobachten in diesem See zahlreiche Teichmuscheln und dicht mit Dreissena-Muscheln besetzte Althölzer. Außerdem fällt eine Vielzahl von fingerkuppengroßen Wasserschnecken auf.
Dicht beim Schilf wachsen Kamm-Laichkraut, Teichfaden und Hornblatt. Diese einen kräftigen Nährstoffgehalt des Wassers tolerierenden Arten weisen darauf hin, dass der See wohl von der umliegenden Landwirtschaft kräftig Phosphat erhalten hat. Oft sind auch nur 1 bis 2 Meter Horizontalsicht anzutreffen.
Dennoch sind auch in diesem See erlebnisreiche Tauchgänge möglich, etwa wenn man im Schilf Aale, Hechte und Schleien beobachtet oder in lichtlosen Tiefen historische Reusen und Kähne der traditionsreichen Fischerei auf dem Hohensprenzer See betrachtet. Auch im Hohensprenzer See leben Krebse, jedoch sind ihre Wanderrouten nicht so gut zu verfolgen wie im Dudinghausener See.
Der beschriebene Tauchplatz liegt genau an einer jener Bergauf-Straßenbiegungen, die man nicht gut einsehen kann, nach der man womöglich dicht am Wasser steht. Zu derlei Orten berichtet die Sage, dass einst ein Bauer eine neue Turmuhr aus Sternberg holen wollte.

Hecht erbeutete Plötze – Jagderfolg im Hohensprenzer See (oben links).

Bei dämmrigem Licht »inspizieren« wir alte Reusen (oben rechts).

Prachtvolle Tausendblattwiesen im Tressower See (unten links).

Nur nachts kommt der flinke Ukelei zur Ruhe (unten rechts).

Kurz vor dem Ziel, an einer Steigung beim Kleinsprenzer See, hielten die ermüdeten Pferde inne. Darauf fluchte der Bauer laut, der ganze »Düwelsdreck« möge doch im See liegen. Wahrscheinlich war das den Pferden zu laut oder sie waren gar fromm; jedenfalls gingen sie durch und Bauer, Pferde, Wagen und Uhr landeten unsanft im See. In der Neujahrsnacht zu Mitternacht soll man noch heute die zwölf Schläge der versunkenen Uhr hören. Sollte also die Sicht im See schlecht sein oder der Schlamm Ihre Füßlinge behalten wollen – bitte nicht fluchen.
Infos: Tauchbasis 3.

6. Der Tressower See

Max Tiefe 20 m, ca. 8 ha.

Über die Bundesstraße 105 Travemünde–Grevesmühlen erreicht der Besucher Nordwestmecklenburgs das Dorf Gressow. Hier gilt es Richtung Süd abzufahren

nach Tressow, wo nahezu in Ortslage der Tressower See zugänglich wird, Parkplatz etwa 50 Meter vom Wasser.
Ein Taucheinstieg vor Tressow offenbart dem Naturliebhaber muschelreiche Sandflächen, aber auch Sedimentböden mit prächtig wuchernden Wäldern des Durchwachsenen und Spiegelnden Laichkrautes. Dieses insbesondere im Gegenlicht fantastische botanische Panorama wird durch zahlreiche Hechte und Barsche bevölkert. Rotfedern und Karpfen sind wesentlich vorsichtiger und zeigen sich nur selten. In größeren Tiefen findet man nur noch grauschwarzen Sedimentboden vor, an dessen »Grenze« nachts Aale jagen, Plötzen ruhen und Bleie wühlen. Auf einem Rundkurs durch den Tressower See können Sie zwei versunkene, von Fischen in Besitz genommene Ruderboote finden, eines davon auf exakt 7 Meter Tiefe. An vielen Stellen des Seebodens beobachten wir Edelkrebse.
Falls der hier noch gut spürbare Seewind das Südufer des Sees eingetrübt hat, könnte man die Tauchausrüstung auch von der B 105 zur im Windschatten stets klaren Nordbucht des Tressower Sees transportieren. Die Horizontalsicht kann in diesem nährstoffreichen See je nach Wind und Jahreszeit 2 bis 8 Meter betragen.
Infos: Tauchbasen 4 und 5.

7. Der Rugensee

Max. Tiefe 21 Meter, ca. 0,6 qkm.

Auf der B 106 in Richtung Schwerin fahrend, biegen Sie in Höhe Lübstorf ab in Richtung Ortslage Rugensee. Neben der offiziellen Badestelle am Nordende des Rugensees sind Taucheinstiege möglich.
Der Nordteil des Sees ist mit ausgedehnten Tausendblatt- und Laichkrautwiesen bewachsen, in denen der vorsichtig außerhalb des Bewuchses dahinschwebende Taucher Hechte, Barsche, Plötzen, Rotfedern und Ukeleie beobachten kann. Meist herrschen in diesem See karge 3 bis 5 Meter Sicht, sodass am Ostufer besonders vorsichtig getaucht werden muss. Hier stehen zahlreiche mit Muscheln und Grünalgen malerisch bewachsene Pfähle im Wasser, vermutlich von alten Stegen. Im Rugensee leben zahlreiche Krebse.
In der Nähe der Badestelle am Südufer des Rugensees finden wir einen Steilhang vor, der mit eiszeitlichen Findlingen übersät ist und rasch auf 21 Meter Tiefe führt. Von unten über die malerischen Steine nach oben blickend, ergibt sich bei Sonnenlicht ein beeindruckendes Panorama.
Infos: Tauchbasis 5, Anmeldung erforderlich, nur geführte Tauchgänge.

8. Der Trebbower See

Nicht weit vom Dorfe Lübstorf erreicht man das abgelegene Klein Trebbow. Das winzige Dörfchen war einst Gut derer von der Schulenburg. Die Vorfahren der Gutsherren hatten der Sage nach auf dem meist trüben Trebbower See ein größe-

res Holzschiff liegen, das zwar nicht sehr seetüchtig war, aber groß genug, um als schwimmende Plattform für edle Dinners zu dienen.
Mit den Jahren soll das Schiff morsch geworden sein und niemand wollte es kaufen oder anderweitig verwenden. Und so fand die hölzerne Barke mehr oder weniger absichtlich ihr planmäßiges Grab im See. Der fischreiche Trebbower See ist nicht übermäßig durchsichtig und keineswegs eine Tauchattraktion. So hat es niemals eine Zufallsentdeckung gegeben und womöglich kann man in düsterer Tiefe immer noch ein ähnlich großes, aber ganz anders als die Kaffenkähne des Werbellinsees gebautes Holzwrack finden. Zudem beobachtet man im Trebbower See allerhand bizarre Tiere von trüben beziehungsweise Moorseen, wie etwa die seltsame Stabwanze.
Infos: Tauchbasis 5.

9. Der Medeweger See nördlich Schwerin

Max. Tiefe 29 Meter, Durchschnittstiefe 11 Meter, 95 ha.

Der Medeweger See liegt etwa 12 km vom allseits bekannten Taucherhotel »Rethberg« in Lübstorf entfernt. Er ist ein Flusssee und Bestandteil der Aubach-Seenkette, deren Quelle etwa 20 km nördlich von Schwerin bei Alt Meteln entspringt. Der Medeweger See gehört damit nicht zu den Schweriner Seen. Der See hat als letzter der Seenkette mehrere andere Seen vor sich, in denen die Nähr- und Trübstoffe des Aubaches überwiegend sedimentieren. Deshalb ist der See oft sehr angenehm zu betauchen.
In Medewege ist er – etwa 300 Meter weg von der Wismarschen Straße – über die Einfahrt zu einem großen Biohof und der Waldorfkita zu erreichen. Es gibt abseits vom Hof gute Parkmöglichkeiten. Der Seeboden besteht bis hinunter in 10 bis 12 Meter Tiefe überwiegend aus Kies, ehe sich ein Mergelgemisch anschließt. Auf den tieferen Regionen des Seebodens lagert Muschelkalk, in den allertiefsten Senken Faulschlamm. Man kann im See (mindestens) drei kleine Bootswracks finden.
Im See werden alle, die genau beobachten, die Flache Federkiemenschnecke entdecken, aber auch Teichmuscheln und Amerikanische Flusskrebse. Außerdem finden wir hier allerhand bizarre Kleintiere wie Libellen- und Eintagsfliegenlarven (Letztere bis 25 Millimeter lang!) und sogar die einzige echte Wasserspinne unserer Seen. Für einen leicht salinen Charakter des Wassers – schließlich ist die Ostsee nicht weit – spricht das Vorhandensein von Miesmuscheln. Im Hochsommer werden zuweilen Süßwassermedusen beobachtet.
Im See wurden – ohne Anspruch auf Vollständigkeit – bereits Blei, Rotfeder, Plötze, Schleie, Barsch, Zander, Hecht und Aal gesichtet. Dafür ist ein stiller Nachttauchgang in kleiner Gruppe sehr zu empfehlen.
Von 1904 bis etwa Kriegsende gab es die Tribünen und Bootshäuser einer Regattastrecke am Westufer des Sees nördlich von Gosewinkel. Davon sind heute nur

In trüben Seen leben oft die bis zu 12 Zentimeter großen Stabwanzen, die ... (oben links)

... ihre Gelege in Wasserpflanzenstängel einbohren. Jedes Ei trägt zwei fadenartige Atemanhänge (links).

Süßwassermeduse im Medeweger See. Sie trägt bis zu 614 Tentakel (oben rechts).

noch Reste zu erkennen. Nach 1933 übte die SA am See, sodass in dieser Region Funde aus dem Dritten Reich möglich erscheinen.

Infos: Tauchbasis 5, Anmeldung und Führung erforderlich.

10. Der Ziegelaußensee

Max. Tiefe 12 Meter, gesamter Ziegelsee 3,1 qkm.

Obwohl der Ziegelaußensee in der Nähe der B 106 liegt, ist er relativ schwer zugänglich. Bitte lassen Sie sich unbedingt von der Basis einweisen oder führen. Ein Tauchplatz liegt vor und rechts neben dem Best Western Seehotel Frankenhorst. Bitte beachten Sie an dieser Einstiegsstelle den Vorrang von Fahrgastschifffahrt und Segelschule, auch zur eigenen Sicherheit. Es ist üblich, vor einem Tauchabstieg in der Rezeption des Seehotels die Anzahl der Taucher anzumelden und nach dem Tauchgang die glückliche Rückkehr aller Taucher ausdrücklich zu bestätigen.

Bereits unter den diversen Stegen seewärts betrachtet rechts vom Hotel gibt es zahlreiche Fischschwärme zu beobachten und Tausendblattwiesen zu bewundern. Wer etwa Kurs auf ein rechterhand im Wald sichtbares, weißes pavillonartiges Gebäude nimmt, findet in 8 Metern Tiefe im zentralen Teil des Sees ein Fischer-Arbeitsboot mit einem gewaltigen Dieselmotor. Rechts herum Richtung Gertrudenhof tauchend entdeckt man bald auf 6 bis 7 Meter Tiefe ein weiteres, beinahe

Die Entdeckung der Stille – am Ziegelaußensee (oben links).

Versunkene Weiden garantieren aufregendes Tauchen im Ziegelaußensee (oben rechts).

Armdicke Aaale rauben im Schutze der Dunkelheit (rechts).

10 Meter langes Fischerboot. Wracks dieser Art sind mitten im See die einzigen Abwechslungen auf relativ langweiligem Sedimentboden.
Bei Erreichen des Westufers ändert sich das rasch, denn hier gibt es eine sehenswerte, teils geheimnisvoll unterspülte Schilfkante mit vorgelagerten Laichkräutern. Dieser Lebensraum ist ideal für Rotfedern und Schleien, die hier häufig bei Tageslicht kreuzen. Das Seeufer fällt ziemlich steil ab, sodass man als Taucher auch nahe an den Wasserpflanzen genug Freiwasser »unter dem Kiel« hat, um Ukeleien und Bleien zu folgen. Ähriges Tausendblatt funkelt in der Sonne; über und über bedeckt mit Sauerstoffbläschen und Süßwasserpolypen. Große Hechte stehen in den ins Wasser gebrochenen Weiden dieser Region.
Hier am Westufer finden wir unter Wasser eine Ziegelhalde mit den Ausschusssteinen jener Ziegelei, die einst namensgebend für den See war. Die Ziegelsteine sind heute Untergrund für malerische Algenformationen und Muscheln. »Ganz unten«, wo auf 5 bis 6 Metern Tiefe einige historische Loren ruhen, begegnet man auch Zandern.
Unterirdische hydrologische Verbindungen des Ziegelaußensees mit der Ostsee sind nicht auszuschließen, denn wir sehen im Artenspektrum der Wasserpflanzen und Algen immer wieder den leuchtend hellgrünen Darmtang.
In der Nähe von Gertrudenhof existiert eine zweite Einstiegsmöglichkeit in den See. Hier sind so gewaltige Weidenbäume im Wasser versunken, dass man – besonders beim Nachttauchen – meint, nie mehr herauszufinden. Dieses wilde Re-

vier »gehört« ganz und gar Aalen, Barschen und zahlreichen Amerikanischen Flusskrebsen. Und es ist ein echtes Abenteuer, bei Nacht hinabzusteigen zum Ziegelaußensee, um armdicke Aale in den Weiden »herumgeistern« oder auch träge über Astgabeln hängen zu sehen!
Abschließend der Hinweis, dass im Ziegelsee jederzeit Waffenfunde möglich sind. Bitte kennzeichnen Sie in einem solchen Falle die Position und verständigen Sie die Polizei. Leider besteht im stadtnahen Ziegelinnensee schon Tauchverbot, weil sich indiskrete Waffentaucher mit geborgener Panzerfaust auf der Titelseite der regionalen Morgenpost präsentierten. Das sollte für den biologisch wie historisch hochinteressanten Ziegelaußensee unbedingt vermieden werden.
Infos: Tauchbasis 5.

11. Die Mecklenburger Großseen – Der Schweriner See

Max. Tiefe 62 Meter, 63,1 qkm, 21 km lang.

Riesengroß und rätselhaft liegt der Schweriner See vor uns, zergliedert in weite Becken, mit Buchten und Inseln geschmückt. Unmöglich, ein solches Gewässer schnell zu erkunden. Eine ungeheuer große Wasserfläche hat Platz für alle; Angler, Fischer, Taucher, Segler, Surfer ...
Besucher, die sich ganz dem Charme dieser Landschaft ergeben wollen, könnten im sanft schaukelnden Boot ein gutes Buch lesen. Heinrich Seidel beschrieb »Reinhard Flemmings Abenteuer zu Wasser und zu Lande« und schuf damit die wohl frischeste und lebendigste Darstellung dieses Landstriches und seiner Menschen. Mit liebenswerten Worten skizziert Seidel ein sympathisches Bild von der mecklenburgischen Binnenlandschaft um das Südende des Schweriner Sees und den Pinnower See.
Deutschlands viertgrößter See erholt sich langsam von den Nährstoffbelastungen vergangener Jahrzehnte. Die Sichtweiten können im Sommer – regional verschieden – etwa 2 bis 6 Meter betragen, im Winter sogar über 10 Meter. Der stadtabgewandte nördliche Außensee hat etwa den Charakter eines relativ klaren Hecht-Schlei-Sees, während der Schweriner Innensee eindeutig ein Zandersee mit einem überaus reichen Fischartenspektrum ist.
Realistisch ist einzuschätzen, dass beinahe nur vor Wiligrad, Flessenow, Retgendorf, Görslow und Raben Steinfeld vom Ufer beziehungsweise Parkplatz aus getaucht werden kann. Die meisten Tauchplätze sind besser vom mitgebrachten Boot oder Leihboot aus zu erreichen. Dazu gehören vor allem die zahlreichen unterseeischen Hügel, die sich aus dem maximal 62 Meter tiefen See bis manchmal nur einen Meter unter die Wasseroberfläche erheben. Hier, an solchen nur per Echolot oder mit einheimischen Guides auffindbaren Stellen, erleben wir riesige Fischschwärme wie in kaum einem anderen See. Wo Möwen kreisen, ist immer etwas los. Mit etwas Glück sehen Sie das seltene Bild, wie raubende Aale und Barsche Stintschwärme an die Wasseroberfläche treiben.

Der Schweriner Innensee mit dem berühmten Schloss (oben links).

Sturm über dem See schlägt Schaumbahnen vor Schloss Wiligrad (oben rechts).

Zandernest am Baumstubben (Mitte links).

In der Bucht vor Raben Steinfeld liegen mehrere kleine Wracks (Mitte rechts).

Die Reuse vor Raben Steinfeld darf besichtigt werden (unten rechts).

Außensee, zwischen Bad Kleinen, Gallentin und Insel Lieps: Die Region ist per Boot erreichbar, nur unmittelbar am Ufer vor Bad Kleinen besteht Tauchverbot! Ein günstiges Terrain, riesenhafte Hechte zu beobachten, ist die Wasserwelt um die Insel Lieps. Von diesem Platz ist der Fang eines 42-pfündigen Hechtes verbürgt. Einem anderen, ähnlich großen Hecht schaute noch der Schwanz einer Wasserratte aus dem Maul – solche gewaltigen Raubfische fressen alles Erreichbare! Vom Aal werden ähnliche Rekorde beschrieben, bis zu 13-Pfündige wurden schon gefangen. Aber auch Zander, Barsch, Aalquappe und Krebse sind häufig. Im Schweriner See hat auch ein Einwanderer eine neue Heimstatt gefunden: die Chinesische Wollhandkrabbe hat sich an die hiesigen Bedingungen angepasst.

Der Charakterfisch des Schweriner Sees ist jedoch der Blei; mitunter gehen mehr als 30-Pfündige ins Netz. Solche Fische sind dann über 80 Zentimeter lang. Die Sage erzählt, dass 1513 auf einen einzigen Netzzug hin 5000 fette Bleie gefangen wurden. Große Bleie sind scheu und leben meist in tiefen Regionen. Nur bei Nachteinstiegen kann man beobachten, dass auch kapitale Exemplare ins Flachwasser kommen, um schlammigen Sand nach Roten Zuckmückenlarven *(Chironomidae)*, Schlammröhrenwürmern *(Tubificidae)* und Büschelmückenlarven *(Chaoborus)* zu durchwühlen. Insbesondere große Bleie lassen dabei kleine Gruben (Fraßtrichter) zurück, sodass der aufmerksame Beobachter am Tage ausmachen kann, ob ein nächtlicher Fotoausflug »auf Blei« lohnt.

Ein zweifellos aufregender Tauchplatz ist der draußen vor Bad Kleinen. Hier lassen sich allerhand »Souvenirs« zweifelhaften Wertes finden: Stahlhelme, rostige Flinten, bronzene Hitlerbüsten aller Größen, teils sogar Offizierskisten mit Kartentasche, Pistole und Feldstecher ...

Auf dem Rangierbahnhof in Bad Kleinen standen gegen Ende des Zweiten Weltkrieges zahlreiche Transporte. Unterhalb des Bahnhofes wurde am See »abgerüstet«, möglichst alles versenkt, was an Wehrmacht und Drittes Reich erinnerte. Wer hier im Schlamm wühlt, könnte sogar noch Waffen mit erhaltenen Holzteilen finden. Allerdings ist eine gezielte Suche mit technischen Geräten nur mit Genehmigung der Behörden gestattet.

Unter einheimischen Tauchern hält sich auch hartnäckig die Geschichte vom »Karabinerwald«. In dieser Seeregion sollen in Wurfweite vom Ufer in nicht einmal 3 Meter Tiefe die Karabiner mehrerer Kompanien im Mudd stecken ... Auch wenn sich das »Wühlen« in einigen Taucherkreisen größter Beliebtheit erfreut, sei an dieser Stelle ausdrücklich vor ebenfalls vorhandenen scharfen Handgranaten und vergammelter Fla-Munition gewarnt!

Zweifellos gibt es auch ungefährliche Souvenirs der jüngeren deutschen Geschichte; aber bedenken Sie bei allen Unternehmungen, dass Funde unter das Kriegswaffenkontrollgesetz fallen können!

Ebenfalls im Außensee barg das Tauchunternehmen Nautik GmbH Keppler und Vitt ein Jagdflugzeug vom Typ Focke Wulf 190 D. Das seltene Jagdflugzeug war im zweiten Weltkrieg mit 2000 PS und 790 km/h die schnellste Maschine mit

Kolbenmotor, ehe die ersten Düsenflieger aufkamen. Während der Nachsuche wurden außerdem ein großer Stockanker, eine russische Düsenmaschine mit »ganz frischem« roten Stern und weitere interessante Objekte geortet, aber mangels Interessenten im See belassen. Der Schweriner Außensee birgt noch manches Abenteuer!
Infos: Tauchbasen 5 und 6.

Außensee vor Wiligrad: Obwohl der Außensee im Durchschnitt wesentlich flacher ist als der Innensee, liegt hier kurioserweise die tiefste Stelle des Schweriner Sees. Wer vor dem Schlosspark von Wiligrad auf etwa Südostkurs geht, begibt sich auf den Weg zum 62-Meter-Tief des Sees. Die tiefste Stelle befindet sich auf der Linie Insel Rethberg–Südende der Insel Lieps.
Recht interessant ist der Unterwasserhang unmittelbar vor dem Buchenwald mit dem hübschen Schlösschen Wiligrad. Hier sind am Steilhang zahlreiche Bäume versunken, die manchmal auf halb verschütteten Findlingen ruhen. Das Gewirr schattiger Hohlräume ist der ideale Lebensraum für Aale und Aalrutten oder Trüschen.
Infos: Tauchbasis 5.

Schweriner See am Paulsdamm: Um den Weg von Schwerin nach Güstrow abzukürzen, wurde in den Achtzigerjahren des vorigen Jahrhunderts der Paulsdamm aufgeschüttet. Dieser Verkehrsweg teilt Deutschlands viertgrößten See in Außensee und Innensee, die durch einen Kanal verbunden sind. Links und rechts des Paulsdamms liegen relativ verschlammte Tauchplätze, die allein dadurch interessant werden, dass – gerade kurz nach dem Krieg – verschiedene Fahrzeuge »vom Weg abkamen«. So liegt im Innensee am Paulsdamm ein fast im Boden versunkener Panzer ohne Turm, und auch Wehrmachts-Lkws sollen schon entdeckt worden sein. Dieser Tauchplatz kann nur vom Boot aus betaucht werden. Das nahe gelegene Ramper Moor steht unter strengstem Naturschutz!
Infos: Tauchbasen 5, 6 und 7.

Bei der Rehaklinik Lübstorf: Man kann bei der Gaststätte »Zum Angler« parken und sollte dort Bescheid sagen, dass man vor der Region taucht. Im Bereich von bis zu 400 Meter vom Ufer weg und maximal 20 Meter tief finden wir eine alte Schute und vier kleinere Bootswracks, die von Krebsen bewohnt werden. Die Lübstorfer Taucher haben die Wracks meist mit Leitseilen versehen, um eine sinnvolle Runde tauchen zu können. Dieses Ufer eignet sich auch sehr gut für nächtliche Fisch- und Krebsbeobachtungen.
Infos: Tauchbasis 5.

Innensee beim Friedhof Raben Steinfeld:Von Norden kommend rechts sehen wir am Ortseingang Raben Steinfeld die Koppeln eines Gestüts und meist auch

Traditionelle Bootshäuser am Schweriner See (links).

Tauchen auf der »Lübstorfer Seite« des Schweriner Sees (rechts).

einige grasende Pferde. An Waldrand und dem alten Friedhof entlang zieht sich eine niedrige Natursteinmauer hangabwärts in Richtung See. Neben der Natursteinmauer kann man parken und über unbefestigte, bei Regen sehr glatte Waldwege hinunterlaufen zum See.
Hier unten finden wir ein hübsches Tauchgebiet: einen steilen, relativ festen Hang, der schon recht nahe am Ufer bis in 30 Meter Tiefe abfällt. Findlinge, versunkene Bäume und Muschelbänke machen das Tauchgebiet bei Sonneneinfall malerisch. Beim Nachttauchen sieht man hier besonders viel Fisch.
Infos: Tauchbasen 5 und 6.

Innensee zwischen Schelfwerder und Werdervorstadt: Rund um die Schweriner Werdervorstadt bis hin zum Schelfwerder zieht sich die übliche »Kulturhalde«, die alle Siedlungsstellen seeseitig ziert. Vom Fahrrad bis zur Nähmaschine, vom Silberbesteck bis zum rostigen Hufeisen reichen die Funde. Dieser Tauchplatz ist jeden Sommer völlig trübe und durch die intensive Fahrgastschifffahrt hochgradig gefährlich!
Im Winter hingegen wird es still und klar. Dann suchen die Freaks nach ebenso hübschen wie harmlosen Andenken: Vor Schwerin werden zahlreiche Glasflaschen verschiedenster Form aus Braun-, Grün- und Klarglas mit diversen Reliefs und aufgeprägten Wappen gefunden, überwiegend bizarre Serienglasflaschen des 18. und 19. Jahrhunderts. Im Verlauf früherer Jahrhunderte gab es in Schwerin nachweislich mehr als hundert kleine Brauereien, die alle eigenständige Flaschenformen führten. Davon sind offenbar viele im See gelandet, und das reizt die Sammler.
Die Denkmalschutzgesetze der Länder umfassen zunehmend auch neuzeitliche Fundgegenstände. Deshalb ist ein Unterwasserfoto des Fundes im unveränderten Fundzusammenhang oft das einzige ohne weiteres mögliche Andenken. Am Schweriner See ist die Lage noch relativ einfach: Sie können Ihre Funde im Landesamt für Bodendenkmalpflege im Schloss Wiligrad begutachten lassen und dabei erfahren, ob das Souvenir wissenschaftlich bedeutend ist.
Infos: Tauchbasen 5 und 6.

Wracktauchen mit Fischschwarm in der Kajüte (links).

Die Telekom ist überall, auch am Grunde des Schweriner Sees (rechts).

Innensee vor Görslow: Bereits in Ortslage Görslow muss man in den Tauchanzug steigen und dann durch den dichten Uferwald einen kleinen Hohlweg hinunter zum See laufen. Etwa 150 bis 200 Meter Gepäckmarsch sind nötig. An einer kleinen, pflanzenfreien Badestelle kann eingestiegen werden.
Links vom Einstieg breitet sich nach Süden hin eine Unterwasserlandschaft mit Tausendblatt, Hahnenfuß, ebenem festen Grund und zahlreichen Althölzern inklusive Baumstubben aus. Hier haben im Frühling kapitale Zander ihre Laichgruben. Wer nach rechts, im weiten Bogen um Bootshäuser, herumtaucht, findet unterwegs Sachzeugen der Geschichte wie Reste einer herrschaftlichen Kalesche, die Räder rustikaler Erntewagen und in 8 Meter Tiefe ein Fischerboot, das sich einschließlich Glühkopfmotor zu einer komplett überzogenen Muschelbank aus Dreikantmuscheln entwickelt hat. Neben Zander, Aal und Barsch werden viele Amerikanische Flusskrebse beobachtet. Aber das Eindrucksvollste sind die Dreikant- oder Zebramuscheln.
Wir erinnern uns, dass der nährstoffreichere Innensee ein sommertrüber Zandersee ist. Schon manches Mal tauchten wir durch das oberflächlich von der Algenblüte grasgrün gefärbte, nur 2 Meter Sicht bietende Wasser hinab. Und freuten uns immer aufs Neue, wenn das Wasser ab 6 Meter Tiefe immer klarer wurde! Die zahlreich vorhandenen Muschelbänke filtrieren auch im oberflächlich trüben See eine 2 bis 3 Meter starke Klarwasserlamelle über dem Grund sauber, in der man wie in einer geisterhaften, von mystisch gelb-grünem Licht mäßig beleuchteten Halle dahintaucht.
Limnologen haben die Filtrierleistung verschiedenster (sessiler) Organismen untersucht und bescheinigen heute Dreissena oder der Dreikantmuschel einmütig die höchste Filtrationsleistung. Bedingung für den geschilderten Effekt ist allerdings ein geeigneter Hartboden als Seegrund, den die Zebramuscheln nahezu flächendeckend besiedeln können. Über weichem Schlamm würden Dreikantmuscheln nur an Hölzern und Steinen leben und deshalb nicht die beschriebene Leistung erreichen. Vor Görslow kann vom Ufer aus die größte Tiefe des Innensees von 42 Metern erreicht werden.
Infos: Tauchbasen 5, 6 und 7.

Innensee-Bucht von Raben Steinfeld: Am Campingplatz von Raben Steinfeld, direkt am Wasser, hat die Tauchbasis des Poseidon-Wassersporthauses Lohse ihr Domizil aufgeschlagen. Die Bucht vor dem Zeltplatz ist das »Hausriff« der Basis. Auf Sandboden und zwei Übungsplattformen in 5 und 12 Metern Tiefe können Taucheleven erste Übungen praktizieren, während andere in der Bucht große Hechte, Plötzen und Rotfedernschwärme beobachten. Zwischen Schilfkante, Tausendblättern, Fadenlaichkraut und Hahnenfußwiesen kreuzen die prächtigsten Rotfedernschwärme, die wir je in Mecklenburg sahen.
Aber da sind auch noch das Autowrack, mehrere Motorbootwracks in 3 bis 8 Metern Tiefe und das historische Fischerboot. Letzteres liegt mitten in der Bucht auf 17 Metern Tiefe und ist in warmen Sommern das Zuhause eines großen Zanders. Beim Tauchen am Fischerboot bei Sonnenschein ist gut zu beobachten, dass der Schweriner See überaus reich an Zooplankton und dennoch klar ist. Sonnenlicht fällt oft bis in 12 oder 15 Meter Tiefe ein, ehe grünes Dämmerlicht vorherrscht. Außerdem bietet die Bucht eine versunkene Telefonzelle, mehr oder weniger amüsante UW-Beschilderungen und große Barschschwärme.
Im Allgemeinen ist es nicht zu empfehlen, von Fischern gestellte Reusen einfach anzutauchen. Zu weit verbreitet ist der von wenigen »schwarzen Schafen« verursachte Ruf der Taucher als Reusenplünderer. Die Ausnahme: Wenn eine Reuse unmittelbar vor der Basis in der Bucht von Raben Steinfeld steht, darf sie besichtigt werden. Meist sind pfannengroße Bleie darin.
Infos: Tauchbasis 6.

Innensee am Ziegelwerder: Im Umfeld der Insel Ziegelwerder ist ein historischer Lastensegler versunken, der 18 bis 19 Meter tief liegt. Je nach Jahreszeit und Wind können hier 1 bis 10 Meter Sicht herrschen. Für den anspruchsvollen Tauchgang am Lastensegler sind kräftige Lampen nötig, denn selbst bei klarem Wasser taucht man hier in graugrüner Dämmerung oder völliger Dunkelheit.
Der Rumpf des Lastenseglers ist 25 Meter lang und 1,4 Meter hoch. Das hölzerne Flachbodenschiff wird von gewaltigen Eisenbolzen zusammengehalten. Das Schiff ist mit grauem Ton von der Insel Ziegelwerder beladen. Die Pinne des intakten Ruders bewegte sich einst über die ebenfalls leidlich erhaltene Kajüte. Im vorderen Teil findet der Taucher die wuchtige Mastfischung mit einem 7 Meter hohen Maststück und die Ankerwinde.
Die beiden Ankerketten haben sich tief ins Schanzkleid des Buges eingesägt .Vermutlich hat der Skipper das Schiff im Sturm mit beiden Ankern gegen den Wind drehen wollen, konnte den Lastensegler aber nicht mehr retten. Das Schiff ist vermutlich kurz vor der Jahrhundertwende (1899/1900) gesunken. Hier sind keinerlei »Schätze« zu heben, aber man kann ein wunderbares Stück Heimatgeschichte bewundern.
Tipp am Rande: Meist geht am Lastensegler eine leichte Strömung. Wer gegen diese fast unmerkliche Strömung taucht, hat länger klares Wasser am Wrack und entdeckt vielleicht auch die wenigen Aalrutten, die im Wrack wohnen.

Nicht weit von Schwerin präsentiert die slawische Burganlage Groß Raden Regionalgeschichte (oben links).

Das Ankerspill des Lastenseglers ist noch gut erhalten (oben rechts).

Tauchausfahrt mit Andreas Lohse zum Ziegelwerder (Mitte links).

Am Mast des über 100 Jahre alten Lastenseglers (unten rechts).

Teil der Ankersammlung des Tauchergasthofes »Zum Rethberg« (unten links).

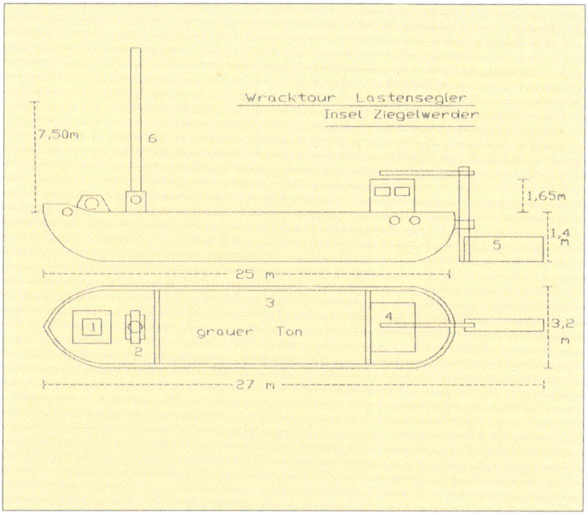

Skizze: Andreas Lohse.

Der Tauchlehrer Andreas Lohse – der Wiederentdecker des Wracks – ist vom Landesamt für Bodendenkmalpflege beauftragt worden, über das Wrack in Sichtweite der Basis zu wachen und dort nur von der Basis begleitete Tauchgänge zuzulassen. Mit gutem Grund, denn erst kürzlich musste er einem Taucher einen der beiden Anker des Lastenseglers wieder aus dem Kofferraum des Autos nehmen. Der Lastensegler liegt von Land aus für Schwimmer unerreichbar weit im Schweriner See. Eine Bootsfahrt mit Andreas Lohse, der unterwegs die Historie von Insel und Schiff erzählt, ist ein Süßwassertaucherlebnis vom Feinsten.
An alle: Bitte lasst das wunderschöne Schiff komplett!
Infos: Tauchbasis 6.

12. Der Pinnower See

Max. Tiefe 24 Meter.

Dieser Tauchtipp bezieht sich auf den Pinnower See bei Godern, nahe bei Schwerin. Das muss in diesem Falle bemerkt werden, da allein dem Autor vier Pinnower Seen bekannt sind. Unser Pinnower See liegt runde zehn Meter tiefer als der Schweriner See. Nur ein knapp tausend Meter breiter Endmoränenhügel trennt die beiden Seen. Diese Trennwand ist gleichzeitig die Wasserscheide zwischen Nord- und Ostsee in dieser Gegend. Während der höhergelegene Schweriner See über die Stör in die Nordsee entwässert, fließen die Wasser des Pinnower Sees über die Warnow gen Ostsee.
Der Pinnower See ist nahezu ringsum von herrlichen Laubwäldern umgeben, kleine Kanälchen verbinden ihn mit dem Kirch- und dem Petersberger See. Die Maximaltiefe liegt bei 24 Metern, allerdings ist der größte Teil des Sees nur 8 bis 16 Meter tief. Die Ufer fallen steil ab. Der Sandgrund ist überwiegend mit Laub und Steinen bedeckt, versunkene Bäume modellieren wunderbare Schlupfwinkel für Fische. Wo das Licht den Grund erreicht, wachsen über einen Meter hohe Wiesen

Zahlreiche große Wasserschnecken bevölkern den Pinnower See ... (oben links)

... ebenso wie große Aalrutten oder Trüschen (oben rechts).

Wollhandkrabben suchen sogar den Spülsaum von Seen auf (unten links).

Am Pinnower See bei Godern (unten rechts).

aus Laichkräutern, Armleuchteralgen und zunehmend Hornblatt. Bemerkenswert ist das hiesige Glanz-Laichkrautvorkommen. Im See ist der »normale« Bestand an Süßwasserfischen zu beobachten. Außergewöhnlich erscheint die hier vorkommende Quappe.

Die Quappe oder Rutte trägt als unverwechselbares Kennzeichen einen Bartfaden am Kinn und zwei kurze Barteln am Hinterrand der vorderen Nasenöffnung. Als einzige Art der Familie der Dorschartigen bewohnt die Quappe das Süßwasser. Dabei bevorzugt die Art Fließgewässer und durchflossene Seen als Biotop; in völlig abgeschlossenen Becken hat sie Seltenheitswert. Der im Winter laichende Fisch versucht seine Eier immer stromauf seines eigentlichen Lebensraumes auf hartem Fließgewässergrund abzulegen. Die Jungfische kehren jeweils erst im Herbst als einsömmrige Tiere in den elterlichen See zurück.

Vom Badestrand Godern rechts am Wald entlang zu tauchen gilt als die schönste Tauchtour. Hier beobachten wir einen exorbitanten Reichtum an Muscheln und Schnecken. Findlinge mit schöner Maserung und malerisch vom Wasser zernagte Hölzer schmücken den Grund. Der Pinnower See ist reich an Aalen und Bar-

schen. Letztere konzentrieren sich am Barschberg, der, wenn man am Fischereigelände links vom Badestrand vorbei taucht, auf etwa halbem Wege zur Insel Fischerwerder bis 4 Meter unter die Wasseroberfläche ragt. Im Pinnower See werden wie im Schweriner See von Zeit zu Zeit Wollhandkrabben beobachtet.
Der Pinnower See wird von mehr als 15 Quellen gespeist, die in der Vergangenheit auch die Phosphate der landwirtschaftlichen Düngemittel eingetragen haben. Die Sicht soll sich in den letzten zwanzig Jahren etwas verschlechtert haben, aber noch immer ist der Pinnower See bei Godern eine Wochenendreise wert. Seidel schrieb über den sommerlichen Pinnower See: »Er lag da in dem verklärenden Schimmer der Nachmittagssonne wie ein Traum von Frieden, Ruhe und Schönheit, und die beiden Dörfer an seinem gegenüberliegenden flachen Ufer schauten aus dem Grün ihrer Obstbäume hervor wie Wohnorte der Seligen.« Der bekannte Landschaftsmaler Malchin, ein Freund Seidels: »Zehn Jahre kann ich malen, ehe ich alle die Motive aufgebraucht habe, die es hier gibt.«
Infos: Tauchbasen 5, 6 und 7.

13. Der Mustiner See – Ein echter Schatzsee

Max. Tiefe 9 Meter.

Etwa 40 km östlich von Schwerin liegt am Wege nach Güstrow das Dörfchen Mustin. Der Mustiner See ist ein nährstoffreicher See, der zu zwei Dritteln von Buschwerk und Bäumen umstanden ist. Die Sicht im See beträgt bestenfalls 2 bis 3 Meter, über dem schlammigen Grund geht sie gegen Null. Im Mustiner See sind durchaus Bleie und im Dunkel von überhängenden Ästen auch Aale zu beobachten. Aber das geht anderswo besser!
Der Mustiner See steht auf rätselhafte Weise im Rufe eines Schatzsees; vielleicht, weil hier schon zu Klaus Störtebekers Zeiten alte Handelsstraßen vorbeiführten? Oder weil während der napoleonischen Kriege eine mysteriöse Kutsche im See versunken ist? Wir wissen es nicht. Aber Berliner Feuerwehrtaucher konnten sich in den 1980er-Jahren von der Wahrheit der Mythen überzeugen:
In jenem Seeviertel vor der kleinen Brücke und den Fundamenten des alten Gutshauses fanden sie zahlreiche Glas- und Porzellanscherben, aber auch geschliffene Kelche und überaus schöne (hunderte!) Einzelteile von Kronleuchtern aus farbigem bömischen Glas. Die Mustiner Tauchfunde sind heute im Sternberger Heimatmuseum zu sehen. Nachforschungen ergaben, dass Familie von Bolten in den 1945er-Nachkriegswirren das Gutshaus verließ. Die gläsernen Kostbarkeiten einer alten Tante wurden ebenso dem See übergeben wie andere auf der Flucht nicht transportable Dinge.
Wer also die Bleie des Mustiner Sees nicht findet, kann sich undurchsichtiger Historie in 6 bis 8 Metern Tiefe widmen. Launigerweise handelt es sich generell um Stücke, die von Metallsuchgeräten nicht angezeigt werden und einigen Tastsinn erfordern! Sollten Sie also zufällig etwas finden: Die Mitarbeiter des Stern-

Großer Blei über dem Sedimentboden des Mustiner Sees (links).

Plötzen werden bis zu 40 Zentimeter lang und 15 Jahre alt (rechts).

berger Heimatmuseums freuen sich mit Sicherheit über weitere angelieferte Funde! Und Sie werden im Museum als Finder verewigt.
Infos: Heimatmuseum Sternberg, Tel. 0 38 47-21 62.

14. Der Upahler See

Max. Tiefe 6 Meter, im NSG.

Etwa 12 Kilometer westlich von Güstrow, in die Zange genommen von Groß Upahl und Klein Upahl, glitzern die Wellen des nach den Orten benannten Sees. Auf holprigen Landstegen können Sie dem See von der Klein Upahler Seite auch per Auto recht nahe kommen. Es lässt sich jedoch nicht umgehen, einige zig Meter über Weideland bis zum Wasser zu laufen. Dafür spazieren Sie über eine herrliche Landschaft von sanft gewellten Wiesen mit altehrwürdigen und riesengroßen Kopfweiden bis ans Wasser.
Der Upahler See ist nur 6 Meter tief. Vor allem im Nordteil des Sees sind große Flächen des Seebodens mit verschiedenen Arten von Armleuchteralgen und Fadenlaichkraut bedeckt. In stillen Buchten wuchern Großlaichkräuter und grüne Inseln aus Seerosenblättern. Der Seeboden ist im Ostteil des Sees vielfach steinig-kiesig, hier fallen besonders reiche Bestände an Muscheln und Schnecken auf. Die Pflanzenteppiche bieten zahlreichen Fischarten Unterschlupf, oft ruhen über 30 Zentimeter große überalterte Plötzen am Sedimentboden zwischen den Armleuchteralgen.
Der Upahler See ist Naturschutzgebiet, nicht zuletzt wegen des bemerkenswerten Reichtums an verschiedenen Simsen, Seggen, Röhrichten und Erlenbruchwäldern an seinen Ufern. Deshalb die Bitte an alle: Nicht bis ans Wasser fahren. Wo landwirtschaftliche Fahrzeuge offensichtlich ihre Wendeschleife haben, sollte auch für Taucherautos Schluss sein. Trotz pflanzenreicher Ufer finden Sie westlich von Klein Upahl auf jeden Fall Uferpartien, wo Sie nur über Kiesgrund laufen, keine Pflanze berühren müssen und ganz naturschonend abtauchen können.
Infos: Tauchbasis 7.

15. Der Woserinsee mit der Dschungelinsel

Max. Tiefe 38 Meter.

Der Woserinsee ist nicht leicht zu finden. Er liegt in jener einsamen Gegend Mecklenburgs, von der man früher gutmütig spottend meinte, dass sie 300 Jahre zurück sei. Von der A 19, AS Malchow fahren Sie auf der B 192 über Goldberg und Dobbertin in die Region. Im Dorf Woserin finden über die »Kurze Straße« Richtung Osten zum See und der offiziellen Bade- und Einstiegsstelle mit Steg. In dieser Bucht werden Sie bis in 5 Meter Tiefe Wasserpflanzen und Muschelfelder entdecken und höchstens 9 Meter Tiefe erreichen.
Der besonders entdeckungsfreudige, über Zeit verfügende Taucher nehme die Karte zur Hand und suche das Dorf Lohmen, etwa im Dreieck Sternberg-Goldberg-Güstrow gelegen. Von Lohmen führt die Strecke – teils feldsteingepflastert – über Altenhagen in die Wildnis. Nach einigen Kilometern durch Wald und Feld gabelt sich der Weg. Hier links halten, etwa 100 Meter weiter stehen zwei Finnhütten am Waldweg. Dort sehen Sie rechts unten den idyllischen klaren Woserinsee und haben gleichzeitig einen wunderbaren Tauchplatz erreicht. Das Auto kann nahe dem See abgestellt werden und eine breite Badestelle gestattet das Einsteigen ohne Beschädigung von Wasserpflanzen.
Was schon am Ufer als eine erstaunliche Sichttiefe erscheint, erfreut den Taucher auch durch horizontale Transparenz. Ein wahres Kleinod angesichts jener zahlreichen Seen der Umgebung, die mehr oder weniger überdüngt bis »naturtrüb« sind!
Die Seeufer fallen rasch auf 12 bis 15 Meter Tiefe ab; die Maximaltiefe von 38 Metern ist schwer zu finden. Auf sandig-kiesigem Grund gibt es zahlreiche Teich- und Malermuscheln zu sehen. Teils sind diese über und über mit Dreikantmuscheln (*Dreissena*) bewachsen und bilden so eine kompakte natürliche »Filtereinheit«. Barsch, Rotfeder, Plötze und Hecht sind häufig. Knapp unter der Sprungschicht können wir silbrige Schwärme von Kleinen Maränen antreffen, was auf die hohe Wassergüte hindeutet.
Die bizarre Insel im Woserinsee scheint den See in drei nahezu voneinander abgetrennte Becken zu gliedern. Die Verbindungsarme der Seeteile sind ganz besonders dicht bewachsen, der Taucher schwebt durch schmale Durchlässe zwischen Urwäldern aus Laichkräutern und den Stängeln von Weißen Seerosen und Großen Mummeln. Diese Pflanzendickichte und flache verlandende Buchten bergen Schlei und Blei, Aal, Karausche und gewaltige Karpfen. Wer alle Seeteile taucherisch in Augenschein nehmen möchte, muss allerdings ein Schlauchboot dabei haben und paddeln.
Um mit den Fischern keinen Ärger zu bekommen, sollten Reusen nicht angetaucht werden. Was nutzt es, die im Freiwasser reichlich vorhandenen Fische »hinter Gittern« zu sehen? Auffällig viele Amerikanische Flusskrebse bevölkern den Seeboden. Sie »sausen« geschäftig zwischen Muscheln und Pflanzenstängeln umher.

Amerikanische Flusskrebse verwerten den Fang aufgegebener Reusen (links).

Im Woserinsee leben überaus bewegliche Lederkarpfen (rechts).

Obwohl Sedimente Fotos am Boden schwer machen, sind die Chancen recht gut, diesen Krebs auf den Film zu bannen. Der Amerikanische Flusskrebs bevorzugt wie die meisten Krebse schattig-dunkle Winkel. Eine Verhaltensweise der Edelkrebse geht ihm jedoch völlig ab: die meiste Zeit in einer Wohnröhre zu sitzen und allein Antennen und Scheren sehen zu lassen. Der »Amerikaner« lebt wie seinerzeit die Squatter nomadisierend und verzichtet ganz auf Wohnbaue.
Wenn Sie mit einem Kopf voll herrlicher Erlebnisse wieder auftauchen, sollten Sie vielleicht ganz still wenige Meter von der Schilfkante entfernt schnorchelnd zurückschwimmen. Unter Umständen bekommen Sie im Schilf die seltene Große Rohrdommel zu sehen, einen bis zu 76 Zentimeter großen braunen Reiher, der sehr verborgen und scheu lebt. Ja, eben diese Rohrdommel, die mit ihren dumpfen Lauten Fritz Reuters Romangestalt »Dörchläuchting« in Angst und Schrecken versetzte. Dem früheren Herrscher des Miniatur-Herzogtums von Mecklenburg-Strelitz fehlten zwar Zeit seines Lebens die Taler für pompöse Pariser Kleiderrechnungen, aber genug Rohrdommeln barg sein Land damals.
Infos: Tauchbasen 5, 7 und 9.

16. Die Mecklenburger Großseen – Der Krakower See

Max. Tiefe im Ostbecken 27 Meter, im Westbecken 24 Meter, 868 ha.

Dieses große Wasserbecken ist ein wunderschöner Klarwassersee, der von der Nebel durchflossen und von acht bewaldeten Inseln bereichert wird. Der Krakower See ist ein strenges Naturschutzgebiet und kann nur an den Stellen betaucht werden, an die Sie durch die Tauchbasis Plau am See geführt werden. Die Basis arbeitet eng mit dem Van-der-Valk-Resort Linstow zusammen und dieser große Hotelkonzern hat sich Badestellen am Krakower See sichern können, die auch Tauchgäste mit nutzen dürfen.Am See kann man eine hübsche Schilf- und Binsenzone mit der gebührenden Vorsicht genießen, die Sichtweite reicht meist für einen geeigneten Abstand zu den sensiblen Pflanzen. Weite Strecken des Grundes sind ziemlich gleichmäßig mit Astalgen bewachsen, was beinahe wie ein lange nicht geschnittener englischer Teerasen wirkt.

Erlebnisreiches Tauchen im Krakower See (links).

Ein junger Blei kreuzt über dem Characeenfeld (rechts).

Aber aus diesen grünen Matten wachsen auch höhere Wasserpflanzen wie etwa das Durchwachsene Laichkraut, das Kammlaichkraut und Hornblatt hervor. Stellenweise gibt es Gelbe Teichrosen. An windexponierten Ufern fehlen die wellenschlagempfindlichen Laichkräuter und stattdessen wachsen Wiesen des Sumpfteichfadens am Seeboden. Das 4 bis 5 Meter hohe Spiegelnde Laichkraut wird nur in wenigen Seeregionen gefunden.
Der Krakower See ist ausgesprochen muschelreich. Deshalb findet man auch weiße Schill-Lager. Das sind die leeren ausgeblichenen Schalen längst abgestorbener Muscheln, die sich normalerweise in einem schmalen Streifen vor der Tauchblattpflanzenzone uferparallel anordnen. Hier im Krakower See sind sie eigentümlicherweise in kreisrunden Nestern von etwa einem Meter Durchmesser zu finden. Die lebendigen Muscheln leben meist in dichten Dreissena-Muschelbänken, die an versunkenen Baumstämmen und Knüppeln ebenso haften wie an allen Stegpfählen.
Im Krakower See soll sich eine versunkene Burg des Slawenstammes der Lutizen befinden. Die Seeregion mit dem Bollwerk ist bekannt und Letzteres kann kaum tiefer als 4 bis 6 Meter liegen. Aber gefunden hat die Burg noch niemand. Solcherart halten viele Mecklenburger Seen noch ungelöste Rätsel für uns Taucher bereit.
Über das Sediment verlaufen zahlreiche Spuren, die Amerikanische Flusskrebse mit ihren Schwanzfächern in die Unterwasserwelt gezogen haben. Folgt man den verschlungenen Wegen, ist man immer ganz dicht dran an der Begegnung mit den gepanzerten Gesellen. Der Krakower See wirkt in vielen Uferbereichen wie der fischereiliche Typ des Hecht-Schlei-Sees.
Neben dem Tauchen ist das Umfeld des Sees zum Wandern und Beobachten sehr interessant, denn hier ist der Anblick von Fischadler, Seeadler, Rohrdommeln, Blessrallen, Gänsesägern und wahren Legionen von Tauchenten alltäglich.
Infos: Tauchbasen 9 und 10, Anmeldung und Führung zwingend erforderlich.

Begegnungen im Linstower See mit dem Amerikanischen Flusskrebs, ... (links)

... und dem Babyhecht in der Hahnenfußwiese (rechts).

17. Der Linstower See

Der Linstower See im Hinterland des Dorfes Linstow ist ein relativ nährstoffreicher See mit Verbindung zum Flusse Nebel, einem bedeutenden Nebenfluss der Warnow. Das Seeaustrittswehr Linstow verhindert diese Verbindung nur teilweise. Es wurde jedoch ein Bypass gebaut, der im Frühling und Herbst die Wanderzüge der Fische zu den Laichplätzen und Winterquartieren ermöglicht. Denn nicht überwindbare Wehre behindern vor allem die Kurzstreckenwanderer unter den Fischen erheblich in ihrer Lebensweise.
Weil der Linstower See ein eutropher, zeitweise klarer See mit starker Tendenz zur Verbesserung ist, kann man davon ausgehen, die gleiche Vielfalt von Fischarten wie in der oberen Nebel (= Krakower bis Malkwitzer See) beobachten zu können. In der oberen Nebel leben 19 Fischarten, darunter weniger häufige Arten wie Bachneunaugen, Ukeleie, Güstern, Gründlinge, Steinbeißer, Quappen und Dreistachlige Stichlinge. Diese Arten kann man zumindest zeitweise an den Einmündungen in den Linstower See erleben, während »Dutzendfische« wie Barsch, Kaulbarsch, Rotfeder, Plötze, Blei und Aal eigentlich jederzeit zu finden sind.
Am Linstower See kann man in der Nähe eines stabilen Holzsteges parken und auch leicht ins Wasser einsteigen. Die Anfahrt erfolgt über das Straßenkreuz Linstow in Ortslage in Richtung eines weiten Areals mit verfallenen Gutshäusern und Ställen. Nach einer naturkundlichen Hinweistafel über das Leben in der Nebel geht es entlang des Flüsschens zum See.
Infos: Tauchbasen 9 und 10.

18. Der Drewitzer See bei Alt Schwerin

Max. Tiefe 33 Meter, 743 ha, Teil des Naturparkes Nossentiner-Schwinzer Heide, Gerätetauchen verboten, bitte von den offiziellen Badestellen aus schnorcheln!

Naturparks neuer Prägung schützen bedeutsame Kulturlandschaften, in denen wertvolle natürlich verbliebene Landschaftsteile liegen. Im Gegensatz zum strenger geschützten Nationalpark findet hier eine umweltgerechte Bewirtschaftung in mäßigem Umfang statt. Es ist die ausdrückliche Aufgabe von Naturparks, Erholungsraum zu sein und Umweltinformationen anzubieten. Sie dürfen sich frei bewegen und alles ansehen, nur Autofahren und das Gerätetauchen sind im Gebiet tabu. Die Naturparkverwaltung, Am Ziegenhorn 1, 19359 Karow, Tel. 03 87 38-2 92, bietet in der Saison Führungen, Umweltprogramme und kindergerechte Veranstaltungen an.
Über die Autobahn A 19, Anschlussstelle Malchow, erreichen Sie Alt Schwerin. Gesäumt von blühenden Wiesen, knorrigen Kiefern und gewaltigen Buchen, liegt der lang gestreckte Drewitzer See wie ein blaues Band in der nacheiszeitlichen Landschaft. Das vielbuchtige Juwel unter den Mecklenburger Seen wird am leichtesten ab Parkplätzen zugänglich, die bei Alt Schwerin und Sparow ausgeschildert sind.
Wir schnorcheln bereits weitab vom Ufer, und noch immer liegt der Seeboden unter uns in nur geringer Tiefe. Dieser See ist ein Durchströmungssee mit ausgedehnten Quellhorizonten an seinen Ufern. Und der Anblick des Grundes ist erstaunlich genug: sanft gewellt bedecken grüne unterseeische Wiesen weite Flächen in diesem See und reichen stellenweise weit in die Tiefe. Trotz des geschlossenen Pflanzenfeldes von Monotonie keine Spur: Die Armleuchteralgen oder Characeen schimmern da frisch und hellgrün, dort gibt es satt dunkelgrüne Bestände und ein Teil dieser hoch entwickelten Algen trägt silbrige Kalkspuren auf seinen Zweigen oder Wirteln.
Die wunderbaren Characeenwiesen haben etwas von der Erhabenheit einsamer grüner Bergalmen: Was auf Letzteren an Blumen und Kräutern blühen mag, ersetzen untergetauchte Characeenwiesen durch einzelne höhere Wasserpflanzen, die aus den dichten Algenteppichen sprießen und sie weit überragen:
So beobachten wir prächtige, wohl mannshohe Kammlaichkräuter, die wie Ziergräser über dem Charateppich stehen. Aber es gibt auch die so genannten Großlaichkräuter, welche hier im Drewitzer See meist als Solitärpflanzen sehr dekorativ über den grünen Grundrasen hinaus wachsen. Da ist zum einen das Glänzende Laichkraut, das als 3 bis 4 Meter hoher Spross im blassblauen Wasser steht. Im Schutze dieser Pflanzen halten sich des Öfteren kleine Hechte auf, so genannte Grashechte. Die Blätter des Spiegelnden Laichkrautes tragen eine deutlich abgesetzte Blattspitze und die Blattunterseite ist mit netzartigen, besonders dicht liegenden Blattnerven verziert. Außerdem finden wir Durchwachsenes Laichkraut. Diese Art hat Blätter mit besonders kräftigen, fast weißen Längsadern, darüber hinaus scheint der Stängel durch die Blätter hindurchgewachsen und von diesen eingeschlossen zu sein. Was für ein bizarres Gewächs!
Aber auch eine einzelne Armleuchterlage ist unglaublich interessant strukturiert, wenn man sie von nahem betrachtet. Da sind nicht nur die gut erkennbaren

Weites Land am Drewitzer See bei Alt Schwerin (links).

Schnorcheln im Drewitzer See – zu Besuch in der geheimnisvollen Welt der Wasserpflanzen (rechts).

Zellstrukturen der Stängel, wir bewundern auch die Blattquirle und vor allem die im Spätsommer vorhandenen Fruchtstände. Characeen sind hoch entwickelte Algen, demzufolge können sie nicht blühen, bilden aber männliche und weibliche Sporenkapseln aus. So finden wir an den Zweigen winzige rot-orange Kügelchen (die männlichen Fruchtstände) sowie beinahe unsichtbare schwarz-grüne, in den Blattachseln verborgene (weibliche) Kapseln.

Die federnden »Etagen« der Charateppiche sind selbstverständlich Lebensraum und Versteck zahlreicher Tiere. Aale liegen tagsüber besonders gern im Sediment am Fuße der Characeen. Große Hechte stehen über den Wiesen, während sich die Babyhechte vorsichtig zwischen die Sprossspitzen drücken. Im Zweiggewirr der Armleuchteralgen klettern diverse Köcherfliegenlarven und bizarre Libellenlarven umher. Während Köcherfliegenlarven eher den Aufwuchs von Kleinalgen am »Charawald« fressen, lauern die Libellenlarven ebenso wie diverse Schwimmkäfer auf Beutetiere. Immer wieder sehen wir gewaltige Jungbarschschwärme von geradezu »Wolkenformat« über den grünen Hügeln des Seebodens kreuzen.

Seit kurzem sind sogar Sterlets im Drewitzer See zu beobachten. Der bizarre Fisch mit seiner leicht nach oben gebogenen Schnauze lebt grundnah und weidet kleine Tiere von Steinen, Pflanzen und Altholz ab. Vermutlich hat man sibirische Sterlets besetzt, um diesen Fisch wieder in Mecklenburg heimisch zu machen.

Am Rande der Charawiese erhebt sich ein zierliches Ähriges Tausendblatt mit leuchtend roter Sprossspitze über das Hellgrün, nicht weit davon sehen wir ein paar Halme Quirlblättriges Tausendblatt mit seinen eigentümlichen zylinderförmigen Winterknospen. An vielen Stellen liegen die haarfein strukturierten Ranken des »Fleisch fressenden« Wasserschlauches malerisch auf dem Charadschungel ausgebreitet.

Wir entdecken die braun bis bläulich schimmernden Seepflaumen und beobachten sogar Amerikanische Flusskrebse im »Ehebett« aus federnden elastischen Characeen. Nur an wenigen Stellen, wo früher düngerbelastetes Wasser zugelaufen sein mag, gibt es hier Teichfaden – eine typische Zeigerpflanze für eutrophes belastetes Wasser. Die Reinheit des lichtgrünen Nass bietet denn auch der seltenen lebend gebärenden Sumpfdeckelschnecke ein Zuhause ...

Der Drewitzer oder Altschweriner See – beide Namen sind in Gebrauch – ist ein sensibles Paradies für Schnorchler und nur für diese! Gerätetauchen ist nicht (mehr) gestattet. Der riesige Sandersee liegt inmitten des größten zusammenhängenden Waldgebietes von Mecklenburg. Ein Wald, der einst »Staatsjagdgebiet« von Erich Honecker und seinen Parteifunktionären war und heute frei zugänglich ist.
Auf Sand und Kies wachsen bizarre Kiefern, beeindruckende Buchen sowie wunderbar dichte Wacholderbüsche. Nährstoffarmut und Kargheit des Bodens machen das Gebiet wertlos für die Landwirtschaft. Zugleich ist aber ein solches Landschaftsbild in unserer heutigen Zeit etwas Besonderes, Einmaliges – weil hier besonders viele Pionierpflanzen wachsen.
Die Wälder der Region verbergen etwa 60 Seen, aber auch Moore, Dünen, Trockenrasen und Heidegebiete. Eine ganze Reihe von Seen weisen Sichttiefen von 5 bis 8 Metern auf und sind verschieden prächtig bewachsene Schnorchelparadiese ...
Der Naturpark Nossentiner und Schwinzer Heide ist ein stilles Paradies für Schnorchler, Wanderer und Fahrradfahrer. Naturnahe Seen und Wälder sowie eine teilweise uralte Kulturlandschaft harmonisieren miteinander, beherbergen Fischotter, Reh- und Rotwild, lassen Ruhe erlebbar werden. Aufmerksame Naturbeobachter haben hier über 100 Vogelarten inklusive Großer Rohrdommel und Seeadler gezählt. Pflanzenfreunde können diverse Bärlapparten, Rundblättrigen Sonnentau, Moosglöckchen und viele weitere Kostbarkeiten vorfinden. Eine zurückhaltende ruhige Art des Naturgenießens mit wenig Technik beschert unglaubliche Erlebnisse. Maske, Schnorchel und – an Land – ein gutes Fernglas genügen völlig. Ein Weg, per Mountainbiking und Apnoetauchen fit und schön zu werden.
Infos: Tauchbasen 9 und 10.

19. Der Flache See bei Klocksin

Max. Tiefe 28 Meter.

Wunderbar erholsame Tauchgänge der heiteren, einfachen Art verspricht der Flache See bei Lütgendorf und Klocksin. Am Südzipfel des Sees können wir unmittelbar am östlichen Seeufer entlang einem Fahrweg Richtung Neu Sapshagen folgen, der hoch über dem See an einer Kastanienallee und einem Parkplatz endet. Von hier haben wir etwa 200 Meter Anmarsch zur Badestelle, die zwischen eingezäunten Grundstücken (des Anglerverbandes) hindurch nur auf einem schmalen Weg erreichbar ist.
An dieser Stelle präsentiert sich der Flache See als steilschariger Rinnensee mit vielen Steinen, mit Althölzern sowie laubbedecktem Grund; geradezu der ideale Lebensraum für die zahlreich vorhandenen Aale, Kaulbarsche und Amerikanischen Flusskrebse.
Man kann jedoch auch auf der Westseite des Sees nach Norden fahren. Dabei kommt der See selbst vorübergehend außer Sicht und wir entdecken das imposante Anwesen von Schloss Blücherhof. Das Schloss selbst kann nur von außen

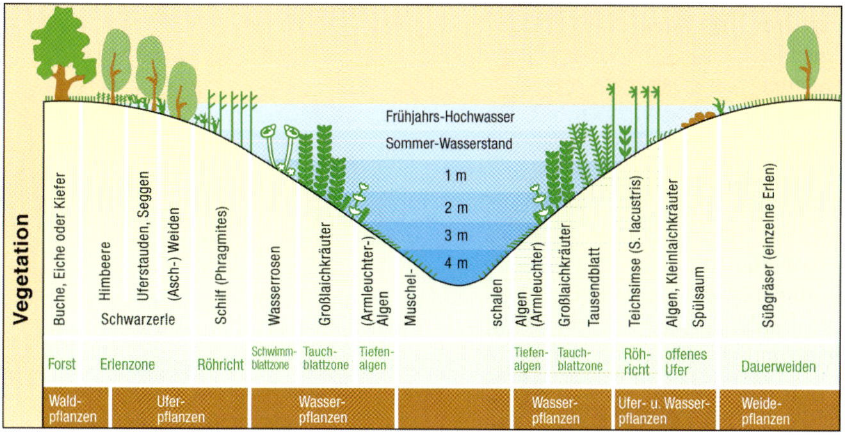

Die Vegetationszonierung in Binnenseen (Nach limnologischen Lehrfolien).

besichtigt werden, aber im vor dem Schloss liegenden Gutshof finden wir unter anderem die Herberge Blücherhof, eine (Taucher-) Unterkunft mit Stil. Berühmt ist das Schloss Blücherhof für seinen wie ein englischer Park angelegten dendrologischen Garten, in dem auf acht Hektar etwa 150 Gehölze aus aller Welt zu bewundern sind. Der Garten ist frei zugänglich.

An der Nordspitze des Flachen Sees folgen wir den Schildern »Gutshof Klocksin« und fahren am Gutshaus vorbei Richtung See. Hier erreichen wir einen kleinen, mit Holzstangen umfriedeten Parkplatz, von dem aus der See schon zu sehen ist. Weiter zu fahren lohnt nicht, denn der Fahrweg endet als Sackgasse an langen Reihen von Bootshäusern.

Vom gut sichtbaren Einstieg nach links weg tauchend, langen wir bald in der Region vor den Bootshäusern an. Hier muss es diverse »Schiffskatastrophen« gegeben haben, denn in 5 bis 8 Meter Tiefe können wir mehrere altertümlich anmutende Bootsrümpfe bewundern, aber auch emaillierte Krüge, Eimer und andere muschelverkrustete ländliche Gebrauchsgegenstände. Die »Schätze« einheimischer Seen! Ein Blick nach oben ins lichtgrüne Wasser verrät, dass große Schwärme neugieriger Plötzen die Nähe von Tauchern nicht scheuen.

Der maximal 28 Meter tiefe Flache See wirkt auch in mittleren Tiefen noch geradezu unwirklich hell. Die Unterwassersteilhänge sind über große Flächen mit weißen leeren Muschelschalen bedeckt und diese reflektieren das einfallende Tageslicht. Diese Schichten leerer Mollusken heißen in Fachkreisen Schill. Obwohl sich nach Lehrmeinung der Limnologie (Wissenschaft von den Binnengewässern) in nahezu allen Seen unterhalb der Tauchblattpflanzenzone eine deutliche Ablagerung von toten Muschelschalen befinden soll, ist diese in der Realität selten so prächtig zu sehen wie hier im Flachen See bei Klocksin.

Am »Schiffsfriedhof« im Flachen See.

Nach einem Hinweg irgendwo zwischen 6 und 15 Meter Tiefe empfiehlt sich ein Rückweg mit Blick von unten in die Schilfzone hinein.
Hier beobachten wir Schwärme prächtiger Jungbarsche, alle paar Meter steht ein Revierhecht, es gibt vorsichtige, einzelgängerische Schleien und nervöse Bleie. Unerreichbar tief im Röhricht kreuzen Rotfedern. Wir sehen muntere Amerikanische Flusskrebse und zu Dreikantmuschelbänken mutierte Baumstämme. Frisch und hellgrün wachsen zierliche Ausgaben von Hahnenfuß und Krausem Laichkraut direkt vor dem Schilf. Welch ein wunderbarer See!
Infos: Tauchbasis 8.

20. Der Bergsee bei Alt Gaarz

Max. Tiefe 12 Meter.

Von Sommerstorf und Luisenfeld her erreichen wir Alt Gaarz aus südlicher Richtung. Linker Hand wird der Bergsee sichtbar, während der rechts liegende Hofsee hinter einer Wand aus Bäumen und Schilf verborgen bleibt. Ab diesem niedlichen Dörfchen bis hinauf nach Klocksin erstreckt sich eine kleine Kette von Seen mit bizarren Umrissen. Gewässer, über die noch nicht einmal Deutschlands Geografen so recht Bescheid wissen: Das auf allen Karten als Tiefer See benannte Gewässer unterteilt sich in natura in den ortsnahen Hofsee und den nordöstlich liegenden »wirklichen« Tiefen See, wobei mehrere orts- beziehungsweise gutshofnahe Seen in Mecklenburg Hofsee heißen.
Geologen sind sicher, dass sich bei Klocksin einst ein Gletschertor befand und das eiszeitliche Schmelzwasser der Pommerschen Kaltzeit viel für die heutigen Seeformen getan hat. Vom Flachsee lief das Wasser zum Tief-, Hof- und Bergsee und über ein Grabensystem Richtung Jabelscher See ab. Vom Jabelschen See weg existierte ein Abfluss in westliche Richtung, zum Flussbett der »Ur-Elde«.
Zwischen dem Dorfe Alt Gaarz und dem Waldrand liegt ein holzumfriedeter Parkplatz, von dem es wahrlich ein bequemer Spaziergang bis zu den Gestaden der dörflichen Badestelle ist. Ein ebenfalls in Holz geschnitztes Schild weist darauf hin, dass der Bergsee – als einziger der Seenkette – zum Naturpark Nossentiner-Schwinzer Heide zählt.

Am Bergsee von Alt Gaarz (oben links).

Ganz in der Nähe liegt Schloss Blücherhof mit seinem berühmten Park (oben rechts).

Düsterste Tiefen verspricht der Tiefe See zu Neu Gaarz (unten links).

Domäne-Galeriecafé – Oase der Kunst beim Tiefen See (unten rechts).

Ein Tauchgang im Bergsee: Lautlos rollen kleine Kräuselwellen unter dem Badesteg aus. Über die sandige Badestelle, eingerahmt von Schilf, Binsen und misteltragenden Baumriesen, steigen wir ins klare Wasser. Die Stille hier ist so beinahe gegenständlich, dass von den Bäumen fallende trockene Blätter ein als laut empfundenes Rascheln an den berührten Zweigen verursachen.
Im klaren Wasser finden wir auf Sandgrund zunächst die von der Eiszeit fast kugelrund geschliffenen, für Mecklenburg typischen einzelnen Findlinge vor, aber auch dicke Teichmuscheln, Süßwasserpolypen und grünliche bis braune Süßwasserschwämme. Bereits in 2 Meter Tiefe beginnen weite mit Characeen oder Armleuchteralgen bewachsene Flächen. Diese hoch entwickelten Algen werden oft für Sprosspflanzen gehalten, vermehren sich jedoch mittels Sporen. Im Gewässer erfüllen sie die gleiche Funktion wie jeder andere Wasserpflanzendschungel; sie dienen als Versteck und Rückzugsgebiet zahlreicher Tierarten.

Hier schlafen kleine Barsche, verbergen sich dicke Schleien, lauern Hechte und Libellenlarven auf Beute, während Köcherfliegenlarven und Wasserschnecken für uns kaum erkennbare Beläge abweiden. Der größere Teil der hier lebenden Arten versteckt sich erfolgreich vor uns, während wir dem Charadschungel bis auf 6 Meter Tiefe folgen. Nachttauchen dürfte sich noch mehr lohnen.
Die grünen Polster enden auf 6 Meter Tiefe und wir wissen, dass bis zur Maximaltiefe von 12 Meter nur noch grauschwarze Schlammflächen folgen.
Um den schönen See zu schonen, sollten alle Tauchgänge von der sandigen Badestelle aus begonnen und ebenso beendet werden.
Infos: Tauchbasis 8.

21. Der Hofsee bei Alt Gaarz und der Tiefe See bei Neu Gaarz

Max. Tiefe des Hofsees 27 Meter, max. Tiefe des Tiefen Sees 64 Meter.

Vom Parkplatz am Bergsee können wir zu Fuß jenem winzigen Fließ folgen, das den Bergsee mit dem Hofsee auf der anderen Straßenseite verbindet. Nach Passieren einer kleinen Wiese stehen wir vor einer übermannshohen, nach dem See hin wohl mehr als 10 Meter breiten Schilfwand.
Natürlich widerspräche es dem taucherischen Ehrenkodex, sich durch Schilf und Pflanzenbestände in den See vorzukämpfen. Aber einen Zugang hat die verborgene Wasserfläche des Hofsees: Wo unser Bach einmündet, hat die Natur eine gerade meterbreite Schneise im Schilf gelassen. Hier laufen wir im sandigen Bachbett entlang wie seinerzeit Spuren verwischende Trapper, hinein in die Wildnis des fast unzugänglichen Sees.
Im vorderen Teil des Hofsees entdecken wir ein paar malerische Laichkrautbulte und Seerosen. Berühmt ist der See jedoch für große Karpfen, Hechte und Welse. Die können hier ungestört abwachsen, denn der schwer zugängliche See wird seit Jahren nicht mehr fischereilich bewirtschaftet, er ist für Berufsfischer einfach nicht lohnend.
Aber die alten Leute im Dorf wissen noch zu erzählen von den Ungetümen, die einst aus dem See gezogen wurden. Und auch wir beobachten beachtliche Hechte. Außerdem wurden in den 1950er-Jahren das Fahrwerk und ein Leitwerk eines nicht näher bezeichneten Flugzeuges aus dem See geborgen. Der Rest muss wohl noch darin liegen. Nahe beim Einstieg ist der Hofsee nur 9 Meter tief, ehe er nach Nordosten hin 27 Meter erreichen soll.
Das ist gar nicht so unwahrscheinlich, denn auf der Karte bildet der Hofsee eine durchgehende Wasserfläche mit dem Tiefen See, in der Realität sind die beiden Seebecken jedoch durch eine Engstelle mit dichtem Schilfdschungel getrennt. Der Tiefe See wird seinem Namen mehr als gerecht und gilt mit 64 Meter als einer der tiefsten Seen Mecklenburgs. Dieser ebenfalls schilfgesäumte Tiefe See bleibt oberflächlich oft trübe und steht in dem Ruf, erst unterhalb der im Sommer 9 bis 12 Meter tief liegenden Sprungschicht klares Wasser zu führen.

Tauchbetrieb am Jabelschen See (links).

Mit der Makrooptik eingefangen: Kleinlibellenlarve (rechts).

Um an den Einstieg zum Tief zu gelangen, fährt man zurück nach Neu Gaarz. Ab dem »Domäne-Galerie-Café« sind noch etwa 800 Meter in Richtung Nordost zu fahren, ehe nach links zum Feld hin eine abenteuerliche Fahrspur Richtung Tiefer See abzweigt. Der Weg ist für tiefergelegte Wagen nicht geeignet. Der höchst unebene, mehr treckertaugliche Fahrweg führt vorbei an einem Jagd-Hochsitz und diversen Wassergräben zwischen Feld und Wald hindurch bis zu einem kleinen Parkplatz am Waldrand.
Von hier sind es nur noch etwa 40 Meter Weg zum See. Sie kommen im Wald an großen Findlingen vorbei, bis Sie vor dem Einstieg stehen, der Zugang zu düstersten Tiefen verspricht. Meist liegen ein oder zwei grüne GFP-Fischerboote an diesem einsamen Fleck. So weit ein Tipp für die, die es tief, dunkel, taucherisch anspruchsvoll und »tec-tauglich« mögen.
Infos: Tauchbasis 8.

22. Der Jabelsche See – Heimat der Steinbeißer

Maximale Tiefe im Nordbecken 23, im Mittelbecken 18, im Südbecken 6 Meter, 244 ha.

In Ortslage Jabel kann der begeisterte Taucher abbiegen zum Parkplatz einer Ferienhausanlage mit Marina. Vom großen Landesteg links weg tauchend erreicht man eine Region mit reichen, vielleicht kniehoch gewachsenen Hahnenfußbeständen und Durchwachsenem Laichkraut vor einer schütteren Schilfzone. Hier, in oft nur 2 bis 8 Meter Tiefe, befindet sich ein Makroparadies für Fotografen und Naturbeobachter.
Allerhand verschiedene Wasserkäfer schwirren durch die Pflanzenzone, man beobachtet Köcherfliegenlarven und aggressiv aussehende Libellenlarven. Am schönsten ist es jedoch beim Nachttauchen, während dem man sich scheuen Kleinfischarten wie den Kaulbarschen und vor allem Steinbeißern bis auf geringste Distanz nähern kann.

Es ist immer wieder ein interessanter Ablauf, wenn ein Steinbeißer gelangweilt den Algenbelag von Sandkörnern abkaut, dann aber langsam auf uns, die Beobachter, aufmerksam wird. Urplötzlich steht der kleine Fisch senkrecht kopfunter am Grund und hat sich in Sekundenbruchteilen ins Sediment des Seegrundes eingegraben. Aber er kommt bald wieder hervor und das Spiel beginnt von neuem. Wer nachts den steilscharigen Ufern von Nord- und Mittelbecken folgt, kann hier nicht nur Hecht, Barsch, Plötze, Aal und Blei beobachten, sondern auch Schlei, Zander, Güster, Karausche, Kaulbarsch und einzelne Kleine Maränen zu Gesicht bekommen.
Die Seen zwischen Klocksin,Neu Gaarz und Jabel sind als mesotrophe bis leicht eutrophe (mäßig nährstoffreiche) Seen einzustufen und man kann im Frühling, Frühsommer und Herbst durchaus 6 bis 8 Meter Sicht und einen interessanten Reichtum an Wasserpflanzenarten erwarten. Im Hochsommer »blühen« jedoch solche Seen und die Horizontalsicht kann bedingt durch überreichlich aufkommendes Phytoplankton auf 1 bis 2 Meter zusammenbrechen. Innerhalb der Seenkette ist der Jabelsche See der nähstoffreichste mit den schlechtesten Sommersichtweiten.
Infos: Tauchbasis 8.

23. Der Penzliner See – Ein Kutschenfriedhof
62 ha.

Von Plau am See aus fahren Sie auf der B 108 nach Norden und biegen schon bald links ab in Richtung Schloss Daschow. In Kürze erreichen Sie den Abzweig nach Penzlin. Mit Penzlin ist in diesem Falle das Dörfchen zwischen Plau am See und Goldberg gemeint. Über einen birkengesäumten, einspurigen Fahrweg mit Ausweichbuchten erreichen Sie das einsame Dörfchen im Mecklenburger Hinterland. Direkt am Ortseingang entdecken Sie den offiziellen Badestrand des Dorfes, der auch über eine frei im Wasser stehende Plattform verfügt. Von diesem wuchtigen Steg links weg tauchend finden Sie in etwa 3 bis 5 Meter Tiefe die außergewöhnlichen Sehenswürdigkeiten des Penzliner Sees: an mehreren Stellen stoßen Sie auf die Reste historischer Kutschen. Deutlich sieht man Deichseln und die hölzernen Speichenräder, während die eigentlichen Karossen oder Ladeflächen in sich zusammengesunken sind.
Man kann nur mutmaßen, ob hier in vergangenen Jahrhunderten die auf Schloss Daschow übrig gebliebenen Kutschen entsorgt wurden, weil der See so leicht zugänglich ist.
Vielleicht waren es beschädigte Erntewagen, aber vielleicht verschwanden auch edlere Gefährte im Wasser? Wir wissen es nicht und jeder kann sich seine fantasievollen Gedanken darum machen, ob hier noble Kaleschen, edle Landauer, rustikale Droschken oder »versnobte Jagdwagen« ihre letzte Ruhe im See gefunden haben.

Im Penzliner See steht eine Badeplattform, in deren Nähe Kutschen liegen (links). Eine der versunkenen Kaleschen am Seegrund (rechts).

Vor der Schilfzone wuchert ziemlich hoch intensiv-grünes Krauses Laichkraut und wir entdecken auch Reste dörflicher Keramik und so manchen alten Angelkahn. Beim Tauchen begegnen uns Hechte, Barsche, Bleie, Plötzen und Karpfen, ab und an ist einmal ein Aal zu sehen. Apropos Aal, am Seegrunde vor dem Dorfe sind auch noch einige so genannte »Aalröhren« zu finden, altertümliche Geräte, die einst an einer Leine zum Aalfang ausgelegt wurden. In der Tiefe des Sees folgt nur noch kahler schlammiger Grund, doch die Flachwasserzone ist ein Erlebnis. **Infos: Tauchbasen 9 und 10.**

24. Grüner Dschungel Leistener Hofsee

Max. Tiefe 8 Meter.

Von Plau am See auf der B 108 fahrend, biegen Sie nach rechts ins Dorf Leisten ab. Bald kommen Sie an einem historischen Speichergebäude vorbei und fahren weiter geradeaus bis vor das Gutshaus mit Freitreppe. Direkt vor dem Gutshaus rechts abbiegen und einen Parkplatz suchen. Hinter einer Schranke, die die Zufahrt direkt zum Wasser verwehrt, sehen Sie eine kleine Bruchwaldzone, Schilf und den kreisrunden Haussee des Dorfes.

In der Nähe zweier Stege kann man in den See einsteigen. Der Flachwassersee ist flächendeckend mit Tausendblattwiesen und Hornblatt bewachsen und häufig können Sie trotz 6 bis 8 Meter Wassertiefe gerade mal 2 Meter tief über den fantastischen Pflanzenfeldern dahinschweben. Doch große Karpfen haben es sich so wie in anderen Gewässern auch »zur Aufgabe gemacht«, den Seegrund umzuwühlen und so manche Wasserpflanze auszureissen.

Allein deshalb gibt es eine Menge gerade mal 1 bis 2 Meter breiter Gassen im unterseeischen Bewuchs, in denen Sie entlangschwimmen und damit im wahrsten Sinne des Wortes in den Dschungel eintauchen können. Das ist dann Naturtauchen vom Feinsten und Sie werden immer wieder interessanten Fischen »face to face« gegenüberstehen, die diese Gassen auch nutzen. Das können große Barsche, aber zuweilen auch Schleien, Hechte oder Welse sein. Bitte tarieren Sie sich für abso-

lutes Flachwassertauchen zwischen den Pflanzen sehr sorgfältig aus. Die Gefahr ist groß, zu »leicht« zu sein.
Infos: Tauchbasen 9 und 10.

25. Die Leistener Lanke – Bucht der düsteren Funde

Max.Tiefe 18 Meter, große Bucht des Plauer Sees.

Von Plau am See aus fahren Sie über die Elde hinweg auf der B 108 nach Norden. Schon bald erreichen Sie das Dörfchen Quetzin. Kurz nach dem grünen Orts-(teil)schild biegen Sie nahezu im rechten Winkel von der Bundesstraße ab und fahren immer geradeaus auf den See zu. Dabei folgen Sie zunächst einer teils feldsteingepflasterten Straße und zuletzt einem Sandweg. Bald sehen Sie unterhalb dieser Anfahrt eine lange schmale Bucht mit dichter Schilfzone und einer Reihe von Bootshäusern liegen.
Rechts ab auf beziehungsweise neben einer Fahrspur parallel zum Ufer kann man parken. Wenn Sie das Gelände Richtung Osten, das heißt in Richtung des Hauptbeckens Plauer See erkunden, entdecken Sie hinter dem Schilf eine Steganlage und danach einen kleinen sandigen Badestrand. Dieser eignet sich ideal, um mit Tauchausrüstung zu Wasser zu kommen.
Die Leistener Lanke ist zwar geographisch gesehen eine große Bucht des Plauer Sees, aber die einheimischen Taucher schwören, dass sich die Lanke wie ein eigenständiger See verhält:
Wenn es im Plauer See trübe ist, wird die Lanke klar und umgekehrt. Sicher ist, dass zuweilen eine seewärtige Strömung in der Lanke anliegt, wenn der Wind Richtung West über das Hauptbecken des Plauer Sees bläst – und je nach Intensität kann das zu klarerem oder trüberem Wasser führen.
Sobald Sie in der Leistener Lanke abtauchen, ist von 1 bis 8 Meter Sicht alles möglich, nur so wie »kraft Erfahrung« von draußen eingeschätzt ist es nie. Im Flachwasser tauchen Sie über Wiesen von Hahnenfuß und Wasserpest hinweg. Es gibt viele Teichmuscheln und gewaltige versunkene Äste. Bei Tag und Nacht werden Sie immer wieder Hechte, Barsche, Aale, Plötzen, Bleie und Amerikanische Flusskrebse beobachten.
Unmittelbar vor dem Badestrand liegt von 3 nach 4 Meter Tiefe ein Segelbootswrack, vielleicht 80 Meter vom Einstieg stoßen Sie auf das geradezu malerische Gerippe eines historischen Fischerbootes in etwa 5 Meter Tiefe. Weiter draußen auf Mittellinie der Leistener Lanke finden Sie weitere Angelkähne und Fischerboote aus alter Zeit. Berühmt ist die Lanke für allerhand Militaria-Funde.
Diverse leere Munitionskartuschen und -kisten sind die üblichen Entdeckungen hier, aber es gibt auch noch mehr aus beiden Weltkriegen: So findet man bereits in 3 Meter Tiefe Richtung Plauer See tauchend einen plumpen Einachs-Metallanhänger, den Kenner als Munitionsanhänger der Wehrmacht einstufen. Der dazugehörige Lastwagen wird ebenfalls in der Bucht vermutet. So wie in vielen See-

In der Leistener Lanke findet man dieses große Fischerbootwrack und ... (links)

... diesen angeblichen Munitionsanhänger der Deutschen Wehrmacht (rechts).

regionen, an die man leicht heranfahren kann, wurde hier bei Kriegsende Belastendes versenkt.
Der gar nicht selten trübe See wird noch mit einigen Überraschungen aufwarten. So wie kürzlich, als jemand eine augenscheinlich geballte Ladung aus Zündschnüren und Sprengstoffkörpern mit russischer Aufschrift fand. Falls so etwas vorkommt: Größte Vorsicht und über die Tauchbasis den staatlichen Munitionsbergungsdienst verständigen!
Infos: Tauchbasen 9 und 10.

26. Die Mecklenburger Großseen – Der Plauer See

Max. Tiefe 30 Meter, Durchschnittstiefe 8 Meter, 39 qkm.

Der Plauer See ist Mecklenburgs drittgrößter See und doch im Durchschnitt nur 8 Meter tief. Mit der Müritz, Mecklenburgs größtem See, besteht Verbindung über Petersdorfer See, Malchower See, Fleesensee und Kölpinsee. Den zweitgrößten der »Riesenseen«, den Schweriner See, kann man von hier über Elde und Störkanal erreichen. Plauer See, Müritz, Kölpinsee und Fleesensee heißen aufgrund ihrer Wasserspiegelhöhe üblicherweise die Mecklenburger Oberseen. Tauchgebiete ohne Ende ...

Vor der Stadt Plau: Unmittelbar vor der Stadt Plau finden wir die typischen Kulturhalden, wie sie vor allen seit langer Zeit bestehenden Siedlungen an Gewässern zu finden sind. Hier sind von der Nähmaschine bis zum Fahrrad, von der Keramikscherbe bis zur Zinkbadewanne diverse Funde zu machen und es mag sein, dass Schatzsuchernaturen auch das eine oder andere Stück von (meist ideellem) Wert entdecken.
Allerdings ist der Tauchplatz wegen der schlechten Sicht, der Berufsschifffahrt und dem gefährlichen Sportbootsverkehr nur winters für solche Nachsuchen geeignet. Hinzu kommen noch all die Anker und sonstigen maritimen Souveniers, die außerhalb der Marinas auf dem Seegrunde zu entdecken sind. In den stillen Buchten des riesigen Sees kann man jedoch auch das pulsierende Leben unter

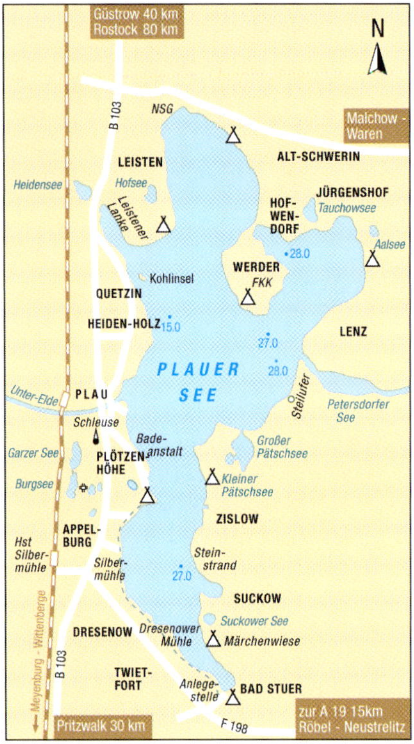

Plauer See und umliegende Tauchgewässer (Nach A. C. Froh, Plau).

Seerosenbeständen und dem Schwimmenden Laichkraut erkunden.

Am Plauer Werder: Östlich vor dieser Halbinsel befindet sich bei Jürgenshof »die Satzig«, die mit 27 Meter beinahe tiefste Stelle des Plauer Sees. Dies ist neben den Tiefs vor Seelust die einzige Stelle des Plauer Sees, die sich für tiefe Trainingsabstiege eignet. Denn der große See ist über weite Flächen nur 3 bis 5 Meter tief.
Zwischen Werder und Seelust liegt das Wrack einer MIG-17 auf 19 Meter Tiefe im schlammigen Seeboden. Dieses Jagdflugzeug sowjetischer Bauart stürzte in den 1970er-Jahren in den See und wurde damals weder gefunden noch geborgen. Zum Zeitpunkt der Wiederentdeckung durch Ralf Baumann von der Tauchbasis Plau am See im Jahre 2001 sollen sich die Reste des Piloten noch in der Maschine befunden haben. An der Grenze zum Naturschutzgebiet liegt außerdem in 8 Meter Tiefe ein Messerschmidt-Postflugzeug im Wasser.

Beim Campingplatz Leisten: In der Nähe des Campingplatzes existieren alte Torfstiche direkt an der Uferkante des Plauer Sees. Torfstiche und der Plauer See sind durch Risse und Kanälchen miteinander verbunden und dieses an Verstecken reiche Gebiet beherbergt besonders viel Fisch. In 1 bis 3 Meter Wassertiefe vor und in diesem Gebiet gibt es beinahe »Wels-Garantie« für die Beobachtung dieser Riesen. Es wurden schon 1,50 Meter lange Exemplare gesichtet.
Die früheren Stichgräben und Torfabfuhrkanäle beherbergen eine hochinteressante Vegetation mit Weißer Seerose, Froschbiss, Wasserschlauch und Krebsschere (Wasseraloe), während es draußen im See nur wenige Armleuchteralgen-Flächen und Fadenlaichkraut-Wiesen gibt. Oft sind die Ufer der Stichgräben von Binsen und Breitblättrigem Rohrkolben gesäumt. Die Unterwasserwelt wird auch dadurch interessant, dass sich in diesem Areal früher einmal ein Übungsschießgebiet der Fliegerabwehr befand.

Die Torfstiche am Nord- und Nordwestufer des Plauer Sees waren einst Brennstoffbasis für zwei Ziegeleien und eine Glashütte. Dabei konnte dieses Niedermoor durch unsere Vorfahren nur deshalb genutzt werden, weil es durch die große Seespiegelabsenkung 1798 bis 1828 zugänglich wurde. Nicht alle Torfstiche haben Verbindung zum See. Der Torfstichkomplex an der Nordspitze des Plauer Sees gilt mit seinen etwa 100 Hektar als einer der größten in den Neuen Bundesländern und ist Naturschutzgebiet.

Die Kohlinsel vor Quetzin: Dieses Inselchen war einst eine Fluchtburg der Slawen. Ringsum ist das Wasser nur reichlich 2 Meter tief. Es gilt als erwiesen, dass die Insel vom Slawenstamme der Obotriten künstlich aufgeschüttet wurde, um eine sichere Burg und damit einen Fürstensitz zu schaffen. Zwei Meter tief unter der heutigen Inseloberfläche lässt sich der frühere Seeboden nachweisen. Heute liegt die Insel tiefer im Wasser als früher, denn die alten Holzbefestigungen befinden sich ebenso unter Wasser wie die Reste der Brücke, die einst vom Südufer der Insel bis in die Nähe des heutigen Quetziner Friedhofes auf dem »Festland« führte. Die Burg war etwa vom 10. bis 12. Jahrhundert besiedelt, danach wurde die Macht der Slawen gebrochen und der Burgwall versank infolge der für diverse Wassermühlen bei Plau stark aufgestauten Elde in den Fluten des Sees, war beinahe nur noch ein Schilfwerder. Erst anlässlich der Seespiegelabsenkung im 18. Jahrhundert tauchte die Insel wieder auf, ragte aber nie mehr so weit wie einst aus dem Wasser. Ab dieser Zeit wurde die Insel von den Quetzinern landwirtschaftlich genutzt. Weil Kohl besonders gut gedieh, bekam die Insel den heutigen (relativ jungen) Namen.
Auf gute Sicht kann man beim Tauchen an der Kohlinsel nur im Frühling, Herbst und Winter bei Windstille hoffen. Einheimische Taucher berichten aus dem Umfeld der Insel von immer wieder gesichteten Zähnen, Wildschweinhauern, Keramikscherben und Knochen. Zuweilen legt der Wellenschlag die kastenförmi gen, mit Erde gefüllten Holzbefestigungen der alten Slawenfestung frei. Falls Sie derlei entdecken, dürfen Sie die Funde nur betrachten und fotografieren. Bergungen lässt das Denkmalschutzgesetz nicht zu. Fotos von hier sind wertvoll, vor allem von Regionen, die zeitweise freigespült und immer wieder neu verschüttet werden.

Succower Keller: Diese tiefe Stelle im See ist nur per Bootsausfahrt zu erreichen. Hier soll es unter Wasser Wagen und Schlitten geben, denn der Succower Keller liegt genau unter dem alten Transportweg über das Eis, der bei vermeintlich festem Eis in der Vergangenheit viel genutzt wurde. Tauchplätze wie dieser können allein mithilfe der Tauchbasis Plau am See aufgefunden werden, die auch Bootstouren im Gebiet anbietet.
Infos: Tauchbasen 8, 9 und 68.

27. Die Mecklenburger Großseen – Der Fleesensee bei Malchow

Max. Tiefe 12 Meter

Der Fleesensee besitzt eine Schilfzone und ufernah oft Sandboden. Der See ist reich an Krebsen und Muscheln, hat aber in der Sommersaison nur sehr schlechte Sichtweiten zu bieten. Das wird ein wenig dadurch wettgemacht, dass man in der relativen Dämmerung des Sees bereits ab 2 bis 4 Meter Tiefe große Zander beobachten (und porträtieren) kann. Eine brauchbare Einstiegsstelle befindet sich beim Campingplatz Silz am Nordufer des Sees. Empfehlenswert sind hier Bootstouren mit den Teams der Tauchbasen »Dükerhahn« Malchow oder Plau am See.
Infos: Tauchbasen 8, 9 und 68.

28. Die Mecklenburger Großseen – Der Kölpinsee

Max. Tiefe beinahe in Seemitte 30 Meter, mittlere Tiefe 4 Meter, 2062 ha.

Der Name des Gewässers ist seit 1230 verbürgt und bedeutet »Schwanensee«. Der riesengroße Kölpinsee bietet oft nur im April, Mai und Juni angenehme Sichtweiten zum Tauchen. Dann brilliert er mit 4 Meter hohen Wasserpflanzenwiesen, insbesondere Quirl-Tausendblättern. Aber wir finden in diesem Flachsee auch ausgedehnte Teichrosenflächen mit Froschbiss, Schwimmendem Laichkraut und zwei Wasserschlaucharten. Im Nordwesten des Kölpinsees existieren ausgedehnte unterseeische Nixkrautwiesen.
Vor Göhren-Lebbin kann man in etwa 8 Meter tiefem Wasser gut Fische beobachten. Neben den »Dutzendfischarten« sieht man im Kölpinsee sogar Quappen, Rotfedern, Zander und den recht seltenen Binnenstint. Es empfiehlt sich eine Bootstour mit der Crew der Tauchbasis Plau, die besonders interessante Seeregionen auswählen und auch auffinden kann. Dieser See sollte mit gebührender Vorsicht, eventuell mit Boje, betaucht werden, weil viel Motorbootsverkehr herrscht, weite Bereiche lediglich 4 Meter und die Fahrrinne nur 6 Meter tief sind.
Infos: Tauchbasis 9.

29. Die Mecklenburger Großseen – Der Kummerower See

Max. Tiefe 30 Meter, 1430 ha.

Kaum irgendwo ist die Mecklenburger Schweiz so langweilig und flach, wie es gängige Klischees glauben machen wollen. Es heißt, geschäftstüchtige Heimatfreunde hätten diesen Begriff geprägt und wegen der gewünschten historischen Herkunft dem Großherzog von Strelitz zugeschrieben. Wie auch immer, jeder erklommene Hügel präsentiert einen Ausblick auf neue landschaftliche Überraschungen – um herrliche Wasserwege wuchert üppige Natur.

Die Torfstiche am Plauer See sind malerisch bewachsen (oben links).

Im Plauer See leben gewaltige Welse (oben rechts).

Porträt eines Zanders im mäßig durchsichtigen Fleesensee (Mitte links).

Brütender Schwan am Kölpinsee (Mitte rechts).

Der Kummerower See ist beinahe ein Binnenmeer (unten links).

Magisches Tauchen im Kummerower See – auch bei moderater Sicht (unten rechts).

Das Wasser ist überall. Und das Wasser ist (meist) die Peene, mit ihren Flussseen, Mooren, Seitenarmen und Kanälchen. Die Wasser der Peene verbinden die drei großen Seen der Mecklenburger Schweiz, den Teterower See, den Malchiner See und den Kummerower See, um letzteren nicht weit von Verchen als schiffbarer Strom gen Peenemünde an der Ostsee zu verlassen.
Die romantische Schönheit der Mecklenburger Schweiz, einer einzigartigen Wald-, Bruch- und Seenlandschaft, ist sachlich betrachtet der Abfall der jüngsten Eiszeit. Nüchtern-trockene Wissenschaft heißt die weitgespannten Hügelketten Endmoränen und hat damit alles definiert und doch nichts erklärt.
»... Nach dem Glauben vieler Gerechter hat das irdische Paradies in Mesopotamien gelegen, nach dem Glauben vieler Heiden in Vorpommern. Für beide Überzeugungen gibt es Begründungen in gelehrten Schriften ...« schreibt Ehm Welk in der Einleitung eines seiner Bücher. Es ist vorstellbar, dass die jugendlichen Helden der Welkschen Romane »Die Heiden von Kummerow« und »Die Gerechten von Kommerow« in diesem friedvoll-abgeschiedenen Winkel unseres Heimatlandes aufgewachsen sind. Die düstere Faszination Großstadt könnte die naiv-ehrlichen Gerechtigkeitsideale der jugendlichen (Literatur-) Helden aus Kummerow kaum hervorgebracht haben.
Rotbuche, Ahorn, Linde und gewaltige Eichen sind die bestimmenden Bäume in den nordmecklenburger Wäldern. Was bergen jedoch die Gewässer? Was erwartet den Taucher im Kummerower See?
Der riesige Wasserkessel hat 281 Millionen Kubikmeter Volumen, er ist einer der größten Mecklenburger Seen. Als Flusssee hat er schon durch die reichlich eingetragenen Nährstoffe sowie in Turbulenzen befindlichen Sedimente keine besonders guten Sichtweiten. Im Sommer addiert sich zu den ungünstigen Faktoren ein gewaltiges Aufkommen von Phytoplankton – Horizontalsicht um einen Meter im August ist die Folge.
Günstigste Tauchzeit ist das zeitige Frühjahr. Dann kann der Taucher die lebendige Vielfalt im See erleben, insbesondere Nachttauchgänge erschließen das ganze (Fisch-)Alphabet von A wie Aal bis Z wie Zander. Die relative Trübe dieses Sees begünstigt den Zander außerordentlich, der hier zu riesigen Exemplaren von über einem Meter Länge heranwächst. Wenn etwa im April die Massenentwicklung von Wasserflöhen (Daphnien) einsetzt und eine relative Wasserklarheit eintritt, ist Zanderlaichzeit. Über steinig-kiesigem Grund legen die großen Raubfische in selbstgeschaffenen flachen Laichgruben ihre Eier ab, oft in nur 2 bis 5 Metern Wassertiefe. Das ist die Stunde der Unterwasserfotografen. Das Zandermännchen bewacht die Nachkommenschaft nur eine Woche lang, bis zum Schlüpfen der Fischlarven. Allerdings sollte man hier Vorsicht walten lassen und sehr dickes Neopren sowie Handschuhe tragen, Zander am Nest sind äußerst aggressiv und beißen auch schon mal zu. Sämtliche Zanderfotos außerhalb der Laichzeit sind völlig unkalkulierbare Schnappschüsse, selbst Nachttauchgänge in erwiesenermaßen zanderreichen Seen bringen kaum Erfolge.

Außerdem lassen sich im Kummerower See Zährten beobachten. Dieser empfindliche Weißfisch ist recht selten geworden und an seiner nasenartig vorragenden, stumpfkegligen Schnauze gut erkennbar. Dieser Schwarmfisch lebt von Bodentieren. Zur Laichzeit im Juni ist der eigentlich silbrige Fisch besonders auffällig; bei beiden Geschlechtern färben sich Rücken tiefschwarz und Bauch orangerot.
In letzter Zeit ist der Kummerower See berühmt für wahre Ungetüme von Karpfen und Welsen. Die Fische wachsen in dem riesigen See mit dem fetten Nahrungsangebot zu außerordentlichen Monstern heran, sind aber nur schwer zu finden.
Im Sommer verbergen sich die Großfische in einer abenteuerlichen Gegend: unter den schwimmenden Ufern – unterspülten Schilfwurzelmatten – zwischen Neukalen und Verchen. In der kalten Jahreszeit ruhen sie in den sagenhaften Kuhlen. Diese Kuhlen sind trichterförmige Vertiefungen mitten im See nördlich von Kummerow. Die Entstehung der Kuhlen ist eines der Rätsel des Kummerower Sees; denn kein Wissenschaftler kann erklären, wie die 30 Meter tiefen Gruben im sonst durchweg 7 Meter tiefen See entstanden sind.
An den Kummerower See ist nicht leicht heranzukommen, ein wogender, oft viele Meter breiter Schilfgürtel umgibt ihn. Der sumpfige Nordwesten gestattet gar keine Annäherung mit dem Auto. Günstige Einstiegsmöglichkeiten bestehen vor dem Sommersdorfer Campingplatz und am Seglerhafen von Salem. In einer Hinsicht sollte man den Kummerower See wie ein kleines Meer betrachten: Dort, wo der Wind steif aufs Land bläst, ist Tauchen vom Ufer aus selten lohnend. Die hohen Wellen haben Sand, Schlick und abgerissene Pflanzenteile zu einer undurchsichtigen Brühe geschlagen. Leihboote gibt es bei der Fischerei Salem GmbH.

30. Schnorcheln, Paddeln und Wandern im Peenetal

Unterstrom des Kummerower Sees wird das Flusstal der Peene schöner und schöner. Die Peene ist hier ein äußerst langsam fließender Tieflandfluss, der sich in weitgehend unbeeinflusstem Zustand befindet. Selbstverständlich bietet die Peene nur zeitweise eine ausreichende Transparenz, die in ganz flachem Wasser und entlang der Ufervegetation die Erkundung der Lebewelt eines Flusses mit Maske und Schnorchel erlaubt.Dicht bei der Peene existieren jedoch auch einige Standgewässer; insbesondere seit langer Zeit voll Wasser stehende Torfstiche, die glasklar sein können. Hier können wir die surreale Welt von Moorseen bewundern, bizarre Wasserinsekten sehen und Schwimmblattpflanzenarten kennen lernen. Diese seltsame Welt ist schwer auffindbar und teils allein durch Kanutouren zu erreichen. Deshalb empfehlen wir die Führung durch sachkundige Naturfreunde.
Auch wenn sich der Fluss undurchsichtig geben sollte, lohnt eine Bootstour entlang der Peene. Hier finden Sie überall die Spuren von Dachs und Otter, sehen mit etwas Glück Biber, Ringelnatter, Eisvogel und Fischadler. Bei Landgängen stößt man auf Orte, die von den einstigen Aktivitäten der Wikinger künden.
Infos: Naturreiseunternehmen 2.

31. Die Schlakendorfer Tongruben

Max. Tiefe 9 Meter.

Wenn Sie auf der Straße von Malchin nach Neukalen unterwegs sind, sollten Sie auf die Einfahrt zum Landschulheim Franzensberg achten. Sofort danach gilt es links abzufahren, Sie folgen für etwa einen Kilometer einem unbefestigten Waldweg. Sie passieren ein einsames Gehöft, ehe sich der Weg am Waldrand gabelt. Nach einem halben Kilometer sind rechterhand vier sehr unterschiedlich große Gewässer zu sehen. Das kleinste mag nur 40 Meter Durchmesser haben, das größte etwa 200 Meter. Alle diese Kleinseen sind frühere Tongruben.
Das aus Anfahrtsrichtung gesehen zweite Gewässer ist ringsum von Schilf umstanden, es hat eine Badestelle und offensichtlich brennen hier öfter einmal Lagerfeuer. Wenn Sie in diesen größten der vier Tonseen einsteigen, erreichen Sie in geringer Entfernung vom Ufer schon 5 Meter Tiefe. Bei der tauchenden Umrundung des Sees entdecken Sie immer wieder kleine Buchten mit Schilfzone und Seerosen.
Am Grund des Gewässers sind noch deutliche Baggerspuren auszumachen, zwischen tieferen Gewässerabschnitten erreichen Sie immer wieder Unterwasserwälle, über denen es manchmal nur noch 3 Meter tief ist. Auf Ihrem Tauchkurs werden Sie einiges entdecken: So haftet in nur 3 Meter Tiefe unmittelbar unter der Schilfzone die fotogene rundliche Karosse eines Trabant 500 am saugfähigen Grund.
In knapp 7 Meter Tiefe lässt sich ein Skoda-Wrack finden. Rund um die Wracks sind reichlich Barsche und Krebse zu beobachten, während die großen Revierhechte eher dicht bei der Schilfzone stehen. Je nach Jahreszeit kann das Gewässer zwischen 2 und 5 Meter Sicht bieten.

32. Die Mecklenburger Großseen – Der Malchiner See

Max. Tiefe 15 Meter, 900 ha.

Der Malchiner See liegt ebenso wie der Kummerower See nur noch einen Meter über der 60 km entfernten Ostsee. Auf beiden Seen ist für Tauchunternehmungen mindestens ein Ruderboot, besser ein Motorschlauchboot mit Echolot zu empfehlen. Letzteres ganz besonders auf dem Malchiner See! Denn dieser ist im Durchschnitt nur 1,80 Meter tief und in vielen Regionen trübe!
Lediglich im Nordteil des Sees sprudeln in 12 bis 15 Meter Tiefe unterirdische beziehungsweise in diesem Falle unterseeische Quellen in das Gewässer, die man bei absolut ruhigem Wetter walmen sehen soll. Im Malchiner See sind überwiegend Zander sowie deren »Leibspeisen« Stint und Kaulbarsch zu beobachten, nicht zu vergessen wunderbare Spitzkopfaale. Aber das größte Wunder sind die Quelltöpfe selbst ... Leihboote gibt es in Seedorf und Dahmen.

Die Bilder zeigen von oben einen Flussbarsch, einen handlangen Kaulbarsch und einen zierlichen Spitzkopf-Aal im Malchiner See.

33. Der Hertasee bei Schwanbeck – ein romantischer Waldsee

Ausgangspunkt kann Altentreptow an der B 96 nördlich von Neubrandenburg sein. Wenn Sie über die Landstrasse in Richtung Friedland weiterfahren, erreichen Sie auf etwa halber Strecke das Dorf Schwanbeck. Unmittelbar vom Ortsausgang Schwanbeck weg führt ein geschotterter Weg zunächst etwa einen Kilometer am Feldrand entlang, um dann für einen halben Kilometer dem Waldrand zu folgen. Hier sollten Sie parken und sich die Gegebenheiten ansehen.

Von diesem Ort sind noch etwa 100 bis 200 Meter zu laufen, ehe Sie den Hertasee erreichen. Es handelt sich um einen abgelegenen, nahezu kreisrunden Waldsee mit etwa 300 Meter Durchmesser. In den See ragen mehrere Stege, die mit Anglern besetzt sein können und dann mit Abstand umrundet werden sollten.

Vom Einstieg am Steg aus empfiehlt sich eine Umrundung des Sees entlang der Wasserpflanzenfelder. Der Bewuchs reicht in bis zu 4 Meter Tiefe, die tieferen Regionen des Sees bieten ganz überwiegend langweiligen Schlammgrund. Tiefer als 6 Meter tauchend können Sie eventuell nur noch einen Meter Sicht haben, was vielleicht durch die Zersetzung von Falllaub verursacht wird.

Der Hertasee bietet wunderschöne Seerosenfelder (unten).

Unterwegs werden Sie einige ins Wasser gestürzte Bäume und mindestens fünf Kahnwracks finden, jedoch auch Flaschen und Treckerreifen. Der Hertasee bietet wunderschöne Seerosen und es lassen sich allerhand große Hechte, aber auch Aale, Barsche und kleine Weißfische beobachten. Das Gewässer lässt sich leicht in einer Stunde umrunden und bietet bestenfalls fünf Meter Horizontalsicht.

34. Die Kalkgrube bei Gielow

Max. Tiefe 8 Meter.

Die alte Kalkgrube von Gielow ist ein kleiner See von knapp hundert Meter Durchmesser. Wenn man von Malchin nach Waren/Müritz fährt, sind auf dem Felde kurz vor dem Dorf Gielow mehrere baumumstandene Wasserflächen zu sehen. Über Gielow kann man an dieses alte Abbaugebiet heranfahren, etwa parallel zur Landstraße. Gleich daneben liegen Bahnschienen auf Straßenplatten. Bald wird ein kleiner befestigter Parkplatz erreicht.
Ein schmaler Pfad führt über das Feld bis an das steil abfallende Ufer des kleinen Sees bei Gielow heran. Tückischerweise stehen direkt am Einstieg Holzpfähle knapp unter Wasser.
Links vom Einstieg folgen die Reste eines Holzhäuschens oder Schuppens in 3 Meter Tiefe sowie mehrere versunkene Bäume. Das steilabfallende Ufer ist gut mit Schilf und Tausenblatt bewachsen, wo sich stets Barsche und Plötzen tummeln.
Die eigentliche Attraktion sind jedoch die Autowracks: Im nördlichen Bereich des Sees liegen drei Trabants und ein großer BMW, der kurioserweise mit einer Flex oder Ähnlichem in vier Teile zerschnitten wurde. Ganz in der Nähe des Dorfes Gielow, sozusagen als kultureller Gegensatz zum »morbiden Charme« versunkener Autowracks, lässt sich das berühmte Schloss Basedow besichtigen.

35. Der Tüzener See

Max. Tiefe 8 Meter.

Sie fahren auf einer schönen Baumallee von der Reuterstadt Stavenhagen in Richtung Altentreptow. Literaturliebhaber haben sich natürlich das Fritz-Reuter-Museum in Stavenhagen nicht entgehen lassen. Alles über den Mann, der die »Urgeschicht von Mekelnborg« auf »Plattdütsch« schrieb. Naturfreunde hingegen werden die berühmten, teils tausendjährigen Ivenacker Eichen besichtigen, deren dickste elf Meter Stammumfang aufweist.
Etwa zwei Kilometer nach der Abfahrt zum Ivenacker Schloss biegen Sie nach links Richtung Tüzen ab. Tüzen wird durchquert und am Ortsausgang folgen Sie einer gewundenen Straße hinunter zum See. Unter den Pappeln der Badestelle können Sie die Ausrüstung vorbereiten.
Wenn Sie links des Steges abtauchen und geradenwegs auf das gegenüberliegende Ufer des schmalen Sees zu tauchen, erreichen Sie maximal 7 bis 8 Meter Tiefe. Unterwegs finden Sie mit sehr viel Glück ein großes historisches Fischerboot, in dessen Umfeld auch große Zander hausen. Obwohl der »Tauchgang quer durch« recht reizvoll ist, sind die interessantesten Beobachtungen maximal 2 bis 3 Meter tief nahe der Schilfkante zu machen. Hier halten sich eindeutig die meisten Fische auf.

Blick auf die Lieps und das Tollensebecken.

36. Der Tollensesee – Ein »Mecklenburger Toplitzsee«

Max. Tiefe 34 (37?) Meter, 17,4 qkm.

Mit dem südlichen Stadtrand schmiegt sich Neubrandenburg an den lang gestreckten Tollensesee. Ein günstiger Ausgangspunkt für Tauchexkursionen ist der so genannte RWN-Strand unterhalb des Stadtteils Lindenberg, auch Augustabad genannt. RWN ist nichts weiter als eine Abkürzung für das ehemalige Reparaturwerk Neubrandenburg – ein tarnender Name für die Exwerkstatt der DDR-Panzer. Nicht weit vom Südende dieses Badestrandes befindet sich die mit 34 Metern tiefste bekannte Stelle des Tollensesees. Das weite Gelände des militärischen Reparaturwerkes wurde mittlerweile mit Erfolg in das Gewerbegebiet Augustastraße mit Wassersportzentrum direkt am See umgewandelt. Man kann direkt von hier aus tauchen und den Tauchgang nachher in der gemütlichen Hafenkneipe »Zum Alten Kutter« Revue passieren lassen.

Vor dem Wassersportzentrum: Direkt vor der Halle mit dem Taucherstützpunkt erleben Sie ein artenreiches Flachwassergebiet mit Tausendblattwiesen, Hecht, Barsch, silbernen Weißfischen, Krebsen und Aalen. Vom alten Werksgebiet führte einst eine Werksbahn bis hinüber zur Insel. Von dieser Bahn ist am Grunde des Sees noch eine Art Schüttdamm vorhanden, auf dem die Stahlgitterkonstruktionen mit den Schienen der Werkbahn standen.

Dieser Wall ragt bis etwa 3 Meter Wassertiefe auf, während es daneben 5 bis 6 Meter tief ist. Auf dem Damm wuchern die Wasserpflanzen besonders gut. Wer dem Damm folgt, findet in einiger Entfernung vom Ufer noch die Reste eines Kranes mit einem großen Zahnrad, Teile der Stahlprofilkonstruktionen und außerdem dicke Bündel von U-Boot- und Torpedonetzen. Sogar der Akku eines Elektrotorpedos (330 kg!) wurde hier schon entdeckt.

TVA: Aber der interessanteste Tauchplatz des Sees liegt etwas entfernt, eine Schlauchboottour weit oder für Hartgesottene auch zu erschwimmen. Über die Fluten des Tollensesees erhebt sich eine flache grüne Insel, die von einer Kette gelber Bojen umgeben ist. Diese Insel ist nicht alle Tage leicht zu erreichen, da auf dem Tollensesee die Hauptwindrichtung Süd bis Südwest ist und sich entsprechend der Anlauflänge über den ganzen See hin beeindruckende Wellen an der Insel brechen können. Und der Tollensesee hat viele Sturmtage im Jahr!

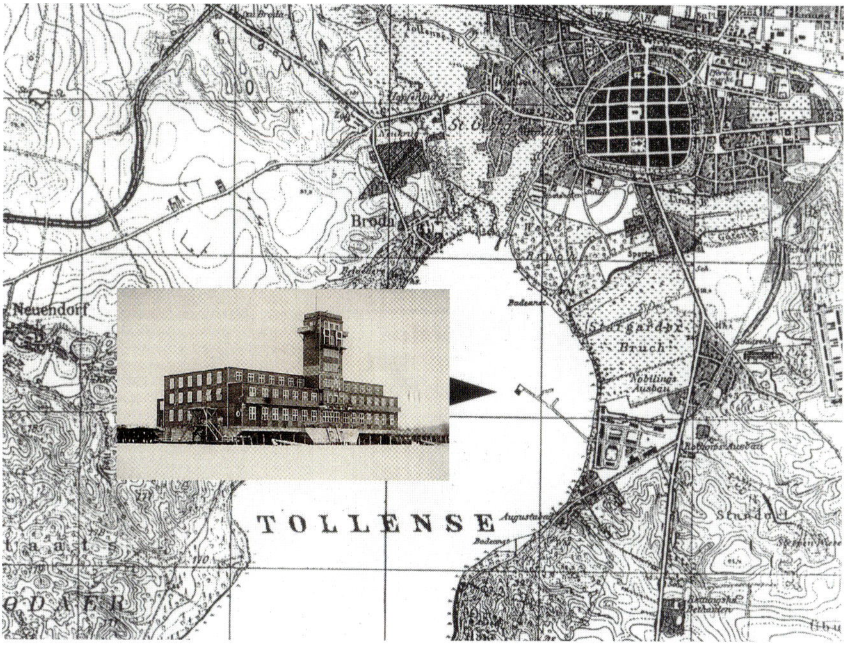

Die Lage der Insel. Insert: Die Torpedoversuchsanstalt im Tollensesee im Winter 1943/ 1944 bei Eis (oben). (Foto: Stöwesand, Archiv Smolinski)

Ein Leuchtfeuer warnt die Berufsschifffahrt vor der gefährlichen Trümmerinsel »TVA« (unten links).

Die ausgebrannte, halb zerstörte TVA im Jahr 1945 (unten rechts). (Foto: Stöwesand, Archiv Smolinski)

Die Geschichte der Insel: Im Kriegsjahre 1941 sprach man auf Geheimsitzungen des Oberkommandos der Marine trotz anfänglicher Erfolge der U-Boot-Waffe von der Torpedokrise. Was war los? Immer mehr Frontmeldungen besagten, dass die Torpedos G7a und G7e zu einem hohen Prozentsatz an Frühzündungen litten, zu tief steuerten oder gänzlich versagten. Als Ursache für diese technischen Fehler wurde vom Oberkommando mangelnde Grundlagenforschung angesehen, vor allem in Sachen Zündpistolen und Tiefensteuerapparate.
Konsequenz der Torpedokrise war eine Umorganisation und Erweiterung der Torpedoversuchsanstalt Eckernförde. Eine neue Außenstelle wurde die so genannte »Industrieversuchsanstalt des OKM in Neubrandenburg«, kurz IVN. Auf dieser Außenstelle sollten vor allem Industrieentwicklungen getestet und Torpedos eingeschossen werden.
Das Einregeln und Einschießen von Torpedos war eine aufwändige Sache. Ein Torpedo funktioniert als eine »Mixtur« aus Feinmechanik und Elektrotechnik. Er besteht aus bis zu 350.000 Einzelteilen. Man kann davon ausgehen, dass jeder frontverwendungsfähige Torpedo einen Monat lang auf einer TVA feineingestellt wurde. Im Übungsbetrieb sollen etwa 40% der Gesamtproduktion verloren gegangen sein, was viel über die Fundmöglichkeiten im Tollensesee aussagt. Ein Torpedo kostete seinerzeit 50.000 Reichsmark, was heute etwa 600.000 Euro entspricht.
Als Teil der Neubrandenburger Versuchsanstalt mussten etwa 1000 Häftlinge aus Polen und Jugoslawien im Jahre 1942 eine künstliche Insel im Tollensesee errichten. Auf in den Untergrund gerammten Holzbuhnen und mit Beton ausgefüllten Spundwandkästen entstand ein zweistöckiges Gebäude mit Kommandoturm mitten auf dem See, mit einem Schienenanschluss zu den Werksanlagen des späteren RWN-Geländes. Auf Loren konnte Material zur Insel transportiert werden. Es gab einen Landungssteg für Barkassen und eine Slipanlage zum Hieven gewasserter Torpedos. Die große Werkshalle auf dem Wasser war etwa 60 Meter lang und 30 Meter breit.
Die künstliche Insel besaß sechs Torpedorohre, zwei für den UW-Abschuss wie bei einem U-Boot und vier für den Überwasserabschuss wie beim Torpedoschnellboot. Dennoch existierten keine echten wasserdichten Unterwasserräume! Die Torpedorohre für den UW-Abschuss wurden oben in der Werkhalle geladen und dann über Gleitschienen in die Unterwasserposition abgesenkt. Dafür besaß das gewaltige Bauwerk zwei Einschnitte in der Südfront, die noch heute zu sehen sind.
Das wuchtige Gebäude mit dem etwa 30 Meter hohen Messturm enthielt alle technischen Einrichtungen für die Erprobung deutscher Entwicklungen und ausländischer Beutetorpedos. Der Turm war auf das damals modernste ausgestattet, er besaß sogar eine elektrische Bildtafel ähnlich den Gleisschaltbildern der Eisenbahn, die den Torpedolauf »live« zeigte. Neben den Techniktests wurden auf der TVA auch Torpedomechaniker ausgebildet. Insgesamt arbeiteten hier etwa 400 Marineangehörige und einige Zivilbeschäftigte.

Die »gemütlichste Insel der Welt« im Jahre 1944 und heute.

Zu testende Torpedos wurden den See entlang geschossen. Etwa vor Alt Rehse lag das stählerne Zielschiff »Lumme« mit gewaltigen Auffangnetzen. Der Rumpf dieses Schiffes wurde nach dem Krieg zur Ostsee gebracht und als erstes Kriegsschiff der »Volkspolizei See« der DDR aufgebaut. Über die Fangnetze im hinteren (südlichen) Seeteil wurde viel spekuliert, gefunden hat sie bis heute niemand. Außerdem gab es nach neueren Erkenntnissen und Funden zusätzlich vier oder sechs von Schwimmern getragene Zielplattformen. Genauer kann es derzeit nicht gesagt werden, denn die wenigen noch lebenden Zeitzeugen fühlen sich noch

immer zum Schweigen verpflichtet. Diese Plattformen lagen über der Laufstrecke der Torpedos verankert. Sie waren etwa 30 bis 40 Meter lang und 6 Meter breit. Auf Ihnen befanden sich teilweise kajütenartige Aufbauten (mit Kanonenofen) mit Reling obenauf, von wo vermutlich der Lauf der Torpedos (Blasenbahn!) beobachtet wurde. Außerdem hatten die Plattformen Steuerruder und Holzdecks, auf denen gelegentlich eingebrachte Torpdos zwischengelagert wurden.
Das interessanteste auf diesen Zielplattformen war jedoch die Bemastung. Es gab nicht nur eine Art Signalmast für Flaggen, sondern einen zweiten stabilen Stahlmast, an dem sich jeweils vier massive, weithin sichtbare Winker ähnlich Eisenbahnsignalen befanden, die die Besatzung bewegen konnte. Vermutlich dienten diese Winker dem abschnittsweisen Sperren und Freigeben des Sees. Denn während der Jahre des Torpedotestbetriebes war der See weiterhin offen für Badegäste, Fischer und Angler. Er wurde allein bei Übungsbetrieb gesperrt.
Vor Meiershof ankerten bei Testbetrieb die »Torpedofänger-Motorboote«, die die »Stahl-Aale« nach einigen km Laufstrecke wieder zur Insel schleppten. Die Übungsköpfe der Torpedos waren im Testbetrieb voll Wasser, das gegen Ende der Laufstrecke per Pressluft ausgedrückt wurde, sodass die Torpedos aufschwammen. Zum leichteren Orten sonderten sie bei Tage ein Rauchsignal ab, während nachts sogar eine Lampe am Übungkopf brannte.
Zahlreiche Torpedos müssen noch vor Alt Rehse und Meiershof liegen. Unscharfe Übungstorpedos hatten meist einen rot-weißen Anstrich. Besonders interessant erscheint Militärhistorikern, dass die Techniker der TVA auch Beutetorpedos analysierten. Den Beweis lieferten mehrere zu DDR-Zeiten gefundene ausländische Torpedos, so auch ein 8 Meter langer »Aal« der US-Marine mit vier elektrischen Schraubenantrieben.
Wer heute nach Nonnenhof spaziert, kann am See noch zahlreiche Betonklötze mit einem eingeprägten »K« finden. Hier lief das Hauptmesskabel der Torpedoversuchsstrecke entlang. Immer an so einem Würfel zweigte ein Sensorkabel in den See ab, um die Laufgeräusche der Torpedos auf der ganzen Strecke von bis zu 10 km aufzuzeichnen. Außerdem wurden auf der Insel die geheimnisvollen Heißluftdampfgeschosse entwickelt und erprobt. Über diese Geheimwaffe wurde auch nach dem Kriege nahezu nichts bekannt. Zeitzeugen berichteten von gar nicht seltenen explosionsartigen Bränden auf der Insel während des Versuchsbetriebes, deren Spuren immer rasch beseitigt wurden.
Am Abend des 28. April 1945 wurden deutscherseits alle Unterlagen vernichtet, der Überwasserteil der Insel in Brand gesetzt und alle Boote versenkt. Außerdem schickte man die Signalplattformen auf Grund, auf denen teils noch Übungstorpedos gestapelt waren. Das Gebäude auf dem See brannte völlig aus und wurde von den Russen bald darauf zweimal gesprengt. Da sich eine völlige Zerstörung der Militäranlage ohne Gefährdung der Stadt Neubrandenburg als unmöglich erwies, montierte man später ein Leuchtfeuer auf der Insel und überlies sie Wind und Wellen.

TVA-Tauchen: Taucher erreichen die Insel am sichersten mit den Motorschlauchbooten der beiden Neubrandenburger Tauchbasen oder des Tauchclubs Tollense e.V. Da die gesprengte Insel ein erhebliches Gefahrenpotenzial birgt und gleichzeitig die Stadt Neubrandenburg Eigentümer des Tollensesees ist, herrscht an der Insel Tauchverbot für individuelles Tauchen. Allein die zwei ortskundigen Tauchbasen und ansässige Tauchclubs haben eine Lizenz zum Tauchen an der TVA (Torpedoversuchsanstalt), wie die Insel hier umgangssprachlich heißt. Und die Wasserschutzpolizei kennt die »berechtigten Boote« genau.
Ornithologen haben die Trümmer mit Sträuchern bepflanzt, damit die ohnehin gut von Vögeln angenommene Insel ein noch besseres Brutgebiet wird. Daher darf die Insel nicht betreten, sondern allein vom abseits verankertem Boot aus betaucht werden. In Inselnähe ist größte Vorsicht geboten, Betontrümmer und gefährliche Pfosten sowie Bewehrungseisen ragen bis kurz unter die Wasseroberfläche! Es ist dringend davon abzuraten, irgendwo ins Wasser zu springen.
Sowie Sie in die Unterwelt der alten Torpedoversuchsstation eintauchen, glauben Sie an alle Warnungen. Gespenstisch türmen sich Betontrümmer übereinander, sind armstarke Eisen miteinander verknotet, ragen Kabel und Leitungen aus den Wänden. Insbesondere bei schlechter Sicht meinen Sie permanent irgendwo hängen zu bleiben. Zunächst empfiehlt sich eine äußere Umrundung des gigantischen Trümmerberges, um eine Orientierung zu haben.
Richtung Wassersportzentrum werden Sie die Gittermastreste des Schienenanschlusses entdecken. Rund um die Insel liegen Einzeltrümmer, Kisten und technische Gehäuse verstreut. Verwinkelte Stahlteile und alte Kisten sind bevorzugte Quartiere von locker metergroßen Welsen geworden.
Die heutige Trümmerinsel scheint in der Mitte durch einen Wassergraben geteilt. In dieser Region kann die Insel in verschiedenen Tiefenhorizonten durchtaucht werden. Bedenken Sie bitte dabei, dass solche Abenteuer ans Höhlentauchen grenzen (eventuell gefährlicher als Höhlentauchen sind) und Zweitautomaten sowie viel Reserveluft erfordern. Unter die Trümmer ins Inselinnere sollte nur getaucht werden, wenn die Sicht relativ gut ist, das heißt, im Tollensesee mindestens 5 bis 8 Meter beträgt. Taucher, die das wagen, sollten neben geeigneter Ausrüstung auch Erfahrung im Betauchen geschlossener Räume haben.
Auch wenn die Insel früher keine echten Unterwasserräume hatte, so sind durch die Zerstörung riesige Betontrümmer so gefallen, dass sie auf Buhnen und Spundwänden aufliegen und im Verbund mit Bewehrungseisen nahezu geschlossene Räume und betauchbare galerieartige Gänge bilden.
Lassen Sie sich in und unter der Insel von ortskundigen Diveguides führen! Wenn es auch unter der Insel nirgends stockdunkel ist, so kann trotzdem die lichtdurchlässige Decke aus den verflochtenen Eisen geborstener Stahlbetonwände zur tödlichen Falle werden. In früheren Jahren soll ein Taucher in nur 50 Zentimeter Tiefe ertrunken sein, weil er bei zu Ende gehender Luft nicht auftauchen konnte und den Rückweg nicht schnell genug fand.

Ein Blick in die düstere Unterwelt der mehrfach gesprengten Torpedoversuchsanstalt (oben links).

Abenteuerliches Tauchen in und unter der Torpedoversuchsanstalt (oben rechts und unten links).

Zahlreiche Gegenstände aus dem Dritten Reich ruhen am Grunde des Tollensesees (unten rechts).

Was gibt es neben Trümmern und eventuellen Funden aus dem Dritten Reich zu sehen? Gut erkennbar im Trümmerfeld sind immer wieder die Torpedo-Lagerregale und Lagerblöcke mit Einschnitt für das Leitwerk. Auch Teile der Heizung, Elektroverteiler, Kondensat-Abscheider, Schieber und andere Technikdetails bemerkt der Kundige sofort. Viele der alten Eisen sind mit großen – teils flachhöckerigen, teils vielzipfligen – Süßwasserschwämmen bewachsen, man findet Farbvariationen von schmutzig-gelb bis hellgrün. Während gelblichweiß bis braunrötlich als die »Originalfarben« von Süßwasserschwämmen gelten, sind hellgrüne Schwämme von einzelligen Algen (Pleurococcen) besiedelt und tragen deren Farbe zur Schau. Dies ist vor allem der Fall, wenn der Schwamm in gut durchlichteter Tiefe haftet.
Außerdem ist eine Vielzahl von Trümmern offenbar ein sehr guter Untergrund für Dreikantmuscheln und riesenhafte Moostierchenkolonien. Letztere kleben in Ranken und bohnenförmigen Klumpen fast überall. Da Moostierchen ebenso wie Schwämme und Dreikantmuscheln feinste Nahrungspartikel aus dem Wasser fil-

Große Süßwasserschwämme haben die Trümmer besiedelt (oben links).

Einige Aalrutten bevölkern die finsteren Winkel der TVA (oben rechts).

Im Nonnenbach leben sogar Bachneunaugen (unten links).

In den Zuläufen des Tollensesees finden wir Groppen (unten rechts).

tern, sorgen die winzigen Organismen vielleicht mit für das relativ klare Wasser in einigen kleinen Innenräumen der Ruine.
Neben einer spannenden Kulisse ist die zerstörte Insel selbstverständlich Lebensraum für zahllose Fische. In flachen Becken tummeln sich Jungfischschwärme, geradezu Legionen von Barschen, mitunter stehen große Hechte in zerbrochenen Betonfensterrahmen, fette Aale und zahlreiche Quappen bewohnen die finsteren Winkel des Baues.

Arbeitsboot 442 vor Behms Höhe: Ein weiterer interessanter Tauchplatz befindet sich etwa schräg unterhalb des Aussichtsturms von Behms Höhe. Hier liegt auf 17 bis 18 Metern Tiefe ein großes Boot. Der 8 Meter lange und 3 Meter breite Rumpf liegt leicht schräg am Hang, umgeben von Muscheln auf Hartboden. Das Boot besitzt zwei kräftige Schlepphaken und einen Holzausbau.
Nach seiner Beschriftung handelt es sich um das Arbeitsboot 442. Im Boot liegen aufgerollt noch viele Meter Kabel, möglicherweise war dieses Boot beim Verlegen und Reparieren der Sensorkabel im Einsatz. Im Boot lebt eine große Quappe

oder Aalrutte, weitere sitzen darunter. Unmittelbar vor dem Nemerower Holz soll sich auch das tiefste, 37 Meter messende »Loch« des Tollensesees befinden, dem die amtliche Kartierung bislang nur 34 Meter Tiefe zugesteht.

Die TVA-Zielplattformen: sind eine Entdeckung des Jahres 2002. Vom Wassersportzentrum der Neubrandenburger Basen fährt man mit dem Motorschlauchboot etwa eine Viertelstunde bis zu den Untergangsorten der skurrilen Schwimmplattformen oder Prahme. Die Orte können allein nach GPS und mithilfe einheimischer Seekenner gefunden werden.

PL-2: Das Wrack der Plattform PL-2 liegt in 27 Meter Tiefe kopfüber auf dem Grund, die Aufbauten liegen zerdrückt seitlich in den Schlamm gerammt. Die Plattform wurde einst von acht teilweise zerstörten Schwimmern getragen und vermutlich absichtlich versenkt. An aufgerissenen Anlagenteilen sind innere Verstrebungen, Röhren und Druckbehälter erkennbar. Das Steuerruder der Plattform ragt etwa 2 Meter vom Grund auf, die Schwimmkörper im Bugbereich stecken tief im Grund.
Die Plattform PL-2 war geschätzte 35 Meter lang und 6 Meter breit. An der Anlage hängen Netzreste und im Umfeld findet man Reste von Signalmunition, Fragmente von Übungstorpedos und historische Bierflaschen. Etwas entfernt von PL-2 stecken mehrere Übungstorpedos aufrecht mit der Leitwerk und Schraube nach oben im Grund. Ein Torpedo klemmt unter einer Ecke von PL-2. Man vermutet, dass diese Plattform 1945 mit einer Decksladung Torpedos absichtlich versenkt wurde und umgeschlagen ist. Wie Dartpfeile haben sich die Stahl-Aale in den Grund des Tollensesees gebohrt. Aufgrund der Dunkelheit, Kälte und des leicht aufwirbelbaren Sedimentes kein Beginner-Tauchgang! Nach Auskunft der Tauchbasis wurden die Torpedos bereits von Tauchern des Munitionsbergungsdienstes und von Unterwasserarchäologen besichtigt, die das Tauchen an diesem Platz für unbedenklich erklären konnten.

PL-3: Die Plattform PL-3 liegt hingegen aufrecht in 25 Meter Tiefe. Sie ist 43 Meter lang und 4,5 Meter breit. Diese Plattform hat überdimensionierte Doppelpoller an allen vier Ecken sowie ein weißes Deckshaus mit Fenstern und Tür, auf dem sich die Treppe und eine Reling befinden. Ein Flaggenmast hängt verbogen herab. An Deck liegt ein Signalmast mit vier großen Winkern à la Bundesbahn. Der Kettentrieb der Hilfsruderanlage ist noch sehr schön zu sehen. Außerdem ist gut erkennbar, dass alle Schwimmkörper zur planmäßigen Versenkung aufgeschraubt wurden. An Deck dieses Wracks hat die Tauchbasis Zimmermann eine Ausbildungsplattform aufgesetzt, die potenzielle Wracktaucher über die Abstiegsleine zuerst erreichen, um sich noch einmal in Ruhe austarieren zu können.
Beide Plattformen liegen nicht weit von der TVA-Insel weg, was wahrscheinlich damit zu tun hat, dass ein genaues Schießen mit damaligen Torpedos überwie-

gend auf 300 bis 2000 Meter Entfernung stattfand, auch wenn sie eine Maximallauffstrecke von 10 km hatten.

Das Torpedofangboot: liegt in 24 Meter Tiefe. Es ist 8 Meter lang und 2,8 Meter breit. Achtern steht im Boot ein riesiger Diesel von beinahe »Kachelofengröße«. Bei diesem Boot wird derzeit noch vermutet, dass es sich um eines der Torpedofang- und Abschleppboote handelt, wie die TVA einige betrieb. Der Beweis steht noch aus, das Tauchziel ist jedoch entdeckt.

Gatscheck: Ein weiterer sehr schöner Tauchplatz liegt vor dem Zeltplatz »Gatscheck«. Dort verstecken sich die Quappen vor allem unter armstarken Kabeln, die noch von früher her im See liegen. Dabei handelt es sich um drei 16-adrige Postkabel, die einst das DDR-Telefonnetz mit Skandinavien verbanden. Mit etwas Glück findet man die »Anzapfung«, über die dieses Telefonkabel durch die Mitarbeiter des früheren Militärobjektes in Alt Rehse abgehört wurde. Am Westufer der Südhälfte des Tollensesees wachsen außerdem prächtige Wasserpflanzen wie Spiegelndes Laichkraut, Spreizhahnenfuß-Wiesen und Hornblatt-Wälder. Um Alt Rehse herum wuchern sogar See- und Teichrosen. Die Unterwasservegetation beginnt oft im Flachwasser mit Durchwachsenem Laichkraut und zieht sich bis in 5 Meter Tiefe hinab.

Meiershof: In Alt Rehse befanden sich wechselnde Militärobjekte, die alle eine Mustersiedlung aus dem Dritten Reich nutzten. Ursprünglich lehrte in diesen Häusern eine »Nationalsozialistische Führerschule der Deutschen Ärzteschaft«, getarnt als olympisches Ruderer-Trainingszentrum. Man kann sich vorstellen, was nach 1945 bei Alt Rehse und Meiershof im See verschwinden musste ... Was Mythen und geheimnisvolle Plätze angeht, so kann man den Tollensesee durchaus als eine Art »Mecklenburger Toplitzsee« ansehen.

Vor Wustrow: Der nächste spannende Tauchplatz ist das Seegebiet vor Wustrow und um die Fischerinsel. Auf der Fischerinsel wurde die berühmte Holzfigur des »Doppelköpfigen Götzen« ausgegraben. Von daher vermuten Wissenschaftler, dass sich hier einst das sagenhafte slawische Heiligtum Rethra befand. Zahllose Siedlungsreste auf den Inseln des Tollenseseeanhängsels Lieps scheinen das zu bestätigen. Sicher ist nur eines: Der Sedimentboden rund um die Fischerinsel birgt noch zahlreiche Funde, weil der Seespiegel wegen eines Neubrandenburger Mühlanstaues nach der Slawenzeit um mindestens 1,50 Meter anstieg. Hier gibt es vermutlich ein reiches Betätigungsfeld für in Vereinen der Unterwasserarchäologie geschulte Taucher.
Zwei Drittel der Wasserfläche des Tollensesees sind tiefer als 20 Meter. In diesem gewaltigen Freiwasserraum leben Schwärme von Plötzen, Güstern, Kleinen Maränen und sogar ein kleiner Bestand Großer Maränen. Bemerkenswert ist die Be-

obachtung, dass die Großen Maränen des Tollensesees Raubfische sind, die überwiegend Stinte fressen. Wer nach Kleinfischen sucht, findet bodennah auch Gründling und Kaulbarsch, im Freiwasser Moderlieschen und Dreistachlige Stichlinge vor. In den Zuläufen leben Schmerlen, Steinbeißer und im Nonnenbach sogar Bachneunaugen.
Infos: Tauchbasen 11, 12, 13, 65 und 66.

37. Der Reitbahnsee in Neubrandenburg

Max.Tiefe 10 Meter, ca. 300x400 Meter, ca. 12 ha.

Der heutige Reitbahnsee ist ein Baggersee, entstanden während der Sand- und Kiesgewinnung für die Neubrandenburger Bauplätze der 1980er-Jahre. Heute ist dieser See zu einem kleinen Naherholungsgebiet geworden, das gut versorgt von drei Gaststätten zwischen Wohngebiet und Gartenanlagen liegt. Inzwischen gibt es auch eine Wasserski-Anlage, die bei Tauchgängen beachtet sein sollte.
Ein Tauchgang startet am unkompliziertesten ab dem Parkplatz neben der Tennisanlage beim »Strandcafé«. Der Einstieg erfolgt an der Badestelle links von einem unübersehbaren Betonsteg. Rechtsherum tauchend kann man nun in einiger Entfernung dem schilfigen Ufer folgen und den fast vollständig bewachsenen Seegrund mit seinem Fischreichtum bewundern.
Der Reitbahnsee ist unter anderem deshalb interessant, weil der Seeboden offenbar früher sehr unregelmäßig von den Baggerschaufeln durchfurcht wurde und heute zahllose unterseeische Hügel bis kurz unter die Wasseroberfläche, tiefe Löcher, Gräben, Gassen und die absonderlichsten Geländeformen bietet, die die Natur abwechslungsreich begrünt hat.
Das Betauchen der von Tausendblättern und Laichkräutern gebildeten Canyons ist am schönsten. Im See leben außerordentlich große Hechte, aber auch Zander, Karpfen und Barsche. Es gibt Massen von Krebsen, aber manchmal auch eigenartige Nebel und Algenwatten, die sogar rötliche und blaue Farben annehmen können. Diese entstehen vermutlich bei Überdüngung durch zu viele Badegäste, verbunden mit hochsommerlicher Sauerstoffarmut in Grundnähe. Nachttauchen ist hier sehr interessant, aber man muss beinahe zu jeder Tageszeit auf Angler und deren Hakenschnüre achten. Der Reitbahnsee bietet nur selten mehr als 4 Meter Sicht.
Infos: Tauchbasen 11, 13 und 66.

38. Sound of silence – Die Ziese bei Puchow

Vom Neubrandenburger Stadtring aus wählen Sie als Ausfallstraße die B 104 Richtung Stavenhagen und fahren bis Chemnitz. Hier biegen Sie ab auf die Landstraße Richtung Penzlin, der Sie bis hinter Puchow beziehungsweise 4 Kilometer vor Penzlin (mit der berühmten Hexenburg und der noch berühmteren Hexen-

kneipe) folgen. Von der kurvenreichen Straße aus werden Sie die Einfahrt zu einer Wiese direkt am Wasser entdecken, wo es auch einen kleinen Sprungturm gibt.
Nicht weit vom Ufer sind rasch 6 Meter Tiefe erreicht. Es gibt eine fischreiche Schilfzone und günstige Großfischunterstände in Form versunkener Bäume. Der Hit ist jedoch eine in dieser abgelegenen Gegend nicht vermutete Kulturhalde inklusive Ghettoblaster vor der Schilfzone. Angesichts der wassergefüllten Musikmaschine gewinnt der Song vom »Sound of silence« eine ganz neue Dimension.

39. Der Plather See bei Ballin

Max. Tiefe 9 Meter.

Wenn Sie der Bundesstraße 198 in Richtung Woldegk folgen, erreichen Sie bald Bredenfelde. Hier muss in Ortslage Richtung Ballin abgefahren werden. Über eine kurvenreiche Landstraße fahren Sie bis in Sichtweite von Ballin. Noch vor Ballin biegt rechts ein Feldweg ab, dessen Fahrspuren mit Platten belegt sind. Auf diesem Weg weiterfahrend haben Sie schon bald Ausblick auf zwei Seen, den Balliner See und den Plather See.
Der Feldweg führt weiter auf eine nicht eben breite Landbrücke zwischen beiden Seen zu. Links sehen Sie einen mit Schranken versperrten Parkplatz. Gleich »hinter« beiden Seen biegen Sie nach links ab auf einen nunmehr unbefestigten Feldweg. Sie können auf diesem Trail dem schilfgesäumten Ufer des Plather Sees folgen, bis Sie direkt gegenüber am anderen Ufer die Badestelle in Sicht bekommen. Hier sollte geparkt und das Equipment klargemacht werden.
Am Einstieg finden Sie einen schönen sauberen Sandgrund vor. Sie tauchen über grosse Muschelfelder hinweg und werden viele Amerikanische Flusskrebse zu sehen bekommen. Außerdem mangelt es nicht an Hechten und silbern glänzenden Weißfischschwärmen. Der Plather See bietet entspannende Naturtauchgänge für alle, die sich an der »üblichen Naturausstattung« eines Mecklenburger Landsees erfreuen können.

40. Der Krugsdorfer Kiessee

Max. Tiefe 18 Meter, Durchschnittstiefe 8 Meter.

Den Krugsdorfer Kiessee finden Sie etwa 6 Kilometer östlich von Pasewalk im Landkreis Uecker-Randow. In Krugsdorf biegen Sie in den ausgeschilderten Weg zum »Strandbad« ein. Nach etwa einem Kilometer erreichen Sie einen großen unbefestigten Parkplatz.
Eingestiegen wird beim Steg, wo es fast sofort 5 Meter tief ist. Der Kiessee führt über längere Zeiten des Jahres hinweg klares Wasser mit Sichtweiten um 6 Meter und mehr. Der See ist das ideale Gewässer für Erholungs- und Naturbeobachtungstauchgänge der einfachen, ungefährlichen Art. Aufgrund der hohen Licht-

Dicke Schleie (links) und prächtiger Hecht im Krugsdorfer Kiessee (rechts).

eindringstiefe ins Wasser wuchern am Seeboden bis in 6 Meter Tiefe hinunter zahlreiche höhere Wasserpflanzenarten, die schon einmal 3 bis 4 Meter hoch wachsen können. Das ist das Revier der Rotfedern.

Im Pflanzendschungel und dem Seesediment unmittelbar vor den Pflanzen gibt es zahlreiche Fischarten. Es mangelt nicht an Hechten und Schleien, Zandern Barschen und Aalen. Und das sind bei weitem nicht alle Arten. Außerdem leben im Krugsdorfer Kiessee Amerikanische Flusskrebse. In 15 Meter Tiefe findet man in der Finsternis noch einige durch den See verlaufende Drahtseile und Rohrleitungen, aber das feinere Tauchgebiet ist eindeutig die Pflanzenzone.

Um den schönen Tauchersee zu schonen, dürfen Tauchgänge allein am Einstieg der ansässigen Tauchbasis begonnen und beendet werden. Die Wochenend-Tauchbasis wird vom Tauchsportverein Strasburg betrieben. Die Basis bietet Toiletten, heiße Duschen, Getränke sowie Stellplätz für Zelte und Wohnwagen an. Unmittelbar am See kann nicht geparkt werden, aber die Ausrüstung muss vom Parkplatz dennoch höchstens 150 Meter zum Wasser transportiert werden.

Infos: Tauchbasis 14.

41. Die Mecklenburger Großseen – Die Müritz und der Tiefwarensee

Müritz: Max. Tiefe 33 Meter, 117 qkm, Tiefwarensee: Max.Tiefe 24 Meter, 139 ha.

Mit ihren 117 Quadratkilometern Fläche ist die Müritz der zweitgrößte See Deutschlands. (Zum Vergleich: Bodensee 538, Chiemsee 82, Schweriner See 63 und Starnberger See 57 Quadratkilometer.) Der Name Müritz stammt von dem slawischen Wort »morze« ab, das nichts weiter als »Meer« bedeutet. Es heißt umgangssprachlich »die Müritz«, wie man »die See« sagt und das Meer meint.

Die Wasserfläche der Müritz lässt eine taucherische Lebensaufgabe vermuten. Die Binnenmüritz mit ihren immerhin 33 Metern Tiefe galt lange als für die

Taucherei nicht so attraktiv, weil die Wasserqualität durch die nahe Stadt Waren recht in Mitleidenschaft gezogen wurde. Doch dies bessert sich rasch. Überdies kann der Warener Stadthafen mit seiner Kulturhalde im Winter 5 Meter Horizontalsicht bieten. Ein beliebter Tauchplatz mit reichlich Hecht und Zander ist der am alten Sägewerk der Binnenmüritz, wo versunkene Stämme wild übereinander liegen und günstige Fischunterstände modellieren. Die Außenmüritz bringt es nur noch auf 29 Meter Maximaltiefe, hat aber ausgedehnte Flachwassergebiete und zahlreiche, bis dicht unter die Wasseroberfläche ragende Berge.
Vorsicht Müritzwetter: Die Müritz ist ein launisches Gewässer, für Paddler und Segler genauso wie für die Taucher. Während die Bootsführer vor allem überraschend heranfegende Gewitter und – durch die riesige Wasserfläche über flachem Grund – gefährlich hohe Wellen fürchten müssen, haben die Taucher neben dem Wetter ihre liebe Not mit der Horizontalsicht. Denn Müritz ist nicht gleich Müritz, vor allem nicht in Sachen Transparenz. An einem Uferabschnitt kann beispielsweise nur 1 Meter Sicht herrschen, die Sie vielleicht seufzend akzeptiert haben, um hier einmal zu tauchen – einige Kilometer weiter, zwei kleine Buchten entfernt, hätten Sie schon 5 bis 6 Meter schauen können, aber die Flaschen sind fast leer ...
Die Müritz ist weit davon entfernt, ein glasklares Supertauchwässerchen zu sein. Die Sichtweiten schwanken im Jahresgang um 1 bis 8 Meter und können auch je nach Seeregion zu gleicher Zeit sehr verschieden sein. Im zeitigen Frühjahr traten bei Windstille schon Rekordsichtweiten um 10 Meter auf. Generell kann man sagen, dass die Horizontalsicht ausgehend vom Hals (Verbindung zwischen Binnen- und Außenmüritz) oftmals noch am besten ist und dann in Richtung Süden, vor allem südlich von der Einfahrt nach Röbel, immer mehr abnimmt.
Tauchen in der Müritz lässt sich am besten ab Motorschlauchboot, indem auf einer ausgedehnten Tour eine im Moment günstige Seeregion ausgewählt wird. Bei der Auswahl der Tauchplätze ist im eigenen Interesse auf Berufsschifffahrt, Seezeichen und Sportboote zu achten. Sicher ist eines: Ohne Boot nichts los!

Das Westufer der Müritz: Das Westufer der Müritz ist relativ steil abfallend – im Vergleich zum Ostufer – und man kann bei akzeptabler Schwimmstrecke von Land aus 5 bis 10 Meter Tiefe erreichen. Hier ist der Untergrund in vielen Regionen sandig bis kiesig, wir finden muschelreiche Gründe, reich von Wasserschnecken bewohnte Tausendblattwiesen und immer wieder einzelne, bis zu hüfthohe Findlinge. Krebse, Gründlinge, Güstern und Kaulbarsche beleben in reicher Zahl den Grund, während im Freiwasser Schwärme von Plötzen und Ukeleien umherziehen.
Tauchen kann hier ein Erlebnis sein, denn Hecht, Barsch, Zander, Aal und Wels sind häufig. In der Müritz sollen insgesamt mindestens 35 Süßwasserfischarten leben. Fischer berichten stolz, dass in der Müritz alle (!) einheimischen Fischarten des Tieflandes vorkommen. Falls Ihnen beim Tauchen nicht alle gewünsch-

ten Fischarten begegnen, besuchen Sie einfach das fantastische Kaltwasseraquarium des Müritzmuseums in der Warener Friedensstraße. Über 30 Becken mit etwa 25.000 Litern Wasser präsentieren dann tatsächlich nahezu alle einheimischen Fischarten und darüber hinaus viel naturkundliches Wissen. Außerdem gibt es hier ein gemütliches Café.
Konzentrationspunkte der Müritz-Fische sind oft die steilscharigen Barschberge mitten im See. Solche Stellen findet man durch Tiefenlotungen oder anhand von vor Ort erhältlichen Gewässerkarten für Angler. Hier wuchern ebenso wie am Ufer ausgedehnte Pflanzenbestände, über denen riesige Plötzenschwärme gemessen kreisen. In letzter Zeit nehmen auch die Maränenschwärme in der Müritz wieder zu.
Tauchen von Land aus ist vor Röbel-Marienfelde, Sietow und Klink möglich, aber Bootstauchgänge sind immer vorzuziehen. Der Toptauchplatz ist die Sietower Bucht, die besonders fischreich und im Außenbereich bis zu 25 Meter tief ist. Einen fantastischen Überblick über die ganze Müritz verschafft Ihnen ein Besuch auf der Aussichtsplattform des Röbeler Kirchturms.

Das Ostufer der Müritz: ist über weite Flächen nur knietief und überdies im Nordteil als Teil des Müritznationalparks gesperrt für Wassersport aller Art. Die für das Tauchen interessante Region liegt aber ohnehin weitab vom Nationalpark, zwischen der Einmündung des Bolter Kanals in die Müritz und Rechlin-Nord. Hier erhebt sich das Steilufer über die Müritz, etwa 11 Meter über dem Wasser stehend genießen wir weiten Überblick.
Kiesige Ufer mit Findlingen kennzeichnen die Müritz als Endmoränenstausee. Wegen des Wellenschlages finden wir bis 2 Meter Tiefe nur kahlen Kiesgrund, erst tiefer werden muschel- und schwammbewachsene Findlinge zu Oasen des Unterwasserlebens. Schrott, Leitbleche und verschiedene Instrumente ruhen am Grund und sind »Höhlen« für Krebse und Aale geworden.
Solche Funde sind gar nicht so ungewöhnlich, befand sich doch im nahe gelegenen Lärz-Rechlin ein Rüstungsstandort, der ab 1931 zum Zentrum aller deutschen Flugerprobungen avancierte, insbesondere zum Trainingsgelände der bekannten Sturzkampfbomber. Nach 1933 gehörten diese Anlagen der Luftwaffe, ehe sie im April 1945 durch verheerende Luftangriffe zerbombt wurden. Der Flugbetrieb am Ostufer der Müritz muss auch amüsante Aspekte gehabt haben, denn die UFA drehte hier mit Heinz Rühmann den Film »Quax, der Bruchpilot«.
Beim Hinaustauchen stoßen wir immer wieder auf technische Konstruktionen, die mit Fantasie dem Flugwesen zugeordnet werden können. Noch bis kurz nach der Wende war ein Flugzeugwrack per Wracktonne leicht aufzufinden. Das gut erhaltene Stück wurde zugunsten eines Museums bald geborgen.
Es handelte sich um ein dreimotoriges Flugboot von Dornier, eine DO-24. Tückischerweise war das Flugzeug beladen mit Dynamit und Magnesiumschrott; eine einzige Brandbombe. Diese Maschine war nur eine von einer größeren Gruppe

Immer wieder suchen Sammler nach Flugzeugtrümmern (oben links).

Düstere Bunker erinnern an das Luftwaffenerprobungszentrum vor dem Ostufer der Müritz (oben rechts).

Kürzlich wurde das Wrack einer solchen Avro Lancaster gefunden (Mitte). (Historisches Foto: Mit freundlicher Genehmigung des Aviatic Verlages, Oberhaching).

Die Flugzeugwracks der Müritz wurden schon zu Vorwende-Zeiten eifrig betaucht – Tauchgang an einem Dornier-Wasserflugzeug, mit ... (unten links)

... Blick auf die Instrumententafel der Piloten (unten rechts).

DO-24, die im Jahre 1945 bei Röbel ankerten. Diese Flugboote sollten von Seefliegern zur Weichsel geflogen und auf dem Fluss gelandet werden. Dann war beabsichtigt, dass sich die Besatzungen mit ihren Flugzeugen unter Weichselbrücken abtreiben lassen und so die Nachschubwege der Russischen Armeen sprengen. Überraschende wie gefährliche Unterwasserfunde sind immer wieder möglich.
Das zeigte sich erneut im April 1998, als Stuttgarter Taucher in der Ludorfer Bucht Reste einer 1944 abgeschossenen Boeing »B17« bergen wollten und stattdessen einen englischen Bomber und leider auch scharfe Munition (Luftminen bis 1200 kg!) fanden. Nach historischen Erkenntnissen liegen in der Müritz noch einige deutsche, englische, amerikanische und russische Flugzeuge.
Aus propagandistischen Gründen wurde im Dritten Reich alles totgeschwiegen, falls zu erprobende Flugzeuge abstürzten. Die englischen und amerikanischen Flugzeuge stammen von den Luftangriffen auf die Rüstungswerke Rechlin 1945 – und danach nahmen die Russen die Waldsiedlung bei Rechlin inklusive des Flugplatzes Lärz in Besitz. Denen ging wohl auch so manche MiG über dem Wasser verloren. Diese verschiedenen Epochen der Fliegerei versucht heute das Luftfahrttechnische Museum Lärz-Rechlin zu zeigen.
Im Wasser sind auch andere Dinge der Betrachtung wert: so genannte »Russenreusen«. Die Besatzungstruppen fischten seinerzeit – schwarz, aber geduldet – mit ziemlich brutalen Konstruktionen aus Maschendraht, Stahlbügeln und Drahtseilen. Charakteristisch ist die Beschwerung mit Panzerrollen. Häufig sind derlei im Zerfall begriffene Geräte Hochburgen der Krebse. Immer wieder einmal gehen Fische in die maroden Fallen und werden von den Amerikanischen Flusskrebsen verwertet.
Neben dem Tauchplatz Ostufer sind in der Müritz zahlreiche Sand-, Kies-, Stein- und Muschelfelder zu erschließen. Den Endmoränenstausee Müritz durchziehen vier tiefe und markante Rinnen, die den Tauchplatz nach wenigen Metern Schwimmstrecke total anders erscheinen lassen. Die Barschberge und Steinhaufen in der Müritz sind die »Riffe« eines Binnensees, die per Boot und mithilfe einer Karte für Sportfischer angesteuert werden können.
Beim freien Tauchen auf der Müritz ist jedoch verstärkt auf den Bootsverkehr zu achten, der lediglich dem flachen Ostufer fernbleibt. Darüber hinaus ist ein Mann auf dem Boot wegen der plötzlichen Wetterumschwünge sehr zu empfehlen. Dieser kann Taucher mit vereinbarten Klopfzeichen auf Metall »herausholen«, wenn – wie so oft – in Minuten ein Gewitter aufzieht und sich über der Wasserfläche unglaublich schnell bewegt.

Gespensterwald an der Müritz: Die Tests der Luftwaffe haben in der Nähe von Granzow, gar nicht weit von der forstbotanischen Pflanzung Erbsland, einen regelrechten Gespensterwald geschaffen. Besonders bekannt sind bei den Einheimischen die »Weißen Häuser von Granzow«. Dabei handelt es sich um viertürmige

Baukomplexe mitten im Wald, die einst Doppel-Triebwerksprüfstände der Flugerprobungsstelle Rechlin (kurz E-Stelle) waren.
Mitten im Wald stoßen wir auf Schienen oder Autobahnteile, die versuchshalber mit echten Sprengbomben wie auch mit Betonbomben beworfen wurden. Wie ein gelandetes UFO sieht die »Riesenzigarre« aus. Diesen ehemals zylindrisch-konischen Betonbunker muss man sich wie einen riesigen, aufrecht stehenden Bleistift vorstellen. Am spitzen Dach sollten eventuelle Bombardements abprallen, die Wände mussten gewaltigen Druckwellen standhalten. Dieses eigenartige Teil wurde erst nach dem Kriege von den Russen niedergelegt. Es ruht heute geisterhaft wie ein gelandetes Raumschiff im tiefen Wald.
An anderer Stelle stehen mächtige Betonwände im Wald, die einst ballistischen Versuchen ausgesetzt waren. Auf der einen Seite nahezu unbeschädigt, ist die Rückwand ausgeplatzt, als hätte ein Riese dagegengeschlagen. Möglicherweise wurden hier die notwendigen Deckenstärken für die U-Boot-Bunker an der französischen Atlantikküste experimentell ermittelt.

Der Tiefwarensee: Der Tiefwarensee liegt auf der nördlichen Seite der Stadt Waren und ist trotz maximaler 24 Meter Tiefe im Mittel nur 8 Meter tief. Um den See gibt es eine gering ausgebildete Röhrichtzone und bis hinunter in 6 Meter Wassertiefe wachsen Wiesen von Tausendblättern, Hornblatt und Hahnenfußarten. Diese Pflanzenarten und eher mäßige Horizontalsichtweiten von 2 bis 4 Meter weisen den Tiefwarensee als nährstoffreichen See aus.
Im Tiefwarensee sind überwiegend Plötze, Blei, Rotfeder, Aal, Hecht, Schleie und einzelne große Silberkarpfen zu sehen. Außerdem leben im See Kleine Maränen und mit etwas Glück lassen sich Karauschen und Quappen beobachten. Zudem gibt es Muschelbänke und Amerikanische Flusskrebse.
Die Wasserqualität und die Sichtweite dieses Sees werden schrittweise besser, seit eine Tiefenwasserbelüftung installiert wurde. Obwohl der See überwiegend zur Tauchausbildung genutzt wird, sind in den oberen 6 Metern Wasser natürlich auch angenehme Naturbeobachtungen möglich.
Der Tiefwarensee und der östlich angrenzende Werder gelten als Spukort und sind durch besonders viele Sagen mit Waren an der Müritz verbunden. So soll der See ein jährliches Opfer fordern, seit das alte Waren dort versank. Da Sagen in der Regel einen wahren Kern haben, kann man vermuten, dass unter Wasser ebensolche Funde (Frühbronzezeitlicher Hortfund mit Vollgriffdolch und Randleistenbeil) möglich sind wie an den Seeufern. Bitte informieren Sie in einem solchen Falle das Landesamt für Archäologie.
Infos: Tauchbasen 13, 16 und 67.

42. Die Havelquellseen Mühlensee und Bornsee

Mühlensee 80 ha, Bornsee 30 ha, im Nationalpark, bitte ab Badestelle schnorcheln.

In einer noch heute fast menschenleeren Gegend Mecklenburgs bei Penzlin erreichen wir das Dörfchen Ankershagen. Hier, im östlichen Hinterland der Müritz, verbrachte der spätere Wiederentdecker Trojas, Heinrich Schliemann, seine Kindheit. An den schon als Kind belesenen Schliemann erinnern eine sehenswerte Ausstellung mit Nachbildungen der infolge des Zweiten Weltkrieges nach Russland verschleppten Goldschätze und eine modernistische Nachbildung des Trojanischen Pferdes.
Keine zwei Kilometer von Ankershagen beginnt der Müritznationalpark mit dem Havelquellgebiet. Über mit großen Lesesteinen gesäumte Wege und stille Kastanienalleen erreichen wir den offiziellen Eingang des Nationalparks, wo Autos zurückbleiben müssen. Auf dem Havelquellweg durch einen reizvollen Buchenwald wandernd, erblicken wir den Mühlensee nach höchstens zehn Minuten. Es wäre leicht möglich, Tauchausrüstung hierher zu tragen. Aber im Nationalpark ist das Gerätetauchen nicht gern gesehen, sodass wir empfehlen, von der offiziellen Badestelle des Mühlensees aus zu schnorcheln. Und das ist überaus reizvoll:
Magisch grünes Dämmerlicht macht den Mühlensee bei Ankershagen spannend. Bizarr steht das Ährige Tausendblatt mit seinen roten Sprossspitzen im Wasser. Einige Blattwirtel tragen einen geradezu feierlich wirkenden, feinen silbrigen Kalkbelag. Im Dschungel des Tausendblattes »tobt« das Leben: Wasserspinnen bauen ihre Nester, rote Milben wirbeln umher, Stabwanzen verändern eher bedächtig ihre Position. Silbern blinkt es auf, wenn Plötzen durch den Pflanzendschungel schwimmen.
Unter den Seerosenblättern stehen junge Barsche, die hier vor dem prallen Licht des Sonnentages Zuflucht gesucht haben. Eine ebenso interessante wie praktische Laune der Natur sind die rötlichen, teils spiralig gewundenen, teils überlangen Seerosen-Blattstiele. Mit diesen Sprossen gleichen Seerosen Wasserstandsschwankungen aus, damit durch den Auftrieb der Schwimmblätter bei steigendem Wasserstand keine Pflanzenteile abgerissen werden. Diese Stiele sind natürlich in Quellseen mit periodisch verschiedenem Zu- und Abfluss besonders von Vorteil.
Immer wieder sehen wir große Schwimmkäfer – vor allem Gelbrandkäfer und Furchenschwimmer – im Schatten der Pflanzen pausieren. Sie ruhen hier minutenlang, ehe sie sich wieder auf eine hektische Jagd nach Wasserflöhen und Mückenlarven begeben; eine Jagd mit scheinbar unkontrollierten und eckigen Bewegungen.
Die Pflanzenfelder des Mühlensees sind natürlich vor allem ein Schleienparadies. Immer wieder beobachten wir die scheuen »Löffelflosser«, wie sie kopfüber im

Einige Havelquellen liegen im Mühlensee bei Ankershagen (oben links).

Erlebnisreiches Schnorcheln im Mühlensee (oben rechts).

An den spiralig gewundenen Seerosenstengeln ruht ein kleiner Barsch (unten rechts).

Schlamm wühlen und sich solcherart sehr unfotogen verhalten. Aber bisweilen dösen auch Schleien in ganz geringen Tiefen von vielleicht nur 20 Zentimetern unter Schwimmblättern. In solchen Situationen hätte der Fotograf mit dem lärmenden Pressluftgerät keine Chance – dem Schnorchler gelingt jedoch das Porträt der völlig überraschten goldgrünen Schleie!
Der Mühlensee gilt als ein Quellsee der Havel, mit ihm noch Bornsee und Trinnensee. Als vor rund 600 Jahren der Erddamm für den Weg von Ankershagen nach Klockow aufgeschüttet wurde, musste sich das Wasser einen neuen Weg suchen. So drückt das Havelquellwasser heute unter dem Erddamm hindurch auf der südlich gelegenen Havelquellwiese an die Erdoberfläche, um den Flusslauf der Havel als unscheinbarer Wiesenbach zu beginnen.
Auf einer Wanderung durch das Havelquellgebiet kann außerdem der wesentlich kleinere Bornsee besucht werden, der ebenfalls den Charakter eines pflanzenreichen Hecht-Schlei-Sees mit Aalen und Krebsen am Grunde hat. Der Bornsee ist jedoch etwas nährstoffreicher und bietet meist geringere Horizontalsicht als der Mühlensee.

43. Der Käbelicksee

Max. Tiefe 19 Meter, 240 ha, im Nationalpark.

Der Käbelicksee ist der größte See im Ursprungsgebiet der Havel und wird von dem noch jungen Flüsschen durchströmt. Im Spannungsfeld von Fluss und See, einem so genannten Flusssee, tummeln sich zahlreiche Großfische. Vor den aus-

In den Reusen warten große Bleie (oben links).

Riesige Silberkarpfen können in die Netze der Fischer am Käbelicksee geraten (oben rechts).

Mehrere Fischerboote ruhen im smaragdgrünen Wasser des Großen Kressinsees (links).

gedehnten Schilfzonen des Käbelicksees wurden schon 16 kg schwere Hechte gefangen, aber auch ebenso gewichtige Spiegelkarpfen.
Der Käbelicksee ist vor allem für mehr als 2 Meter große einzelne Welse bekannt. Die urtümlichen Riesen verbergen sich unter verfilzten Uferzonen und sind für aufmerksame Beobachter vor allem im Juli und August beinahe in Schnorcheltiefe zu finden. Die kleinen Inseln, Schilfzonen und Barschberge des Käbelicksees bieten alle im Süßwasser möglichen Großfischbeobachtungen. Die Pflanzenwelt im Wasser ist geprägt von Hornblatt, Spiegelndem und Kammlaichkraut sowie Schwimmblattflächen aus Seerosen und Wasserknöterich. Alle diese Pflanzen sind typisch für eutrophe Klarwasserseen und Beweis für das Nährstoffangebot, das die junge Havel aus ihrem Einzugsgebiet mitbringt. Häufig verbergen sich auch kapitale Graskarpfen in den Pflanzenfeldern. Die Sicht im Flachwasser kann gut sein, tiefer als 6 Meter hingegen wird der See relativ undurchsichtig mit 1 bis 2 Meter Sicht.
Der Käbelicksee liegt ebenfalls im Müritznationalpark. Er hat Badestellen bei Dalmsdorf und Kratzeburg, ist jedoch am besten über den Campingplatz am Ostufer zu erreichen. Von hier aus sind taucherische Exkursionen vor allem als Kom-

bination aus Paddeln und Schnorcheln zu empfehlen. Der Käbelicksee wurde früher häufig betaucht, diente auch zur Tauchausbildung, heute ist das Gerätetauchen umstritten. Allein die wunderbare Landschaft ist eine Reise hierher wert.
Infos: Tauchbasis 67.

44. Der Große Kressinsee

Max. Tiefe 17 m.

Von der Autobahn A 19 fahren Sie an der Anschlussstelle Röbel nach Osten ab und über Dambeck, Minzow und Woldzegarten zum Großen Kressinsee. Der Tauchplatz wird über landwirtschaftliche Fahrspuren erreicht und der Einstieg in den See liegt – nach Überqueren einer kleinen Wiesengrabenbrücke – rechts neben der Einmündung dieses Wiesengrabens in den See. Durch eine kleine schilffreie Schneise erreichen Sie das Freiwasser des Sees, unmittelbar vor der Schilfzone ist es schon 2 Meter tief.
Der Große Kressinsee hat zu einem großen Teil festen Boden und wir finden am Grund oftmals überraschend völlig deckungslos ruhende Aale und Zander vor. Die Sandhänge des Sees von 2 bis 8 Metern Tiefe sind muschelreich, vereinzelt entdecken wir mit filigranen Grünalgen bewachsene, beinahe kugelrunde Findlinge.
Da die Gegend um den Großen Kressinsee uraltes Siedlungsgebiet und Heimat von Fischerfamilien ist, fehlt es nicht an entsprechenden Sachzeugen in der Tiefe. So liegt rechts vom Einstieg auf 7 bis 8 Metern Tiefe ein rustikales Fischerboot, in dessen Bugspitze sommers die Aale zu ruhen pflegen. Auch direkt vor dem Schilf versank über nur 3 Metern Wasser ein malerisches Fischerboot, von dem sich gerade die ersten Planken lösen. Dieser romantische Platz ist gut als »Studio« für Schnorchelfotos denkbar.
Der Große Kressinsee ist ein nährstoffreicher See, der einst durch Viehwirtschaft und Düngemittel recht undurchsichtig geworden war. Seit etwa vier Jahren erholt sich der See rasch und ist – derzeit vor allem im Frühling und Herbst – als ein angenehmes Süßwassertauchrevier mit 2 bis 5 Metern Horizontalsicht einzustufen.
Infos: Tauchbasen 16 und 67.

45. Der Große Pätschsee beim Plauer See

Max. Tiefe 20 Meter, ca. 80 ha.

Von der Anschlussstelle Waren der A 19 Berlin–Rostock fahren Sie gen Westen über Adamshoffnung und Zislow bis zum Campingplatz, der zwischen dem Ufer des riesigen Plauer Sees und dem Großen Pätschsee liegt. Nunmehr kann man noch rechts bergan eine sandige Fahrspur nutzen, ehe der Wagen am Waldrand, in der Nähe einer buschumstandenen Wiese, abgestellt werden muss.

Tauchgang beim Trabant-Wrack im Großen Pätschsee (links).

Ganz in der Nähe des Peetschsees bei Neu Drosedow kann man die historische Hausbrücke von Ahrensberg besichtigen (rechts).

Die Tauch- oder Schnorchelausrüstung muss nunmehr über einen Weg durch den dichten Hochwald zum See getragen werden, wo noch ein steiler, erdiger Abhang mit tückischen Stolperwurzeln bis zum Rundweg um den See hinunter zu passieren ist. Dieser Weg zum See ist am besten für Schnorchler geeignet. Darüber hinaus gibt es zwei Einstiege für Gerätetaucher.
Der Große Pätschsee ist ein nährstoffreicher Klarwassersee, der durch zahlreiche ins Wasser gestürzte beziehungsweise über das Wasser geneigte Bäume einen besonders romantischen Touch hat. Der Name Pätschsee stammt aus dem Slawischen und bedeutet Sandsee. Tatsächlich besteht ein Teil des Seebodens aus relativ festem Sand. Nebst dem Tauchen ist ein Spaziergang rund um den See zu empfehlen.
Die Unterwasser-Fotomotive des Sees befinden sich vor allem im Flachwasser von 1 bis 5 Metern Tiefe. Hier sehen wir von Dreissena überwucherte Steine, zahlreiche Krebse, wunderschöne Felder der Gelben Teichrose mit anhaftenden Köcherfliegenlarven und Wasserkäfern, Tausendblattwiesen, verschiedene Laichkräuter und sogar Pfeilkraut.
Diese eigenartige Pflanze kann sich je nach Standort sehr verschieden geben, denn sie besitzt im tiefen Wasser lange schmale bandförmige Blätter, bildet bei knappem Erreichen der Wasseroberfläche dem Schwimmenden Laichkraut ähnliche Blätter aus und zeigt erst an Stängeln über dem Wasser die charakteristischen pfeilspitzenförmigen Blätter. Pfeilkraut blüht wunderschön schneeweiß und bildet im Sommer bizarre grüne Fruchtkörper.
Zahlreiche ungewöhnliche Gestaltungsmöglichkeiten für Fotografen tun sich auf, wenn mit Halbwasseraufnahmen des Pfeilkrautes, der Teichrosen oder der Bäume am Wasser experimentiert wird. Jenseits der Achtmetergrenze ist der Seeboden weniger interessant, hier liegen weite Flächen mit leeren Muschelschalen und Gyttja (Rückstände zerfallener Pflanzen).
Der Große Pätschsee beim Plauer See wurde von der Tauchbasis Plau am See zur taucherischen Nutzung gepachtet und kann von Gerätetauchern nur nach Anmeldung bei der Basis betaucht werden. Die Zufahrten sind durch verschlossene Schranken gesichert.

Mit großem Glück entdeckt man in düsterer Tiefe einen Einbaum (oben links).

Teichmuscheln mit anhaftenden Dreikantmuscheln arbeiten in vielen »naturtrüben« Seen als wirksame Filtrierer (oben rechts).

In vielen Mecklenburger Seen kann man Keramik entdecken, die aus der Slawenzeit stammen könnte (rechts).

Zum Einstieg I muss man über Zislow heranfahren und erreicht nach Passieren einer Schranke ein Hochufer in lichtem Buchenwald. Das Ufer hat eine steile Böschung und man steht gleich mindestens knietief im Wasser. Der Seeboden ist fest und sicher tragen die großen mit Dreikantmuscheln besetzten Flächen sehr zur Wasserklarheit bei. Im Hochsommer herrschen hier oft 3 bis 5 Meter Horizontalsicht, während es im Winter 8 und noch mehr Meter sein können.
Am Steilhang liegen einzelne große Findlinge. Attraktion dieser Einstiegsstelle ist ein Trabant-Limousine-Wrack, das sich inklusive des zugehörigen Handbuches in etwa 8 Meter Tiefe befindet. Je nach Jahreszeit bewohnt entweder ein großer Barsch (Winter) oder ein großer Hecht (Sommer) die scheibenlose Karosse. An diesem Tauchplatz sind bis zu 14 Meter Tiefe zu erreichen und noch mehrere alte Boote auffindbar. Der Pätschsee ist meist recht kühl und klar, weil es sich um ein Gewässer mit Quellaktivität handelt. Das überschüssige Wasser fließt über einen Graben Richtung Plauer See ab.
Der Einstieg II befindet sich in der Nähe des Naturcampings »Zwei Seen«. Hier führt eine Treppe das Steilufer hinunter zum Wasser. Nach Seemitte hin tauchend werden etwa 18 Meter erreicht und in dieser Seeregion liegen die größten Findlinge. Die kleine Bucht rechts von Einstieg ist besonders fisch- und pflanzenreich. Überwiegend wuchern Seerosen, Tausendblätter und Hornblatt. Bis hinunter in 14 Meter Tiefe ist es taghell.
Infos: Tauchbasis 9.

46. Der Peetschsee bei Neu Drosedow

Sie fahren über die B 198 bis Wesenberg und biegen in Ortslage ab Richtung Wustrow am Plätlinsee. Nach dem Passieren großer Stallanlagen geht rechts im spitzen Winkel eine Landstraße nach Neu Drosedow ab. Am nächsten Landwegekreuz fahren Sie nicht hinein nach Neu Drosedow, sondern geradeaus in Richtung des Forstes »Drosedower Tannen« und Peetschsee. Bald sehen Sie das erste Mal das Ufer des Sees. Ein kleiner Pfad führt abwärts zu einer pflanzenfreien, schilfgesäumten Einstiegsstelle.
Der nährstoffreiche Klarwassersee bietet ein düster gelbgrünes Wasser mit 2 bis 6 Metern Sicht. Der Seeboden fällt in Stufen ab, wobei immer wieder silbergraue Mergelschichten von 30 bis 40 Zentimeter Dicke im Profil sichtbar werden. Dieses zähe, nicht nachrutschende Material bevorzugen offenbar Krebse und Aale, um darin Höhlensysteme zu bauen. Von der Schilfzone bis hinunter in 5 Meter Tiefe beobachten wir viele große Barsche und Plötzen, in spärlich vorhandenen Tausendblatt- und Hornblattwiesen kreuzen Ukeleie und Rotfedern.
Die Hechte des Peetschsees stehen oft recht tief, machen sich zwischen den geisterhaft aufragenden Ästen völlig versunkener Bäume nahezu unsichtbar. Der Peetschsee ist reich an Schnecken und Muscheln. Gar nicht selten findet man eigentümlich glatt geschliffene Hölzer wie im Spülsaum von Flüssen und Meeren, die vielleicht einst von slawischen Siedlern bearbeitet wurden. Einheimische Taucher wollen schon Einbäume gesehen haben.
Infos: Tauchbasis 16.

47. Der Große Fürstenseer See

Max. Tiefe 35 Meter, ca. 400 ha, im Nationalpark, bitte ab den offiziellen Badestellen schnorcheln.

Den Neustrelitzer Vorort Strelitz-Alt verlassen Sie auf der Alten Landstraße über teils holprige, feldsteingepflasterte Strecken. Vorbei am linker Hand sichtbar werdenden Domjüchsee folgen Sie der Alten Landstraße etwa in Richtung Südost bis ins Dörfchen Fürstensee. Wenn der Ort schon beinahe gen Wokuhl durchquert ist, sehen Sie links die blinkende Wasserfläche des Großen Fürstenseer Sees und haben rechts auch gleich unter hohen Bäumen den Parkplatz der Badestelle zur Verfügung.
Der wunderbar klare Große Fürstenseer See ist ein so genannter Sandersee, das Wasser ist kalkreich und nährstoffarm. Dieser See ist als Einziger der Region teilweise einer Erholungsnutzung zugänglich, die weiter nördlich liegenden Klarwasserseen können nur noch wandernd besucht werden.
Das frühere Naturschutzgebiet Serrahn, dessen südliche Grenze der Große Fürstenseer See bildet, umfasst einen typischen Abschnitt der so genannten glazialen Serie. Diese Serie bezeichnet die durch das Vordringen des Inlandeises und

Schnorchelabenteuer – Begegnung mit einem Grashecht (oben links).

Pflanzenparadies Fürstensee – riesige Hornblattwiesen (oben rechts).

Junger Blei über unterseeischen Wiesen (rechts).

das Wiederabtauen entstandenen Oberflächenformen wie Grund- und Endmoränen, Gletscherzungenbecken, Sander, Toteishohlformen, Dünen und Urstromtäler. Eine Wanderung kann hier die ganze Seenvielfalt erschließen, die vom gelblichen, stark sauren Moorsee über die noch relativ hoch gelegenen Endmoränenseen bis zu den tiefer liegenden klaren Sanderseen reicht.

Kehren wir zum Großen Fürstenseer See zurück: Es macht Spaß, hier am Badestrand einzusteigen (möglichst außerhalb der Saison) und einfach gerade hinaus zu schnorcheln. Noch unter der großen schwimmenden Steganlage des Strandbades sind die ersten kapitalen Barsche, Junghechte und Weißfischschwärme zu beobachten. Bereits in Ufernähe finden sich in diesem See anspruchsvolle und auch weniger empfindliche Arten wie das Mittlere Nixkraut und das Raue Hornblatt. Großblättrige Laichkrautarten, wie Durchwachsenes und Spiegelndes Laichkraut, die eigentlich nährstoffreicheres Wasser bevorzugen, bilden nur bei etwa 1,5 bis 3 Metern Tiefe einen schmalen Saum.

Eben an dieser Stelle beginnt schon der dichte Bodenbewuchs aus teils kalkbedeckten, zäh zurückfedernden und recht stabilen Armleuchteralgen (z. B. *Chara tomentosa* und *Chara hispida*). Auf den Characeenwiesen liegt häufig der wurzellose »Fleisch fressende« Große Wasserschlauch. Etwa ab 2 Meter Tiefe sprießt da und dort ein zierliches Nixkraut aus dem Characeenteppich. Der Anblick von immer kleiner werdenden Hornblattbüschen begleitet den Taucher, bis die Armleuchteralgen – recht unterschiedlich – bei etwa 6 bis 10 Metern Tiefe an einem schwarzbraunen Mudd enden.

In den Armleuchteralgen versteckt, für Fotografen oft nur nachts auffindbar, leben Aale, Amerikanische Flusskrebse und Schleien. Im Mudd liegen die Welse, die erst in der Dämmerung auf Jagd gehen. Bleie und Plötzen sind ebenso häufig wie der winzige Kaulbarsch oder das unauffällige Moderlieschen.
Im Großen Fürstenseer See lassen sich zahlreiche Süßwasserphänomene beispielhaft beobachten. So etwa entdecken wir vor »leicht gestörten« Seeregionen wie naturbelassenen Badestellen die größte Vielfalt von Wasserpflanzenarten, während in völlig ungestörten Revieren oft nur ein bis zwei submerse Pflanzenarten vor der Schilfzone dominieren.
Exemplarisch ist im Großen Fürstenseer See zu sehen, wie sich Hechte die Wasserpflanzenzone in Reviere »aufteilen« und in der Regel annähernd gleich große Raubfische benachbarte Standplätze bewohnen. Darüber hinaus ist »bilderbuchmäßig« zu beobachten, wie Jungfischschwärme das Spiegellaichkraut als Deckung – gleichsam wie einen lichten Hochwald – benutzen, wo auch die jungen Hechte unter einzelnen Laichkrautblättern versteckt vor größeren Artgenossen leben.
Oft schließen mannshohe »Hornblattwälle« die Zone der submersen Blütenpflanzen zu den Armleuchteralgen oder zum Mudd hin ab. Die verschiedenen Etagen (Mikrohabitate) des kratzigen Rauen Hornblattes haben sich Insektenlarven und Schnecken als vor Fischen relativ geschützten Lebensraum auserkoren.
Der Große Fürstenseer See ist Teil des Müritznationalparks, dennoch sind Berufsfischerei, Angeln und Baden erlaubt. Um das Gerätetauchen gibt es immer wieder Diskussionen. Bitte keine Konfrontation! Gehen Sie im Streitfall schnorcheln, was juristisch dem Baden gleichsteht. Außerdem können Sie immer noch den hübschen Lutowsee nördlich von Wokuhl besuchen.
Infos: Tauchbasis 13.

48. Der Dolgener See zwischen Möllenbeck und Feldberg

Max. Tiefe 25 Meter, 4 km lang, 150 Meter breit.

Schon bei der Anreise ins attraktive Feldberger Seengebiet lässt sich ein recht eigenwilliger See besuchen, der Dolgener See. Wenn Sie von Möllenbeck in Richtung Feldberg fahren, liegt rechts ab das Dörfchen Dolgen. Um den See zu erreichen, durchqueren Sie das Dorf, passieren einen unbeschrankten Bahnübergang und finden nach der Schweinemastanlage links ab die Einfahrt zu einem Feldweg. Ungefähr einen Kilometer weiter erreichen Sie den Parkplatz an der Badestelle des Dorfes.
Bei einem kleinen Steg kann man über Sandgrund einsteigen. Der Dolgener See ist ein tiefer Rinnensee, unterwegs zum nur etwa 150 Meter entfernten anderen Ufer können Sie bis zu 25 Meter tief tauchen. Das verdanken wir der Eiszeit; der Dolgener See war einst eine glaziale Schmelzwasserrinne. Während über der

Feldberg – liebliches Städtchen am Wasser.

Sprungschicht höchstens 5 Meter Sicht herrschen, können es in der »unteren Etage« des Sees locker 15 Meter sein. Doch außer dem »glasklar-finsteren Weltraum-Feeling« ist hier unten nicht viel zu entdecken.
Neben übungsmäßigen tiefen Abstiegen lohnt sich vor allem das Abtauchen der Schilfkante und Pflanzenzone, in der man viele Aale beobachten und schöne Muschelfelder entdecken wird. Wo der Bewuchs bis in 6 Meter Tiefe reicht und an dunkles Sediment angrenzt, hat man gute Chancen, kapitale Karpfen zu sehen. Außerdem gibt es Güstern, Hechte, Kaulbarsche, Kleine Maränen, Schleien und Rotfedern. Wer von der Badestelle rechts weg in Richtung Koldenhof taucht, findet nach etwa 100 Metern ein Wassertreter-Wrack und einige versunkene Bäume. Außerdem sind überall alte »Aalrohre« zu entdecken.
Infos: Tauchbasen 13 und 15.

49. Die Feldberger Seenlandschaft und der Haussee

Max. Tiefe 12 Meter, 136 ha.

Das Relief der Feldberger Region wurde entscheidend durch das so genannte »Pommersche Stadium« der Weichselkaltzeit geformt. Über die Feldmarken Schlicht, Laeven, Mechow und Beenz zieht sich die kuppige Grundmoränenlandschaft hin. Besonders deutlich sichtbare Endmoränenzüge sind die Rosenberge und der Hauptmannsberg.
Die Feldberger Seen liegen in Geländemulden, die einst von verschütteten Toteisblöcken ausgefüllt waren. Nach Abtauen dieses Eises brach der darüberliegende Moränenschutt ein und die Kessel füllten sich mit Grundwasser. Man nennt die Seen auch Himmelsseen, weil sie keinerlei oberirdische Zuflüsse haben. Das Wasser der Seen, deren Speisung nur durch Grundwasser und Regen erfolgen kann, hat nach Berechnungen des Naturforschers Reinhard Barby eine Verweilzeit von 15 bis 20 Jahren – was schon viel über die anhaltende Wirkung kleinster Verunreinigungen aussagt.
Die Seen sind meist mesotrophe Klarwasserseen. Das ist vor allem auf zwei Fakten zurückzuführen: Einerseits ist die Landwirtschaft auf lehmig-steinigen Grund-

moränen, steilen Endmoränen und Sandern nicht besonders einträglich. Andererseits wurden – vor allem auf den Druck von Laienlimnologen und Naturschützern hin – schon zu DDR-Zeiten Maßnahmen ergriffen, die Seen zu erhalten und sich zum Beispiel unmittelbar an den Seen auf Schafzucht zu beschränken.
Die Seen hängen alle miteinander zusammen. Der Breite Luzin, der Lütte See, der Haussee und der Schmale Luzin bilden die Oberen Seen mit einem einheitlichen Wasserstand. Der Wasserspiegel der Unteren Seen liegt 30 Zentimeter tiefer. Zu diesen gehören Carwitzer See, Zansen, Dreetz und Wootzen. Über »die Bäk«, ein kaum von Paddelbooten befahrbares Kanälchen, strömt Wasser aus den Oberen in die Unteren Seen.
Das Wasser der Feldberger Himmelsseen fließt über eine Versickerung vom Dreetz zum 9,5 Meter tiefer liegenden Krüselinsee und von da über die Havel und die Elbe in die Nordsee. Im Jahre 1578 wurde im Bereich der Isernpurt am Carwitzer See eine künstliche Wasserscheide zwischen Nord- und Ostsee geschaffen, denn die Wasser des Carwitzer Sees können ebenso über den Dreetz zur Nordsee als auch über Mellensee und Uecker zur Ostsee abfließen.

»Wenn ein Flieger über diesen Teil des Mecklenburger Landes fliegt, so sieht er Wälder und Seen, Seen und Wälder. Kaum ein Feld, kaum Wiese, kaum ein Haus. Toteneinsamkeit. Das Ende der Welt . . .«
Hans Fallada, »Wir hatten mal ein Kind«

Der Haussee: Den schönsten Blick über den Haussee bietet der Aussichtspunkt Reiherberg. Der See entwickelt sich nach Jahren der Undurchsichtigkeit zu einem eutrophen Klarwassersee. Vor allem in der Nordbucht zwischen Ziegenberg und Hüttenberg sind artenreiche Pflanzengürtel gewachsen, die von Durchwachsenem und Stachelspitzigem Laichkraut, Hornblatt, Ährigem Tausendblatt und Wasserpest dominiert werden. Teichfaden und Kammlaichkraut verweisen jedoch noch immer auf einen hohen Nährstoffgehalt des Sees.
In der Nähe der stark von Kalmus und Ästigem Igelkolben durchsetzten Schilfzone lassen sich zahlreiche Bleie, Aale und Plötzen beobachten. Eingesetzte Gras- und Marmorkarpfen schätzen die dichten Wasserpflanzen. Oberhalb der Sprungschicht sind Güstern, Kaulbarsche, Gründlinge und Rotfedern zu finden, während Quappen im Sommer gern in der Sprungschicht des Wasserkörpers den Tag verbringen.
Besonders schöne Tauch- oder vielmehr Schnorchelplätze finden wir rund um die Inseln im Haussee. Vom Seeufer aus nicht zu ertauchen, kann man jedoch leicht hierher paddeln und dann schnorcheln gehen. Belohnt wird man mit dem Anblick von wunderschönen mannshohen Wasserpflanzenwiesen und Seerosenfeldern.
Im Haussee sind die Möglichkeiten für Zanderbeobachtungen besonders günstig, weil der See infolge von Biomanipulationsmaßnahmen einen stark erhöhten Zanderbestand hat. Dafür sollte man Nachttauchgänge um den Amtswerder, am

Südostufer oder in der Nähe des Luzin-Kanals erwägen. Der Haussee bietet dem Makrofotografen handgroße Teichmuscheln und nahezu 30 Wasserschneckenarten. **Infos: Tauchbasen 13 und 15.**

50. Die Feldberger Seen – Der Sprockfitz

Max. Tiefe 9,0 Meter, 15 ha.

Etwa 1,5 Kilometer von Feldberg, unmittelbar an der Straße nach Neustrelitz gelegen, finden wir einen der seltsamsten Seen Mecklenburgs – den Sprockfitz. Der See kann bis zu 9 Meter Maximaltiefe haben, bisweilen aber auch nur noch 3 Meter. Der seltsame See unterliegt großen Wasserstandsschwankungen, die in einem Karstgebiet nicht verwunderlich wären, im Hinterland einer eiszeitlichen Endmoräne jedoch bis heute nicht zweifelsfrei zu erklären sind.
Der Sprockfitz erhält einen geringen Wasserzulauf aus dem 2 Kilometer langen Staugraben, der nahe liegende Mulden entwässert. Das Steigen und Fallen des Seespiegels wird schon seit 1816 beobachtet und festgehalten, dennoch ist noch keine zwingende Abhängigkeit von Jahreszeiten oder Niederschlagsmengen festgestellt worden.
Eine gesicherte Tatsache scheint lediglich zu sein, dass die extremen Tiefstände des Wassers immer relativ kurz nach ungewöhnlichem Hochwasser (bisweilen bis fast an die Landstraße heran) geschehen. Vielleicht öffnen sich bei hohem Wasserdruck auf den Seeboden normalerweise dicht verschlossene Versickerungsschichten.
Der etwa einen Kilometer lange See ist in drei Becken unterteilt, die bei Wassertiefststand drei getrennte Restmulden bilden. Ein Tauchgang im Sprockfitz ist mehr etwas für Pflanzenliebhaber, denn die Horizontalsicht ist ganz im Gegensatz zu den anderen Feldberger Seen meist nicht so gut. Am des Öfteren trockenfallenden Seeboden haben sich seltene Zwergbinsen und Kriechrasen angesiedelt.
Im nördlichsten Becken sind alljährlich Graslaichkraut, Nadelsumpfsimsen und wenige Armleuchteralgen zu bewundern, während im schlammigen Südteil eher Wasserhahnenfuß, Wasserfeder und Wasserknöterich gedeihen. Die Unterwasserflora des Sprockfitz ist für die Mecklenburger Seen einmalig; ähnliche Pflanzengemeinschaften finden sich sonst nur in künstlichen, aktiv bewirtschafteten Teichen.
Der Sprockfitz war ehemals nährstoffarm und klar und hatte eine Unterwasservegetation mit Strandling und sehr seltenen Characeen. Davon finden sich aber nur noch ein paar spärliche Restbestände im sandigen Nordbecken.
Der heute schon recht nährstoffreiche Sprockfitz, der in warmen Sommern schnell einmal aus drei flachen, trüben und sehr warmen Weihern bestehen kann, ist für Fische beinahe ein Extrembiotop. Vor allem Karausche und Schleie, denen niedrige Sauerstoffwerte des Wassers nichts ausmachen, leben hier gut. Aber es gibt auch Hechte, Ukeleie, Rotfedern, Gründlinge und Plötzen. Außerdem beobachten wir Amerikanische Flusskrebse und mehrere Schneckenarten.

Rund um den Sprockfitz stehen malerische Silberweiden, die bei Überflutung aus dem Stamm wie aus Zweigen heraus Wasserwurzeln bilden können. Die der Atmung dienenden Gebilde schwimmen auf dem Wasser und sterben nach Trockenfallen ab. Im Volksmund werden die Wurzeln »Wasserbärte« geheißen. Ihr oberer Ansatz dokumentiert noch lange Zeit den Pegel des Hochwassers.
Infos: Tauchbasen 13 und 15.

51. Die Feldberger Seen – Der Breite Luzin

Max. Tiefe 58,5 Meter, 335 ha.

Der Breite Luzin gilt als die Perle der Feldberger Seen. Er fand nicht allein in Hans Falladas Büchern Erwähnung, er war auch gemeinsam mit dem Schmalen Luzin bevorzugtes Untersuchungsobjekt von August Thienemann. Der Biologe August Thienemann, der die Feldberger Gewässer um 1924 intensiv untersuchte, gilt heute als einer der Begründer der Limnologie als Wissenschaft von den Binnengewässern als Ökosystem. Er verfasste »Die Binnengewässer in Natur und Kultur« und weitere bedeutende limnologische Bücher. Über den Namen Luzin ist in der Feldberger Ortschronik überliefert, dass einst wissbegierige Menschen die Seetiefe zu messen versuchten. Da rief ihnen eine geisterhafte Stimme von unten her zu: »Lat sin, lat sin!«

Tauchregelungen: In Abstimmung mit den Naturschutzbehörden soll das Tauchen im Breiten Luzin, im Schmalen Luzin, im Zansen, Carwitzer See und dem Dreetz bei den Tauchbasen der Region angemeldet werden. Die Anzahl der Taucher ist limitiert. Im Krüselin ist derzeit das Gerätetauchen untersagt.

Der Breite Luzin: hat seine mit 58,5 Metern größte Tiefe etwa unterhalb des Schapwaschberges, gar nicht weit vom Ufer. Man muss sich nur vorstellen, dass die an Land sichtbaren kleinen Berge unter Wasser einfach genauso steil weiter abfallen ... Mit 1,8 Kilometern Breite und 4 Kilometern Länge ist der Breite Luzin das größte Wasserbecken der Feldberger Seenlandschaft.
Im Südteil ist der See oft nur um 15 Meter tief. Infolge der Zooplanktonentwicklung kann die Sicht im eigentlich sehr klaren Wasser zumindest oberhalb der Sprungschicht stark schwanken und etwa 4 bis 10 Meter im Jahresgang betragen. Durch die Größe der Wasserfläche kann es auch zu seegangsbedingten Sichtbeeinträchtigungen kommen.
Am Nordufer des Sees gedeihen am Gewässerboden ausgedehnte Armleuchteralgenwiesen. Zwischen diesen siedeln im flachen Wasser verschiedene Laichkräuter, etwas tiefer werden Characeenformationen von Hornblatt und vereinzelten Krebsscheren unterbrochen. Zuweilen findet man Tannenwedel. Im bis in relativ große Tiefe durchlichteten Breiten Luzin endet der Pflanzenwuchs, regional unterschiedlich, in etwa 6 bis 9 Metern Tiefe. Am reichsten bewachsen ist derzeit

In den Tiefen des Breiten Luzins schwimmen kleine Maränen in die Stellnetze des Fischers (oben links).

Moostierchen-Kolonien bestehen aus tausenden winziger Polypen (oben rechts).

Versunkene Buchen mit riesigen Süßwasserschwämmen sind das Markenzeichen des Schmalen Luzins (unten links).

Utrikel oder Fangblasen des Wasserschlauches mit erbeuteten Wassermilben, im Maßstab 2:1 fotografiert (unten rechts).

das Westufer, wo wir auch viele Laichkräuter und Wassermoose finden. Durch die Photosynthese der Pflanzen wird dem Wasser eine große Menge Kohlensäure entzogen. Wegen dieser »Störung« des Kohlensäuregleichgewichtes im Wasser kommt es – vor allem im Juni und Juli – zur Ausfällung von Kalzitkristallen. Dieser hochwirksame natürliche Selbstreinigungsprozess führt zeitweise zu milchiger Trübe des Seewassers, befördert aber eine Menge gelöste und partikuläre Nährstoffe hinab in das Sediment des Sees. Während einer solchen Fällungsreaktion können bis zu 15 Tonnen Kalziumkarbonat im Breiten Luzin verteilt sein.

Neben Plötze, Rotfeder, Blei, Barsch, Hecht, Güster, Karausche und Kaulbarsch lebt im Breiten Luzin auch die Kleine Maräne. Die silbrig-glänzenden Heringsartigen mit Fettflosse sind sehr sauerstoffbedürftige Tiefenwasserfische, die im Breiten Luzin ausgezeichnete Bedingungen vorfinden. Die scheuen Fische leben

bevorzugt im Freiwasser in großen Tiefen, ihre Unterwasserbeobachtung gestaltet sich schwierig, selbst Schwarmaufnahmen sind als Glücksfall zu werten. Lediglich die Jungfische dieser Art findet man mitunter auch an der Scharkante des steil abfallenden Ufers, oft knapp unter der Sprungschicht.
Die Laichzeit der Kleinen Maräne liegt im November bis Dezember, etwa dann, wenn der Wasserkörper des Sees gleichmäßige 4 °Celsius hat und sich in Zirkulation befindet. Die Laichplätze befinden sich in 4 bis 10 Metern Tiefe.
Durch den Biologen Thienemann wurde im Breiten Luzin erstmals eine Rasse oder Unterart der Kleinen Maräne festgestellt. Diese kurz als Tiefenmaräne – oder von den Einheimischen als »Quietschböker« – bezeichnete Form des Fisches erhielt den umständlichen wissenschaftlichen Namen *Coregonus albula lucinensis Thienemann*. Der Name »Quietschböker« geht auf die beim raschen Aufholen von Netzen herausquellende Schwimmblase der Luzinmaränen zurück, die den Druckausgleich nicht so rasch vornehmen können.
Der eigenartige Fisch laicht im Gegensatz zur Normal- oder Nominatform der Kleinen Maräne erst im Mai und Juni, sodass eine Vermischung der beiden »Unterarten« aufgrund der weit auseinander gedrifteten Laichzeiten kaum noch möglich ist. Außerdem scheint die Tiefenmaräne auch Laichplätze in mehr als 20 Metern Tiefe zu bevorzugen, sodass auch in Sachen Laichplätze eine deutliche Trennung stattgefunden hat. Die Tiefenmaränen leben nicht nur ständig tiefer als die zahlreicheren Schwärme der Kleinen Maräne, die beiden Formen unterscheiden sich auch im Körperbau schon deutlich.
Möglicherweise haben wir hier den gegenwärtig ablaufenden Prozess einer Differenzierung in zwei Arten vor uns. Viele Unterscheidungsmerkmale lassen sich jedoch nur durch direkten Vergleich ermitteln beziehungsweise mit wissenschaftlichen Methoden feststellen. Dem interessierten Taucher sei berichtet, dass die Tiefenmaräne besonders durch einen relativ schmalen, großen Kopf auffällt, dass ihre Bauchflossen ungewöhnlich dicht bis an den After heranreichen und der Körper insgesamt (von der Seite betrachtet) höher und bauchiger ist als der der Kleinen Maräne.
Der Breite Luzin hat noch weitere Kostbarkeiten zu bieten. Beispielsweise ernähren sich die verschiedenen Maränen zu einem großen Teil von Tieren, die man landläufig als Wasserflöhe oder Kleinkrebse bezeichnet. Im Breiten Luzin ist dabei einer dieser Krebse von überragender Bedeutung als Fischnährtier, der so genannte Reliktenkrebs (*Mysis oculata f. relicta Lovèn*). Dieses Tier kommt in sehr wenigen Seen vor, es stammt aus arktischen Brackwassergebieten und kann nur über zwischeneiszeitliche Stauseen ins Binnenland gelangt sein. Das Krebschen lebt im Sommer in großen Tiefen und im Spätherbst mehr in Oberflächennähe. Der Reliktenkrebs kann im Süßwasser bis zu 25 Millimeter lang werden.
Auch über die Hechte des Breiten Luzins wird Ungewöhnliches berichtet: Im Verhältnis zu nur moderatem Gewicht sind Luzinhechte besonders schlank und lang, regelrecht ideal geformte Schnellschwimmer. Kenner erklären das damit,

dass die Hechte im Breiten Luzin unter anderem die schnellen Kleinen Maränen jagen und daher über »besondere Fitness als Sprinter« verfügen müssen.
Während den Reliktenkrebs meist nur engagierte Naturfreunde zu sehen bekommen, die auf ihren Expeditionen auch um Planktonnetz und eine starke Lupe nicht verlegen sind, ist die nächste Rarität mehr ein »Fall« für ein Makroobjektiv von 50 bis 100 mm Brennweite. Im Breiten Luzin lebt eine kleine Population der Ostgroppe, eines kleinen, etwa bis 15 Zentimeter langen Grundfisches. Die Ostgroppe hat im Vergleich zur eng verwandten »Bergbachfischart« Westgroppe mehr nach den Körperseiten zu liegende Augen. Außerdem sind die Bauchflossen der Ostgroppe mit 5 bis 10 schwarzen Querbinden geschmückt, die der Westgroppe hingegen farblos.
Die Ostgroppe schwimmt nur stoßweise und unbeholfen, denn die Groppen haben als typische Grundfische keine Schwimmblase zum Tarieren. Sollten Sie sich auf Groppensuche begeben, nicht verzagen, irgendwo im Bereich von 0,5 bis 20 Metern Tiefe finden Sie sicher eine, wenn Sie sich auf die charakteristische Tarnfärbung eingestellt haben. Einzelne Groppen lassen sich auch am Tage beobachten, die meisten sind jedoch nachtaktiv.
Hin und wieder lassen sich im Breiten Luzin auch Edelkrebse fotografieren, allerdings kann von einer dichten Besiedelung hier nicht die Rede sein. Weite Uferstrecken des Breiten Luzins können (oder sollen aus Naturschutzgründen) per Auto nicht erreicht werden. Mit Rücksicht darauf können hier als geeignete Taucheinstiege die Uferabschnitte unterhalb des Hüttenberges (zwei Parkplätze) sowie die Badestelle vor dem Campingplatz unterhalb des Scholverberges genannt werden. Von hier aus sollten auch Exkursionen per gepaddeltem Schlauchboot starten. Bitte beachten Sie, dass auf allen Feldberger Seen Verbrennungsmotoren verboten sind.
Infos: Tauchbasen 13, 15 und 69.

52. Die Feldberger Seen – Der Schmale Luzin

Max. Tiefe 34 Meter, mittlere Tiefe 14 Meter, 6 km lang, 75 bis 300 Meter breit, 140 ha.

Der Schmale Luzin zieht sich flussartig zwischen mit Findlingen besetzten, dadurch regelrecht felsig wirkenden Ufern hin. Die Uferhänge steigen steil an, sehr steil, und sind dicht bewachsen. Auf der Feldberger Seite dominiert buschartiger Niederwald mit Hainbuchen, Winterlinden, Vogelkirschen und Ebereschen, auf der Seite des Hullerbuschs wächst ein stattlicher hundertjähriger Buchenhochwald. Über das Westufer von Zansen und Carwitzer See, so etwa vom Hullerbusch über den Hauptmannsberg bis hin zum Bohnenwerder, könnte man eigenständige Geschichten schreiben. Die liebevollste Schilderung dieses Landstriches finden Sie in Falladas Kindererzählung »Fridolin, der freche Dachs«.

Auch der Schmale Luzin ist sehr klar und ein lohnendes Tauchgewässer. Für das Tauchen benötigt man eine kostenpflichtige Genehmigung des Staatlichen Amtes für Umwelt und Naturschutz, die bei den Tauchbasen erworben werden kann. Derzeit können pro Tag insgesamt nur 60 Tauchgänge durchgeführt werden.
Die Arten Tiefenmaräne, Ostgroppe und Reliktenkrebs waren hier ebenso wie im Breiten Luzin festgestellt worden, sind jedoch kaum noch aufzufinden. Das hat seinen Grund darin, dass früher verunreinigtes Wasser vom Haussee über den Seerosenkanal direkt in den Schmalen Luzin gelangen konnte. Dieser Kanal wurde auf Betreiben von Naturschützern durch einen Erddamm geschlossen, sodass sich die Verhältnisse im Schmalen Luzin stabilisierten und weiter verbessern konnten. Der Schmale Luzin ist etwa 6 Kilometer lang und 150 bis 300 Meter breit, an einer »das Schmal« benannten Engstelle gehen die Ufer sogar auf 75 Meter zusammen. Der fischreiche Schmale Luzin hat nur eine schüttere Makrophytenzone, weil die submersen Wasserpflanzen auf dem steil in die Tiefe fallenden Grund nur wenig Raum haben. Im Nordteil überwiegen derzeit Spiegellaichkraut, Durchwachsenes Laichkraut und Stachelspitziges Laichkraut, im Süden besteht der Bewuchs vor allem aus Characeen bis hinunter in 6 Meter Tiefe. Vereinzelt trifft man auf Hornblatt und Ähriges Tausendblatt. Hier wachsen auch Sumpf- und Schnabelseggen im Flachwasser.
Im Südbecken, schon nahe an Carwitz, erreicht der Schmale Luzin seine größte Tiefe mit 34 Metern. Der Schmale Luzin steht vollständig unter Naturschutz. Die Auswahl der Tauchplätze sollte danach erfolgen, wohin man mit dem Auto ohne Übertreten von Verboten fahren kann. Beispielsweise könnte man unterhalb von Carwitz im Südbecken tauchen oder das Auto am Fahrweg über den Hullerbusch nach Wittenhagen abstellen und sehr steilen Pfaden folgend den Nordteil des Schmalen Luzins erreichen. Offizielle Einstiege für das Gerätetauchen sind derzeit der Badestrand Carwitz und die Fähre Luzinhalle.

Badestelle Carwitz: Von Feldberg nach Carwitz fahren, gleich nach dem Ortseingang wird ein kleiner Kreisverkehr erreicht, links unten ist schon die Wiese der Badestelle mit Parkmöglichkeit rechts zu sehen. Markanter Punkt: eine alte Mühle.

Das Schmal: Ein weiterer Parkplatz besteht an der als »das Schmal« bezeichneten Seeregion. Die Alternative zum Gerätetauchen kann jederzeit Paddeln und Schnorcheln sein. Vor allem in der Nähe des »Schmals« beobachten wir ungeheuer große Süßwasserschwammkolonien an Althölzern, die sich ebenso wie gewaltige Hechte leicht schnorchelnd beobachten lassen. Die unter Wasser liegenden Blockfelder am Ostufer sind Heimstatt für Edelkrebse und Aale.

Fähre Luzinhalle: Vom Kreisverkehr Feldberg in Richtung Luzinklinik fahren. An der Klinik vorbei links halten und auf dem unbefestigten Luzinweg zur Luzinhalle fahren. Der Parkplatz befindet sich weit oberhalb des Sees und es sind

laut Beschilderung 105 Natursteinstufen bis zum kühlenden Nass zu überwinden, eine echte Leistung etwa im Hochsommer mit Trockenanzug. Manche Taucher schwören, es seien ja (bloß gut!) »nur« 104 Stufen ...
Vor der Luzinhalle sind leicht 30 Meter Tiefe zu erreichen, doch die schönsten Natur-Impressionen bieten wie so oft Schnorcheltiefen mit Schilfzonen voller Fisch, versunkenen Riesenbuchen, Muscheln, eiszeitlichen Findlingen am Unterwasserhang und einem malerischen Kahn. Doch auch für Gerätetaucher ist es spannend: Vor allem, wenn man seewärts blickend nach rechts, unter dem Stahlseil der Fähre weg taucht und in Tiefen von 4 bis 10 Meter gewaltige versunkene Bäume und nach einiger Schwimmstrecke einen besonders beeindruckenden Steinhang voller Findlinge, ja mit regelrechten Steinkugeln findet. Südlich der Fähre kann man noch den Tauchplatz Ziegenwiese aufsuchen, der Ähnliches bietet.
Infos: Tauchbasen 13, 15 und 71.

53. Die Feldberger Seen – Das Scharteisen bei Wittenhagen

Max. Tiefe 31 Meter.

Zwischen sanften, eiszeitlich überformten Hügeln befindet sich bei Wittenhagen das Scharteisen. Dieser kreisrunde See ist allein über Feldwege erreichbar. Südöstlich des Sees kann man parken. In der Nähe von einigen Metallbooten kann man einsteigen. Rechts vom Einstieg liegt in 7 Meter Tiefe ein altes Boot. Wenn man jedoch links weg in Richtung Schilfgürtel taucht, findet man bei oberflächlich meist sehr bescheidener Sicht das dreizöllige Rohr, das einst zum Bewässern der umliegenden landwirtschaftlichen Flächen diente. Der Scharteisensee diente lange als Viehtränke und hat deshalb allerhand Nährstoff-Einträge erhalten.
Dem Rohr kann man in Tiefen von 20 bis 28 Meter folgen. Dabei ist leicht zu sehen, dass dieser See überall steil abfallende Ufer hat, respektive wie ein ziemlich runder Trichter oder ein Erdfallsee geformt ist. Tiefer als 10 Meter sind durchaus Sichtweiten von 5 bis 10 Meter zu erwarten, jedoch herrscht hier »ewige Nacht« und eine starke Lampe ist notwendig, um die düstere Unterwelt des Scharteisens mit veralgten Ästen und Bäumen »erschauernd genießen« zu können. Trotz der

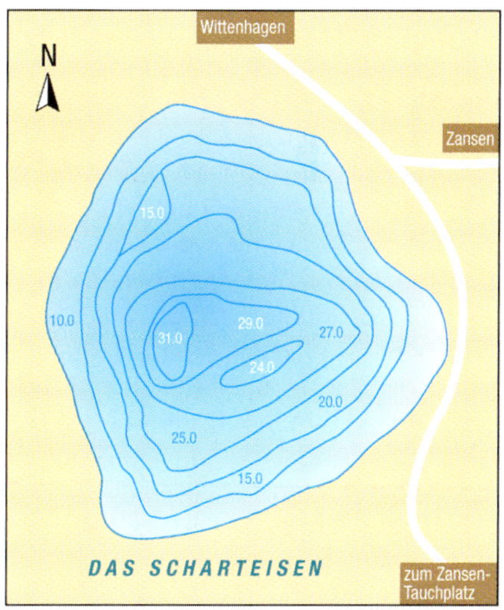

Tiefenkarte des Scharteisens. (nach Richter, 1965)

Steilhänge, die man hinunterrutschen zu können meint, liegen immer wieder Findlinge am Hang. Bei mäßiger Sicht kann man im Scharteisen Hecht, Barsch, Schlei, Aal und Plötze beobachten.
Infos: Tauchbasen 13, 15 und 69.

54. Die Feldberger Seen – Der Zansen

Max. Tiefe des Zansens 41 Meter, 4 km lang, 300-400 Meter breit, 188 ha.

Der Zansen wird als eigenständiger See betrachtet, auch wenn er eigentlich »nur« eine riesige Nordbucht des Carwitzer Sees darstellt. Seine südliche Abgrenzung zum Carwitzer See bilden die drei Inseln Jägerwerder, Gänsewerder und Steinwerder. Gar nicht weit von Wittenhagen und dem Scharteisen, über Landstege weiter gen Süden fahrend, erreicht man zunächst auf einem Hügel die Stallgebäude der hiesigen Schafzucht. Hinter diesen, wieder halb links zum Zansen abwärts blickend, finden Sie einen herrlich stillen Tauch- und Lagerplatz. Eine auf der Karte sichtbare Landspitze, ja ein regelrechtes kleines Kap, teilt hier den Zansen in zwei Becken. Nördlich dieser Landspitze kommen Sie zum beschriebenen Ort, der schon seit Jahren einige Freunde der Einsamkeit anzieht. Auch eine Feuerstelle ist erkennbar.
Das Tauchen im Zansen macht Freude. Die Sichtweiten liegen oft bei 5 Metern. Wenn Sie durchs klare Wasser abwärts schwimmen, müssen Sie zunächst vorsichtig bis zu 3 Meter hohe Laichkrautwälder umtauchen. Diese Pflanzenbestände sind licht, Sie werden immer »Gänge« zum Durchtauchen finden, ohne hängen zu bleiben. Die hohen Laichkräuter, besonders Spiegelndes und Glanzlaichkraut, sind vor allem im Gegenlicht ein grafisches Fotomotiv. Interessant ist auch ihre Besiedelung mit Kleintieren. Characeenrasen können bis in 6 Meter Tiefe reichen.
Wenn Sie ab etwa 3 bis 4 Meter Wassertiefe die Zone der Laichkräuter verlassen, wird am Seeboden das Raue Hornblatt absolut dominant. Das Hornblatt wächst hier bis zu einem Meter hoch! Im sandigen Boden stecken immer wieder große Teichmuscheln, viele der durch die Eiszeitvorgänge hierhergebrachten skandinavischen Granitkugeln haben sich zu Dreissena-Muschelbänken entwickelt.
Zwischen den Pflanzen flimmern geradezu große Weißfischschwärme in der Sonne, gewaltige Hechte stehen »gelangweilt« in Kraut, junge Barsche umschwärmen die Hornblattbüschel. Der 4 km lange Zansen ist bekannt dafür, dass man in seinen Pflanzenwäldern sommers Schulen von 50 bis 60 Schleien beobachten kann, die hier gelassen gründeln.
Etwa in 6 bis 8 Meter Tiefe endet der Pflanzenwuchs im Zansen, schlagartig beginnt eine Grundbedeckung mit Sand und leeren Molluskengehäusen, weiter unten geht der Sand in feines Sediment über. Bisweilen findet man in 8 bis 10 Meter Tiefe auch die Seeballteppichgesellschaft mit der markanten Algenformation *Cladophora aegagrophila*. Auch im Zansen leben Kleine Maränen. Tipp: Am

Nordostufer vom Gelände der dortigen Fischerei tauchen, die Genehmigung ist beim Fischer selbst einzuholen.
Infos: Tauchbasis 15.

55. Die Feldberger Seen – Der Carwitzer See

Max. Tiefe 35 Meter, mittlere Tiefe 10 Meter, 397 ha.

Der Carwitzer See ist der größte der Feldberger Seen. Er hat mehrere tiefe Becken, was auf eine Entstehung aus dem Lager mehrerer eiszeitlicher Toteisblöcke hindeutet. Die tiefste Stelle liegt im Südbecken vor Thomsdorf.
Direkt unterhalb des Basissteges finden Sie eine Ausbildungsplattform. In den Flachwasserbereichen vor der geschlossenen und hochwüchsigen Schilfzone sind zahlreiche submerse Wasserpflanzenarten wie Hornblatt, Kamm-, Spiegel- und Durchwachsenes Laichkraut sowie Teichfaden zu bewundern. Mit Glück kann man Bisamratte und Fischotter beobachten, am ehesten in der Dämmerung.
Im Carwitzer See sind in erster Linie Aale, Barsche, Hechte Plötzen und – schwieriger – Maränen zu sehen. Außerdem sichten wir immer wieder Regenbogenforellen, die von der früheren Intensivhaltung übrig geblieben sein mögen.
Auf den fünf Inseln und Halbinseln des Carwitzer Sees hat es verschiedene slawische Ansiedlungen gegeben, die teilweise durch Brücken verbunden waren. Deshalb wird man sicher auch davon noch Pfahlwerk besichtigen können. Die Inseln Kohlwerder und Conower Werder mit ihren Findlingssteilhängen werden zum Tauchen regelmäßig per Elektroboot angefahren. Detaillierte Hinweise zum Carwitzer See bekommen Sie von der Tauchbasis Tauros, die hier seit Jahren ansässig ist.
Infos: Tauchbasis 15.

56. Die Feldberger Seen - Der Dreetz mit Kätelkuhl

Max. Tiefe 10 Meter, mittlere Tiefe 5 Meter, 76 ha.

Dreetz und Krüselin werden meist vom Campingplatz bei Thomsdorf aus betaucht. Von dort ist in beide Seen ein pflanzenschonender Einstieg über Sandboden möglich. Der Dreetz wie auch der Krüselin sind herrlich bewachsene schützenswerte Seen, die in biologischer und geologischer Hinsicht viele Kostbarkeiten bergen. Deshalb sollte unbedingt darauf verzichtet werden, an allen möglichen und unmöglichen Stellen bis an die Seeufer zu fahren. Am Dreetz gibt es einen Aluminiumsteg und zwei Ausbildungsplattformen in 2 und 6 Meter Tiefe.
Ohne große Fahrwege können Sie von der Tauchbasis auf dem Campingplatz Thomsdorf aus beide anliegenden Seen betauchen und Paddel-Bootstouren starten. Der heutige Zeltplatz mag vielleicht einst Schauplatz von Falladas Geschichte »Gute Krüseliner Wiese rechts« gewesen sein. Der Dreetz ist das Paradies der

Armleuchteralgen, man taucht und taucht über nicht enden wollende Flächen. Außerdem schmücken diesen See Gewächse wie Wechselblütiges Tausendblatt, Graslaichkraut und Glanzlaichkraut. Bei Feldberg findet man nur noch im Dreetz den vom Aussterben bedrohten Strandling, eine unscheinbare, völlig getaucht wachsende Pflanze. Wenn das Interesse auf der Betrachtung von Wasserpflanzen liegt, empfiehlt sich eine Schnorchelrunde durch die malerisch bewachsene Schapwaschbucht. Dieser Name rührt vom »Schafe waschen« her. Die Tiere wurden hier einst vor dem Scheren im See gewaschen.

Wenn Sie im Dreetz die schier endlosen, sanft gewellten »grünen Wiesen« abtauchen, werden Sie am Tage nur wenige Fische zu sehen bekommen. Höchstens ein paar Barsche, die Ukeleien nachjagen. Alle anderen Fische stehen im Kraut und liegen erst nachts auf den Pflanzenteppichen. Wenige, dafür aber sehr große Karpfen weiden dann im Sediment. Nachts bietet sich zudem die Gelegenheit, die scheuen Güstern, Rotfedern und Bleie zu porträtieren. Aufgrund der reichen Pflanzenvorkommen ist der Dreetz ein optimales Gewässer für Schleien. Die Schilfkanten hingegen sind im Sommer oft fischleer, denn die Hechte stehen fast alle dicht über dem Grund oder den Characeen. Im Dreetz leben Edelkrebse und eine bemerkenswerte Vielfalt seltener Wasserschneckenarten. Selten einmal sieht man Welse.

Bemerkenswerte Eigenart des Dreetz sind die so genannten Kunkel. Kunkel ist ein Wort vom Niederrhein aus dem 13. Jahrhundert und bedeutet Kolk. Die Kunkel sind runde Ausspülungen im Steilhang des Seeufers, die aus der Späteiszeit stammen. Man muss sich vorstellen, dass damals ein riesiger Eisklotz das heutige Seebecken des Dreetz ausfüllte und an mehreren Stellen heftige Schmelzwasserbäche seitlich am Eisklotz herunterflossen oder -stürzten. Diese spülten an neun Stellen rund um den Dreetz solche Kunkel aus, die in ihren winzigen eigenen Becken jeweils tiefer sind als ihre eingeschnürte Verbindung zum eigentlichen See. Ein jeder Kunkel sieht etwa aus wie ein kreisrunder Teich neben dem See, mit einem Verbindungskanal dorthin.

In der Nähe unseres Zeltplatzes befinden sich zwei deutlich erkennbare Kunkel. Das Wiesenkunkel ist leider durch den Einbau eines Bootssteges beeinträchtigt und verändert worden. Das etwas nordöstlicher liegende Rosenkunkel bietet noch das typische Bild dieser pleistozänen Erscheinung. Beim Rosenkunkel ist die linke Seite der Einschnürung spitz ausgezogen. Im Rosenkunkel hat eine heftige, durch untergetauchte Wasseraloen begünstigte Verlandung eingesetzt.

Wenn Sie auf einem Tagestauchgang im Dreetz nur relativ wenige Fische finden, könnten Sie sich der Pflanzenfotografie zuwenden. Recht schnell werden Sie auf Tausendblatt zahlreiche Süßwasserpolypen oder die mit einem herrlichen Rot zum pflanzlichen Grün kontrastierenden Wassermilben entdecken. Hier empfiehlt sich aber schon ein bis 1:1 fokussierbares Makroobjektiv oder eine Spezialoptik à la Zörkendörfer. Auch Graslaichkraut, Hornblatt und Dreissena-Muscheln sind dankbare Motive.

Makroparadies Kätekuhl – Winzige Turmschnecken und mehrere Zentimeter große Sumpfdeckenschnecken beweiden versunkene Blätter (oben links).

Im Dreetz wächst der seltene Strandling im Flachwasserbereich (unten links).

Am Schnorchelplatz Schapwaschbucht im Dreetz kann man beispielhaft sehen, wie Krebsscheren oder Wasseraloen allmählich mehrere »Pflanzenetagen« übereinander bilden und zur Verlandung von Seen beitragen (rechts).

Richtige Makrofreaks sollten die Kätelkuhl aufsuchen, die auch einmal Kunkel gewesen sein mag. Der etwa 2,5 Meter flache Teich ist durch einen schmalen Graben mit dem Dreetz verbunden. Geringe Mengen Wasser laufen ständig vom Dreetz zur Kätelkuhl, ohne dass dort jemals der Wasserstand zunimmt. Sicher versickert auch hier Wasser in Richtung Krüselin.
Die Kätelkuhl ist von Binsen und Wasserschwertlilien umstanden, ein großer Teil ihrer Wasserfläche wird von Seerosenblättern, Schwimmendem Laichkraut und Wasserknöterich bedeckt. Im Pflanzenteppich an der Oberfläche schwimmen sogar einige kleine Krebsscheren. Das Pflanzen- und Algengewirr im Mittelteil der Kätelkuhl ist so dicht, dass man nicht hindurchtauchen oder -schwimmen könnte. Aber das ist auch nicht nötig. Für einen Film voller herrlicher Makroaufnahmen genügt es, zwischen Ufer und zentralem Pflanzenurwald eine Runde in der Kätelkuhl zu tauchen. Sie werden so viele Makromotive entdecken, dass der Film zu Ende ist, noch ehe Sie die Kätelkuhl umrundet haben.

In der Kätelkuhl bietet sich dem Betrachter ein irres Gewimmel kleiner Organismen dar. Da flitzen verschiedene Wasserkäfer hin und her, dort glänzt an einem Stein ein Rückenschwimmer, in Algen krabbeln Legionen von Wassermilben, Süßwasserpolypen recken sich überall, an jedem Halm sitzen etliche Schnecken, von der Ohrschlammschnecke bis zur Sumpfdeckelschnecke. Wohin das Auge blickt, pulsierendes Leben - filtrierende Muscheln, huschende Stichlinge, eine Plattbauchlibellenlarve hat Beute gemacht, die Wasserspinne kehrt zur Luftglocke zurück, eilige Wasserasseln, fantastisch hellgrüne Hahnenfußtriebe. Um Ostern ist die Kätelkuhl Schauplatz der »Krötenhochzeit«.
Die Kätelkuhl ist kein »richtiges« Tauchgewässer. Jeder muss mit sich ausmachen, ob er sehr flach mit Schnorchel beobachten oder 2 Meter tief mit Gerät fotografieren will. Beides lohnt. Mehr als zwei sehr ruhig schwebende Taucher sind völlig unsinnig in diesem Teich. Aber es steht ja auch nicht jedem der Sinn nach Makroaufnahmen, Stillhalten und »Krabbelzeug« beobachten ...
Infos: Tauchbasis 13.

57. Die Feldberger Seen – Der Krüselin

Max. Tiefe 18 Meter, mittlere Tiefe 7 Meter, 64 ha, derzeit Tauchverbot für Gerätetauchen, bitte Schnorcheln gehen.

Der Krüselin befindet sich auf der anderen Seite unseres Zeltplatzes bei Thomsdorf, vom Trafohaus des Campingplatzes führt ein Pfad abwärts zum See. Der Wasserspiegel des Krüselins liegt etwa 9,5 Meter tiefer als der Dreetz. Ein großer Teil des überschüssigen Wassers der Feldberger Seen passiert die so genannte »Versickerung« zwischen Dreetz und Krüselin.
Das führt dazu, dass der Waldboden des Nordufers am Krüselin recht nass und sumpfig ist. Hier wächst ein typischer Quell-Erlenwald, in dem auch seltene Sumpfpflanzen wie Saumsegge, Sumpfherzblatt und Fieberklee gedeihen. Außerdem können Sie am Boden des nördlichen Krüselinteils einige starke Quellen finden. Das vom Dreetz her fließende, durch die Bodenpassage nochmals gereinigte Wasser sorgt dafür, dass der Krüselin einer der klarsten Seen überhaupt ist. Das natürlich vor allem nach längeren Schönwetterperioden, wenn es über den steilen Waldhang viele Wochen lang keine oberirdischen Einspülungen von Huminstoffen gegeben hat.
Unter Wasser entdecken Sie zunächst einen flachen Verlandungsstreifen mit dicht stehenden Wasseraloen, ehe sich der oft sandige Grund etwas absenkt und vor allem von Durchwachsenem Laichkraut, Wasserpest, Spiegelndem, Haarblättrigem und Stachelspitzigem Laichkraut, Zwerglaichkraut, Hornblatt und Tausendblatt bedeckt ist. In Tiefen von 3 bis 8 Metern schließen sich Characeenflächen an. Häufig finden wir außerdem Mittleres Nixkraut, Großen Wasserschlauch, Spreizhahnenfuß und Quellmoos. Gelbe Teichrosen im Röhrichtgürtel gestalten Aquarelle der Natur. Der Krüselin steht unter Spezialisten in dem Ruf, dass in

Althölzer und Teichrosenblätter gestalten Aquarelle der Natur (oben links).

Oben rechts: Das Zarte Hornblatt präsentiert farbenprächtige Blattwirtel (oben rechts).

Beliebter Treff für Schnorchler und Wasserwanderer – die Krüseliner Mühle (rechts).

ihm alle für Mecklenburg typischen Tauchblattpflanzenarten vorkommen. Barsche und Plötzen sind bei weitem am zahlreichsten im Krüselin. In den Pflanzenbeständen, ob ihres Grünschimmers oft schwer auszumachen, verbergen sich vielfach Schleien von kapitaler Größe. An Hechten mangelt es nicht, Rotfedern sind häufig. Um Fische zu beobachten, sollte man nachts schnorcheln. Dann kann man den Aal beim Rauben beobachten und im Scheinwerferlicht Gründlinge auf Nahrungssuche sehen.

Im Krüselin lüftet sich auch das Geheimnis, warum der Kaulbarsch so häufig in Zandermägen zu finden ist, während Hechte den kleinen Stachelfisch zu verschmähen scheinen. Der Hecht verlässt sich auf seine Augen und jagt am Tage – bei Tageslicht ist jedoch kaum ein Kaulbarsch außerhalb des Krautes zu sehen.

Nachts hingegen – zur Jagdzeit des Zanders – sind die Kaulbarsche von einer hektischen, im Vergleich zu vielen anderen Fischen geradezu nervös zitternden Aktivität. Mit hastigen Bewegungen stöbern sie Zuckmückenlarven aus dem Grund. Ihr auffälliger Bewegungsablauf lockt die Zander an. Während große Hechte »pro Mahlzeit« oft nur ein einziges Beutetier von 30 bis 50 % der eigenen Länge verschlingen, ziehen es Zander vor, viele kleine Fische zu erbeuten.

Im Krüselin liegt die Tiefe über weite Flächen um 10 bis 12 Meter, lediglich am Südende der einzigen Insel können 18 Meter erreicht werden. Richtung Süden gesehen links der Insel liegt ein sandiges Terrain mit zahlreichen Muscheln, schmucken versunkenen Bäumen und einigen Findlingen am Grund. Vor allem das Flachwasser rund um die Insel selbst ist ein besonderer unterseeischer Garten. Hier hat die Natur ein geeignetes Studio für Taucheraufnahmen gestaltet. Zudem wachsen seltene Binsenarten unter Wasser.

Blick auf die Badestelle des Waschsees bei Mechow (oben).

Prachtvolles Durchwachsenes Laickraut zwischen den Characeen des Waschsees (links).

Neben dem Zeltplatz Thomsdorf könnte auch die Krüseliner Mühle am Südende des Sees Ausgangspunkt für Schnorchelexkursionen sein. Nachdem lange Zeit das Gerätetauchen auf den Seeabschnitt zwischen Zeltplatz und Insel beschränkt war, wurde es jetzt ganz verboten. Man sollte dies der Natur zuliebe respektieren. Das Feldberger Wald- und Seengebiet ist einzigartig schön, abwechslungsreich – und dabei noch relativ still und unentdeckt, über wie unter Wasser. Während der Arbeit an diesem Buch zeltete ein betagter, aber rüstiger Globetrotter aus Stuttgart am Dreetz, schon über sieben Wochen lang, und konnte und konnte nicht abreisen. Nach eigenen Worten hatte er die ganze Welt bereist, ganz Europa besichtigt, die USA und Kanada gesehen, Neuseeland besucht und Afrika erlebt. »Ich war schon überall auf der Welt – so schön wie hier ist es nirgends!«, versicherte er mit Rührung in der Stimme ... Dazu schrieb Hans Fallada in seinem Roman »Heute bei uns zu Haus«:

»Von allen Fenstern aus sehen wir Wasser, lebendiges Wasser, das Schönste auf Erden.
Es blitzt auf zwischen den Wipfeln uralter Linden, es verliert sich in der Ferne, begleitet von schmächtigen Ellern, dickköpfige Weiden suchen es zu verstecken, hinter gelben und grünen Schilffeldern breitet es sich weit ... «

Infos: Tauchbasen 13, 15 und 71.

58. Der Waschsee bei Mechow und Beenz

Max. Tiefe 17 Meter, 19 ha, Gerätetauchen verboten, bitte ab offizieller Badestelle schnorcheln.

Über Lychen und Beenz erreichen Sie Mechow und fahren direkt auf eine schön renovierte Feldstein-Wehrkirche zu. Vor dem Kirchhof rechts abbiegend sind es noch ausgeschilderte 1,2 km bis zum Waschsee. Die befestigte Straße endet mit den letzten Häusern des Dorfes und Sie folgen dem nunmehr übergangslos anschließenden Sandweg bergab ins Tal. Rechts des Fahrweges nach Triepkendorf liegt der Waschsee im Wald, links sehen Sie weiter ab den eher unzugänglichen Weutschsee.
Am Waschsee ist durch Balkengeländer ein kleiner Parkplatz vorgegeben. Am Badestrand gibt es Bänke und einen stabilen Steg. Der See ist von Schilf und Sumpfsimsen gesäumt. Vor dieser Naturbadestelle eines mecklenburgischen Dorfes lohnt es sich, im Nassanzug auf Schnorcheltour zu gehen. Es gibt eine dichte Schilfzone mit allerhand anhaftenden Algen, Sonnentierchenkolonien, Moostierchen, Süßwasserschwämmen und den vielen anderen Besonderheiten sauberer Süßwasserseen.
Vor dem Schilf wuchern 1 bis 3 Meter hohe lichte Wiesen wunderschönen Krausen Laichkrautes, an anderen Stellen abgelöst von Beständen des Mittleren Nixkrautes und des Wechselblütigen Tausendblattes. Im Flachwasser wächst meist die Raue Armleuchteralge, in 1 Meter bis etwa 4 Meter Tiefe stehen die teilweise bizarren Bulte der Filzigen Armleuchteralge, während die mäßig durchlichteten Seeregionen ab 5 Meter Tiefe von der Sternarmleuchteralge besiedelt sind.
Weiter unten folgt ein eigenartig in Richtung Tiefe gefurchter Seekreideboden, der von geübten Apnoefans leicht besichtigt werden kann.
Althölzer tragen große Kolonien schön gezeichneter Dreissena-Kolonien, es gibt Krebse und viele Fische, unter anderem auch Ukeleie und Hasel. Hasel sind die typischen Fische klarer Seen und leben auch gern an Bacheinmündungen in Seen. Ukeleie haben eine ganz besondere Geschichte: Sie waren einst die »Perlmutt-Lieferanten« einheimischer Seen!
Wenn die Sommersonne auf den See herabbrennt, sind die Karpfen und Schleien längst in den Schatten der Seerosenblätter gezogen und die Hechte im Schilf verschwunden. Dann herrscht Ruhe im See – die einzig von winzigen »Silberfischen« gestört wird.
Ukeleie oder Lauben haben eine eigenartige Vorliebe für intensives Sonnenlicht. Vielleicht sind sie eitel, vielleicht mögen sie es, glitzernd wie ein Silberstück durch das Wasser zu gleiten? Ukeleie sind bei brütender Hitze oft die einzigen Fische, die in lockeren Schwärmen durch unsere Seen ziehen. Dicht unter dem Wasserspiegel jagen sie Daphnien, schlürfen abgestürzte Insekten auf und springen oft mehrmals hintereinander übermütig aus dem Wasser. Ukeleie sind ebenso schreckhaft wie neugierig. Sind sie vor einem Schatten eben erst geflohen, so

kehren sie bald zurück, um die Ursache zu ergründen, respektive deren Fressbarkeit festzustellen. Die geselligen Ukeleischwärme lösen sich mit der Dämmerung auf; die Fischlein gehen einzeln zur Ruhe. Meist verbergen sie sich in Wasserpflanzen – oder liegen auf den Armleuchteralgenwiesen des Waschsees. Nur nachts gelingt es dem Schnorchler, einen Ukelei im Detail zu betrachten:
Das Fischlein wird nicht groß; 15 bis 18 Zentimeter Länge sind normal, 23 Zentimeter gelten als Maximum. Der Ukelei verfügt über ein schräg aufwärts gerichtetes (oberständiges) Maul, um gut Nahrung von der Wasseroberfläche nehmen zu können. Der Unterkiefer kann deutlich hervorragen. Die gebogene Seitenlinie des Fischleins verläuft auffallend parallel zum Bauchrand, der von der Seite gesehen durch aneinander gelehnte Schuppen scharfkantig erscheint. Der Kiel zwischen Bauchflosse und After ist unbeschuppt. Die Schwanzflosse ist tief gegabelt, der untere Lappen ist oft eine Winzigkeit größer als der obere. Die relativ lange Afterflosse beginnt unter der Rückenflosse. Die Schuppen des Ukeleis sind stark silberglänzend, auf ihnen liegt über der Seitenlinie und am Rücken ein hellgrüner bis bläulicher Schimmer.
Ukeleie und Plötzen sind die am weitesten verbreiteten Karpfenfische. Vermutlich war es jedoch der Ukelei, der dieser Fischfamilie die volkstümliche Bezeichnung Weißfische beschert hat.
Der starke Silberglanz der Schuppen geriet schon vielen Fischen dieser Art zum Nachteil. Noch bis nach der Jahrhundertwende wurden am Rhein und in Ostpreußen riesige Mengen Ukeleie gefangen, um aus dem Silberglanz der Schuppen eine Perlessenz herzustellen. Die seinerzeit berühmt-berüchtigte »Essence d'Orient« diente findigen Fabrikanten dazu, billigen falschen Perlen den »rechten Glanz« zu verleihen, Steckkämme und andere billige Schmuckstücke im wahrsten Sinne des Wortes zu versilbern beziehungsweise einen »Perlmutteindruck« zu erwecken.
Die mikroskopisch kleinen Silberglanzblättchen von Ukeleischuppen lassen sich in Ammoniaklösung leicht von tierischen Rückständen trennen. Nach historischen Überlieferungen von Rheinfischern lieferte 1 Zentner Ukelei etwa 2 Kilogramm Schuppen. Zur Auswaschung von 500 Gramm Silberglanz waren 18.000 bis 20.000 Fische erforderlich. Weil sich Ukeleie im Winter zu riesigen Schwärmen zusammenfinden, waren solche Massenfänge kein Problem.
Diese suspekte Art des »Perlenmachens« ist heute nicht mehr üblich. Aber der Ukelei (oder die Laube) lebt noch immer als die silberne Perle unserer Seen, und so auch im Waschsee.
Infos: Tauchbasen 13 und 15.

Holzbrücke zur »verwunschenen Insel« im Brückentinsee (oben links).

Ein kleiner Barsch ruht auf federnden Armleuchteralgen aus (unten links).

Besonders geformter Süßwasserschwamm in der Röhrichtzone (rechts).

59. Der Brückentinsee mit Inselhotel

Max. Tiefe 23 Meter, ca. 2 km lang und 650 Meter breit, NSG.

Der wunderschöne See am Ende der Welt ist am leichtesten von der B 96 (Berlin –Stralsund) weg über Lychen oder Fürstenberg und Dabelow zu erreichen. Wer sozusagen reif für die Insel ist, findet hier Ruhe und einen wunderschönen See. Auf dem See gibt es nur ein paar Ruderboote, Motorboote sind nicht zugelassen. Die Insel ist sogar herzförmig, um allen Klischees zu entsprechen ...

Hinüber zur Insel führt eine drei Meter breite befahrbare Holzbrücke. Insel und Hotelanlage sind Privatbesitz und das Tauchen von der Insel aus ist nur für Hotelgäste statthaft, so wie in manchen Alpenseen auch. Es gibt jedoch auch viele Möglichkeiten, vom äußeren Ufer in den See einzusteigen, aber die sind eben nicht so reizvoll wie das Umtauchen der Insel selbst. Die Insel kann von langsam schwimmenden Tauchern, die der Natur viel Aufmerksamkeit widmen, in etwa einer Stunde Tauchzeit leicht umrundet werden.

Weil es unmittelbar an der Insel sehr flach ist, kann man an der Schilfzone eigentlich nur schnorcheln und hält schon beim Tauchen in 2 bis 3 Meter Tiefe etwa 40 Meter Abstand von den Gestaden der gastlichen Insel. Wenn man auf der Brücke

Blick auf den von bizarren Bäumen umstandenen Dabelowsee.

stehend zur Insel blickt, so ist es in der nun rechts befindlichen kleinen, nach Süden weisenden Bucht mit 23 Meter am tiefsten, während das Seebecken nördlich der Insel maximal 15 Meter verspricht und jenes im Südwesten der Insel 12 Meter. Von 8 Meter Tiefe an ist überwiegend ein wenig interessanter Schlickboden zu sehen, der höchstens nachts interessante Beobachtungen auf Kaulbarsch, Schmerle, Stichling, Aal und Blei zu bieten vermag.
Der Seegrund rund um die Insel ist zum Teil mit relativ festem Muschelkalk bedeckt, zum Teil bis hinunter in 5 bis 7 Meter Tiefe mit Wasserpflanzen bewachsen. Vor allem zwischen den Wasserpflanzen sind Hechte, Barsche, Aale, Karpfen, Schleien, Plötzen, Rotfedern und Amerikanische Flusskrebse zu beobachten.
Der Brückentinsee ist vor allem als ein Maränensee bekannt. Die Kleine Maräne wird hier auch mit Erfolg befischt. Allerdings ist es schwer, die scheuen Schwärme dieses höchstens heringsgroßen Fisches tauchend aufzuspüren. Kleine Maränen jagen im freien Wasser nach Zooplankton und bleiben im Sommer so tief unten, wie es das Sauerstoffangebot erlaubt. Im Winter und besonders während ihrer Laichzeit sind die silbrig-schlanken Fische auch einmal nur 8 bis10 Meter tief anzutreffen.
Für das Gebiet rund um den Brückentinsee sind ruhiges Hantieren und außerdem ein gutes Fernglas zu empfehlen, denn die Landschaft ist Heimat für Fischotter ebenso wie für Fischadler.
Infos: Tauchbasen 13 und 43.

60. Der Dabelowsee

Von Lychen aus sind Sie in Richtung Brückentinsee unterwegs, fahren jedoch weiter hinein bis nach Dabelow und sehen bald ein Schild mit der magischen Aufschrift »Zum See«. Das meint in diesem Falle den ortsnahen Dabelowsee und Sie folgen einem langen Fahrweg über freies Feld, der zunächst leicht bergan führt.

Hoch oben sehen Sie allerhand Jagdkanzeln, aber auch die bizarren Bäume des nun linker Hand tief unten liegenden Dabelowsees. Sie fahren weiter und der Feldweg endet an einem Privatgrundstück. Aber kurz vor diesem zweigt eine ziemlich steile Abfahrt hinunter in Richung See ab. Sie fahren nach unten und ein Stück am See entlang, ehe Sie einen kleinen Parkplatz erreichen. Hier können Sie sich zum Tauchen fertig machen und dann zu jenem Badestrand mit Steg vorlaufen, wo Sie über eine sandige Badestelle einsteigen können. Am Ufer der von der Gemeinde hübsch gestalteten Badestelle gibt es einen Spielplatz, Bänke und sogar eine Feuerstelle.
Unter Wasser empfängt Sie zunächst relativ fester Grund, auf dem ausgedehnte Wiesen von Hahnenfußgewächsen und Rauem Hornblatt wachsen. Der See ist reich an Muscheln und Schnecken und bietet ähnliche Sichtweiten und einen nahezu gleichartigen Fischbestand wie der benachbarte Brückentinsee.
Infos: Tauchbasis 13.

61. Der Schwarze See

Max. Tiefe 35 Meter.

Der Schwarze See ist am leichtesten unmittelbar vor dem Dorf Schwarz zugänglich, wo man auch Bungalows und Boote mieten kann.

Insel Wierl: Direkt vor dem Dorf Schwarz liegt die kreisrunde Insel Wierl. Vor allem die Kiesbänke im Süden der Insel sind ein interessanter Tauchplatz, treffen sich doch hier im Frühling die Zander zum Laichen. Nachttauchgänge im flachen Revier um die Insel Wierl offenbaren eine fischreiche Unterwasserwelt mit Aal, Zander, Kaulbarsch, Plötze, Blei, Ukelei, Amerikanischen Krebsen und Schleien. Während des Frühlingsmaximums der Daphnien (Kleinkrebse, auch Wasserflöhe) kann man hier 3 bis 5 Meter Sicht erleben, aber zu vielen anderen Jahreszeiten macht der Schwarze See seinem Namen alle Ehre und gestattet nur Fischporträts. Gleich hinter der Insel wird es rasch 30 Meter tief. Ab 7 bis 15 Metern Tiefe setzt auch dann, wenn der See oberflächlich trübe ist, gute Sicht ein. Im Schwarzen See gibt es Schwefelbakterienbänke, die blanke Bleigewichte schwarz färben sollen, wenn man damit in Berührung kommt.

Junkersholm und Fuhlort: Mitunter können auch wenig bewachsene Partien des Seegrundes spannend sein, so zum Beispiel vor den halbinselartigen Vorsprüngen Junkersholm und Fuhlort am Westufer des Schwarzen Sees. In der Nähe dieser uralten Siedlungsplätze fand man schon steinzeitliche Feuersteinklingen, slawische Keramikscherben und sogar einen Einbaum. Letzterer hatte allerdings nichts Steinzeitliches an sich, er war »nur« 300 Jahre alt. Das darf nicht verwundern im wirtschaftlich rückständigen Mecklenburg, wo Einbäume bis ins 19. Jahrhundert hinein in Gebrauch waren. Dagegen ist der Name des Dorfes Schwarz wirklich

Rund um die Insel Wierl vor dem Dorf Schwarz liegen interessante Tauchplätze (oben).

Immer wieder findet man in den Kulturhalden vor Siedlungen Sachzeugen der Vergangenheit (links).

uralt. Obwohl er so deutsch klingt, ist er aus dem slawischen Wort für »Grillenort« entstanden.

Die Tiefenzone: Wenn das Wasser oben undurchsichtig ist, tauchen wir in die Unterwelt des Schwarzen Sees. In Tiefen von mehr als 15 bis 20 Metern präsentiert sich der See auch im Hochsommer klar. Hier unten existiert eine bedrohlich wirkende Landschaft aus grauen Wällen, tiefen Löchern und Gräben, nur bewohnt von ein paar einzelnen Aalrutten und kapitalen Bleien. In der Tiefe spielt man meist das geschätzte »Flugzeug-Puzzle« der Tauchbasis Schwarz mit: Die Suche nach weiteren Flugzeugteilen, von denen Gäste der Basis schon einige gehoben und zur Bestimmung des Typs weitergegeben haben ...
Im Jahre 1996 gelang Leipziger Tauchern und Fliegern nach systematischer und aufwändiger Nachsuche die Entdeckung von Bruchteilen der abgestürzten Maschine. Anhand des markanten Seitenleitwerkes konnte bestimmt werden, dass es

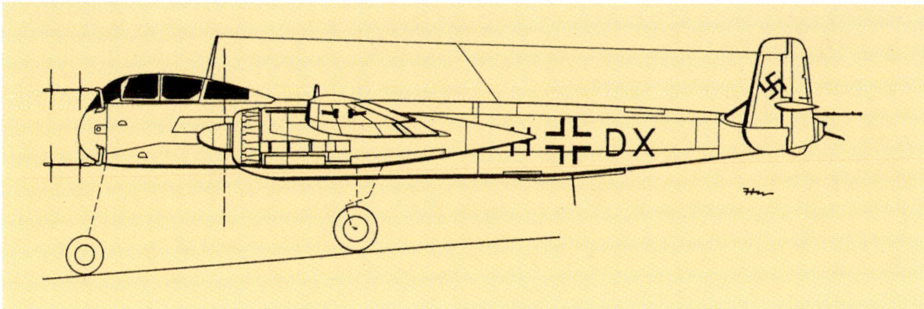

*Der seltene Nachtjäger Heinkel HE-219 »Uhu« (Heinkel-Flugzeug-Typenblatt mit freundlicher Genehmigung der Heinkel-Management-GmbH Stuttgart).**

Der Nachtjäger Heinkel HE-219 auf einer historischen Werksaufnahme der Firma Heinkel.

sich um die Reste eines Nachtjägers der Firma Heinkel, He 219 »Uhu«, handeln muss.
Die Entwicklung spezieller Nachtjäger wurde vom Reichsluftfahrtministerium relativ spät, erst im Kriegsjahr 1942, in Auftrag gegeben. Unter verschiedenen Flugzeugmodellen war die He 219 das bei weitem leistungsfähigste Modell. Dieser Nachtjäger vereinte mehrere für die Zeit des Zweiten Weltkrieges revolutionäre Neuerungen: das bis dahin eher unübliche Bugrad-Fahrwerksystem, Schleudersitze für die Piloten sowie aufwändige Radar-Suchanlagen.
Leider ist das Flugzeug beim Absturz in den See völlig in Einzelteile und Bleche zerschlagen worden. Diese Tatsache legt nahe, dass die He-219 nicht steil ins Wasser eintauchend versunken ist, sondern sich in einem relativ flachen (Lande-) Anflug befand. Vielleicht ging der Treibstoff kurz vor Erreichen des Flugplatzes

*Heinkel. Chronik und Typenblätter der Firma Heinkel-Flugzeugbau
Aviatic Verlag Oberhaching/München, 2. Aufl. 1995

Der Zander frisst mit Vorliebe Kaulbarsche, ... (links)

... Kaulbarsche räubern gern Zanderlaich im Nest. Räuber und Beute und auch ein wenig Gegenspieler im sommertrüben Vilzsee (rechts).

Lärz zur Neige? Durch diesen flachen Anflug musste die Maschine mit hoher Geschwindigkeit mehrmals aufs Wasser aufschlagen und völlig zerschellen. Ob sich weitere Details ermitteln lassen, bleibt abzuwarten. Der Schwarze See macht solche Forschungen mit Tiefen von 35 Metern und zeitweise Sichtweiten von nur 1 bis 2 Metern nicht einfach.
Das Flugzeug ist – nach allerdings völlig widersprüchlichen Angaben – Anfang 1945 abgestürzt. Möglicherweise befand sich die Maschine auf dem Weg vom mittlerweile von den Russen eingeschlossenen Berlin in Richtung der von Hitler-Stellvertreter (und Nachfolger) Admiral Karl Dönitz befehligten Enklave in Norddeutschland. Es ist möglich, dass dieses schnelle Flugzeug gegen Kriegsende wichtige Unterlagen aus Berlin abtransportieren sollte.
Infos: Tauchbasis 16.

62. Der Vilzsee

Max. Tiefe 21 Meter.

Der Vilzsee ist ein lang gestreckter See mit vielen unterseeischen Hartböden und Kiesbänken. Miniaturhornblattbestände und diatomeenbedeckte »Zwergtausendblätter« prägen die Flachwasserzone, ehe man tiefere Regionen mit düsterer gelbbrauner Wasserfarbe erreicht. Die Lichteindringtiefe ist nur gering.
Im Vilzsee sind oft nur Makroaufnahmen von Muscheln und Schnecken möglich oder man sucht anhand der Fraßtrichter die tief liegenden »Wildwechsel« der Bleie. Im April und Mai wird jedoch sogar der Vilzsee etwas klarer und gestattet – in lediglich 1,5 bis 4 Meter Tiefe nordöstlich des Diemitzer Badestrandes – umfangreichen Einblick in die Kinderstube der Zander. Die Tiere sind so geduldig, dass man sich für Fotoarbeiten sogar einzelne Nester mit Bojen markieren kann. Nur bei sehr aufdringlicher Annäherung werden die Zanderherren am Nest bissig.
In einem Punkt ist allerdings Vorsicht geboten: Angesichts regen Motorbootverkehrs und der geringen Tiefe sollte man eine Taucherboje mitführen oder dicht an den Grund gepresst beobachten und fotografieren.
Infos: Tauchbasis 16.

Die Ufer von Schwingrasenseen sind dicht bewachsen, aber unbetretbar.

63. Abenteuer Schwingrasensee

Meist kreisrund und 2 bis 6 Meter tief, oft NSG.

Als ein ganz besonderes Juwel der Gegend müssen die unwissenschaftlich aber zutreffend als »Wackelwiesenseen« bezeichneten Gewässer erwähnt werden. Dabei handelt es sich um kleine, meist im dichten Wald verborgene Seen, die verlanden und an der Wasseroberfläche mit Torfmoos-Schwingrasendecken zuwachsen. Oft wuchern auf dem Schwingrasen Seggen und Weißes Schnabelried, auf festerem Schwingrasen auch Krüppelkiefern, Moor-Birken und Sumpfporst. Oberirdisch befinden wir uns an einem nährstoffarmen, verlandenden Sumpfsee immer in einem botanischen Paradies, das vorsichtige Bewegung im Gelände verlangt.
Unter Wasser werden Sie fantastische Beobachtungen machen, oft kann man die Schwingrasen 4 bis 15 Meter weit untertauchen und genießt den Eindruck einer Art Kasematte mit malerisch von der Decke hängenden Wurzeln und Algenflatschen. Silberne Gasblasen an den schwarzbraunen Wurzeldecken beweisen die Soffwechselaktivität der Pflanzen. Die durchlichteten Bereiche solcher mit bis zu 6 Metern Tiefe recht flachen Seen sind reich bewachsen mit zierlichen Exemplaren der Gelben Teichrose, Kleinem Wasserschlauch und immer wieder schön anzusehenden hellgrünen Torfmoosflächen.
Die Tierwelt unter Wasser ist artenarm. Sie beschränkt sich oft auf Moorkarauschen oder Giebel, einige Barsche und bestimmte Wasserinsektenlarven. Häufig sehen wir massenhaft Rückenschwimmer und Stabwanzen. Letztere »spicken« Was-

Schwimmende Decken aus Torfmoos-Wurzelballen beschatten düstere Tauchreviere.

serpflanzenblätter regelrecht mit ihren länglichen Eiern. In Schutzgebieten liegende Schwingrasenseen sind völlig tabu. Falls Ihnen durch eigene Erkundungen, Tipps von Einheimischen oder Hilfe der Tauchbasen dergleichen bekannt wird, sind größte Umsicht und perfektes Tarieren Ehrensache. Schwingrasenseen sind für größere Tauchergruppen und Ausbildung ungeeignet, aber ein Eldorado für Naturfreaks, Fotografen und Filmer.

Auch wenn kein Sperrschild überfahren wurde und der Schwingrasensee vermeintlich frei zugänglich ist, muss darauf verwiesen werden, dass Verlandungsbereiche stehender Gewässer vom Bundesnaturschutzgesetz allgemein unter Schutz gestellt sind. Tauchgänge sind nicht ausdrücklich verboten, aber sie dürfen nicht zu einer »erheblichen oder nachhaltigen Beeinträchtigung des Biotops« führen! (Vergleichen Sie Bundesnaturschutzgesetz § 20 c.)

64. Der Peetschsee bei Fleether Mühle

Max. Tiefe 10 Meter.

Über die B 198 erreichen Sie Mirow, fahren in Ortslage ab nach Peetsch und halten sich rechts in Richtung Fleether Mühle. Auf halbem Wege geht eine Fahrspur links in den Wald ab zum ausgeschilderten Parkplatz beim Peetschsee. Von hier aus muss die Tauchausrüstung etwa 400 Meter zum See getragen werden, es sei denn, in der Vor- und Nachsaison wären die entsprechenden Schranken offen ...

Im Nordosten des annähernd eiförmigen Sees liegt die »Steilküste«, welche mit reichlich Tausendblättern und Laichkräutern bewachsen die schönste Seeregion

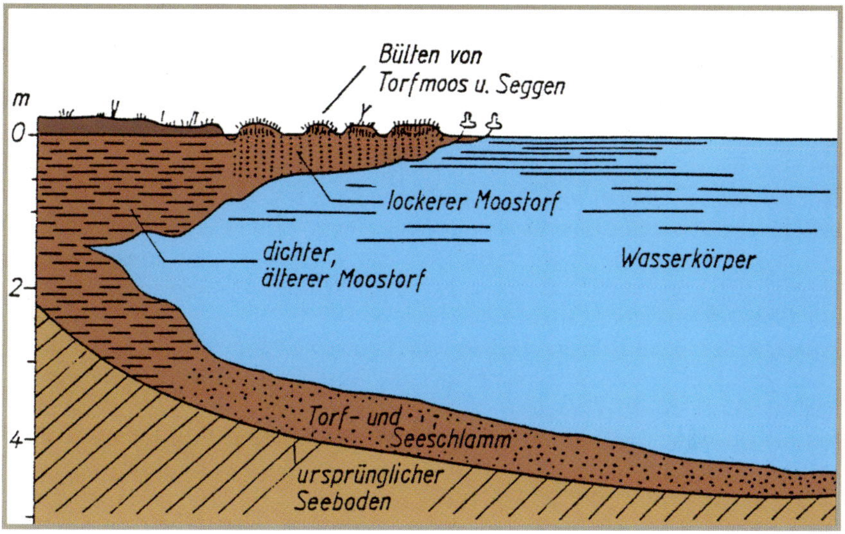

Profil eines verlandenden Schwingrasensees (nach D. Uhlmann, 1988).

ist. Idyllisch liegt ein versunkener Kahn im Kraut und könnte bei Gegenlicht ein romantisches Postkartenmotiv sein. Barsche, Hechte und verschiedenste Weißfischarten sind zahlreich vorhanden. Dicke Aale bevölkern diverse am Grund liegende Traktorreifen. Wir finden wunderschöne Teichmuscheln und Krebse vor. Während das Ufer im Südwesten – vor allem bei Regen – recht sumpfig ist, existiert im Südosten ein allmählich abfallender Seegrund aus hellem feinem Sand. Diese robuste Sandfläche wurde früher von der Tauchbasis Schwarz für Ausbildungsmaßnahmen genutzt. Die einsame Lage und der unerwartete Sandstrand haben in Taucherkreisen auch zu dem Beinamen »Märchensee« geführt.
Infos: Tauchbasis 16.

65. Der Große Pälitzsee

Max. Tiefe 30 Meter, 266 ha.

Beinahe 6 km lang und bis zu 700 Meter breit ruht der Große Pälitzsee im Forst von Hohenpälitz. Die Nutzung des überaus raubfischreichen Sees und der umliegenden Forste war bereits im 16. Jahrhundert ein Streitpunkt zwischen Mecklenburg und Brandenburg, denn der See bildete die Grenze. Heute gehört die Wasserfläche zu Mecklenburg.
Am nördlichen Ortsausgang von Zechlinerhütte zweigt eine alte Straße in Richtung Adamswalde und Debrodtsee ab in den Wald. Am Forsthaus vorbei führt die

teils plattenbelegte Holperpiste durch pilzreiche Kiefernforste und naturnahe Waldteile beinahe schnurgerade nach Nordost. Bald erreichen wir den Rastplatz am Südwestende des Großen Pälitzsees, wo Autos stehen bleiben können.
Unten am See entdecken wir ein teils mit Baumstämmen befestigtes Ufer. Dabei handelt es sich um Reste der historischen Holzablagen, wo früher eingeschlagenes Holz entrindet, zerkleinert und zu Flößen zusammengestellt wurde. Der Große Pälitzsee besitzt über schiffbare Kanäle und den Ellbogensee eine Verbindung zur Havelwasserstraße, die die Nutzung des Holzreichtums erleichterte.
Schon an der Uferzone ist das Outfit eines nährstoffreichen und daher auch recht artenreichen Sees deutlich zu erkennen: In der Schilfzone wachsen Binsenarten, wir finden Rohrkolben, Wasserschwaden und Gilbweiderich. Im Flachwasser zwischen den Schilfhalmen erheben sich Tannenwedelstängel. Dicht am Schilf wuchern die sattgrünen Schwimmblätter des Froschbisses neben den zartrosa bis weißen Blüten des Pfeilkrautes.
Ein Tauchgang im Großen Pälitzsee führt uns über sandige und schlammige Bodenpartien in die Tiefe. Teilweise beobachten wir riesige Laubhalden im See, über denen die Barsche leben. Im Gewirr der versunkenen Blätter ist Bewegung: Bizarre Köcherfliegenlarven verschiedenster Arten wälzen das Laub um und fressen insbesondere die bereits von Algen, Kleintieren und vermutlich Bakterien besiedelten Blatt-Teile.
Einige Uferpartien weisen ausgedehnte Dreikantmuschelbänke auf. Vor allem bei Windstille beobachten wir über Dreikantmuschelfeldern örtlich begrenzte, über dem Grund etwa 2 Meter hohe Zonen von sehr klarem Wasser.
Das Tauchen am Tage kann insbesondere vor der Schilfzone Begegnungen mit großen Hechten bringen. Tauchblattpflanzen gibt es im Großen Pälitzsee nur bis in geringe Tiefen, weil aufgrund des hohen Nährstoffgehaltes zeitweilig ein für höhere Wasserpflanzen zu geringes Lichtangebot in der Tiefe herrscht.
Vor allem sehen wir viele Breitkopfaale, was auf ein reiches Fisch- und Krebsangebot hindeutet. Wie heute bekannt ist, entwickeln sich Aale im Süßwasser je nach Nahrungsangebot zu deutlich unterscheidbaren Breitkopf- oder Spitzkopfaalen. Breitkopfaale oder Raubaale – die zwangsläufig eine größere Maulöffnung ausbilden – fressen viele Jungfische und Flusskrebse. Diese Breitkopfaale wachsen rasch und vertilgen auch Frösche sowie im taunassen Gras außerhalb des Wassers »erwischte« Mäuse.
Spitzkopfaale entwickeln sich in Seen, in denen die Nahrungsbasis an »Großtieren« nicht so reichlich ist. Die kleiner und dünner bleibenden Spitzkopfaale müssen überwiegend mit den Würmern, Schnecken, Muscheln und Insektenlarven des Gewässerbodens ihr Auskommen finden, fressen aber manchmal auch zu mehreren in Reusen und Stellnetzen gefangene Fische an. Der Aalbestand im Großen Pälitzsee ist aus zweierlei Gründen reichlich: Das Futterangebot stimmt und die im Meer laichenden Aale können über Havel und Elbe relativ leicht ein- und auswandern.

Am Großen Pälitzsee bei Adamswalde. Prächtig blüht der Froschbiss im Schilf.

Der Große Pälitzsee ist als artenreicher Süßwassersee mit guten Möglichkeiten zur nächtlichen Fischbeobachtung zu empfehlen. Es handelt sich jedoch eindeutig um einen eutrophen Tieflandsee, auf dem außerdem Motorbootverkehr herrscht. Der Jahresgang der Horizontalsicht gestaltet sich oft so, dass vom Frühling bis in den späten August hinein für Süßwasserfreaks akzeptable Sichtweiten von 2 bis 5 Metern herrschen. Im Spätsommer bis Herbst wird der See durch das Übermaß an produziertem pflanzlichem Plankton relativ trübe, ehe er sich im November wieder erholt.

Im Grenzbereich Wasser/Luft findet der kundige Beobachter häufig bizarre Tiere wie die Stabwanze oder den Wasserskorpion. Diese Wasserwanzenarten sind auf atmosphärische Luft angewiesen und halten daher von Zeit zu Zeit ihr Atemrohr wie einen U-Boot-Schnorchel nach oben. Veralgte Schilfrohre und andere Wasserpflanzen werden zu den Weideflächen einer exorbitanten Vielfalt von Wasserschneckenarten. Hier fallen insbesondere Ohrschlammschnecken, Spitzschlammschnecken und die in anderen Gewässern kaum zu findenden Posthornschnecken auf. Posthornschnecken können imposante drei Zentimeter Durchmesser erreichen.

Aber wir beobachten ebenso kleinere Arten aus der Familie der Tellerschnecken und auch die eher unauffälligen, nur einen Zentimeter großen Mantelschnecken. Unter den Schwimmblättern ufernaher Pflanzen »parken« häufig große Schwimmkäfer, ehe sie zu einem neuen Raubzug unter den Zooplanktern starten. Auch größere Köcherfliegenlarven bereiten stets Freude, denn sie neigen nicht zur Flucht und setzen – den Beobachter spürend – ihren Nahrungserwerb meist nach kurzer Pause fort.

Ohne Zweifel sind einerseits die Region vor der Schilfzone, aber andererseits auch das mitunter klare Tiefenwasser unter der Sprungschicht die spannendsten Tauchregionen des Großen Pälitzsees. Tieftaucher finden in dem 266 Hektar großen See südwestlich des »Seeknickes« bei Pelzkuhl eine schmale, 30 Meter tiefe Rinne im Seegrund.

Infos: Tauchbasen 16 und 41.

II. Hamburg

Ein Tauchersee neben der Elbe.

66. Der Overwerder See bei Hamburg

Max. Tiefe 18 Meter.

Von der A 25 Geesthacht-Hamburg fahren Sie in Hamburg-Allermöhle oder Hamburg-Moorfleet ab und weiter über Tatenberg, Spadenland nach Oortkaten. Ausgeschildert sind meist »Marschland« oder »Vierlanden«, wie dieser fruchtbare Landstrich auch heißt. Vom Oortkatener Hafen an können Sie auf dem Overwerder Deich zwischen Elbe und dem See entlangfahren. Wahlweise ist der See als »der Oortkaten«, Hohendeicher See und Overwerder See bekannt.

Am Ostufer des Sees existieren ein Campingplatz und die DLRG-Rettungsstation. Der See ist etwa 20 Autominuten von Hamburg-Zentrum entfernt. Zwischen Elbe und Deich gibt es reichlich Parkmöglichkeiten und der Weg über den Deich bis zum See ist auch mit Tauchausrüstung leicht zu bewältigen. Um die Parkbuchten zu erreichen, muss man von der Nordspitze des Sees auf dem Overwerder Hauptdeich bis ganz zum Südende fahren und dann Richtung Elbe abbiegen.

Der Overwerder See entstand als Baggersee nach der Hamburger Flutkatastrophe von 1962. Damals wurde eine Erhöhung der alten Elbdeiche beschlossen und man benötigte viel Erdreich. Diese Baustoffe wurden unter anderem aus dem heutigen See gewonnen. Der Oortkatener See wird sofort am Ufer 6 bis 8 Meter tief. Im Flachwasser ist der Seeboden noch sandig bis kiesig, in der Tiefe jedoch eher lehmig bis schlammig.

Dieses Bodensediment ist sehr leicht aufzuwirbeln und manchmal genügt schon heftiger Westwind, um die Sicht im See auf ein Minimum zu drücken. Dann taucht man am besten entlang der Leinensysteme im See. Der Nordteil des Sees vor Oortkaten ist bis zu 12 Meter tief, etwa auf Höhe der DLRG-Station gibt es Rinnen und Senken mit 14 bis 18 Meter Wassertiefe und markante Lehmhänge.

Am der Elbe zugewandten Seeufer wachsen einige Wasserpflanzen. Es gibt Schilf und bei hohem Wasserstand stehen die Erlen im Wasser. Dort lassen sich zuweilen Hechte, Barsche und Plötzen beobachten. Insider meinen, dass der häufigste Fisch des Sees der Aal sei. Das ist wahrscheinlich, denn die Überwindung des Deiches zur Elbe während des Zu- und Abwanderns im Lebenszyklus von Aalen ist für den schlangenartigen Fisch kein Problem. Außerdem leben Zander und Wollhandkrabben im Overwerder See.

Der See hat trotz der nahen Elbe keine Zu- und Abflüsse. Es mag sein, dass manchmal nährstoffbelastetes Grundwasser im Untergrund durchdrückt. Jedenfalls setzt im Sommer eine sehr starke Phytoplankton-Produktion ein und der See kann zeitweise »dunkelgrün-diffuse« Sichtverhältnisse aufweisen. Spötter meinen, dass

Der Overwerder See neben dem Elbdeich (oben).

Am düsteren Schlammboden beobachten wir mit etwas Glück Brassen ... (unten links)

... und Aale (unten rechts).

man im Sommer am helllichten Tage einen Nachttauchgang unternehmen könne. Eine Lampe ist auf nahezu jedem Tauchgang empfehlenswert.
Viele schätzen das Gewässer als Hamburger Nahziel, wo man beim Nachttauchen ausgezeichnet Fische beobachten kann. Auch für Kompass-Orientierungsübungen ist der See sehr zu empfehlen. Vorsicht ist wegen der Segler und Surfer anzuraten, eventuell mit Boje tauchen.
Infos: Tauchbasen 17, 18, 19 und 20.

III. Niedersachsen

67. Welcome to Schlicktown – Der Banter See in Wilhelmshaven

Max. Tiefe 22 Meter, 2620 Meter lang und 580 Meter breit.

Von Süden kommend fährt man bis zur Anschlussstelle Sande/Salzengroden/Mariensiel der A 29 Oldenburg-Wilhelmshaven. Am Dorf Mariensiel vorbei geht es weiter bis zur Brücke des Ems-Jade-Kanals, ehe man kurz vor der Brücke rechts abbiegt und für reichlich drei Kilometer am Kanal entlangfährt. Hinter diversen Industrieanlagen liegt dann rechts der Banter See. Um Insidertipps zu bekommen, sollte man die Henschelstraße aufsuchen, wo der einheimische UWC Manta und die DLRG nebeneinander am See ansässig sind.
Wilhelmshaven wurde einst am Reißbrett als Stadt der Kriegsmarine entworfen, als die entstehende kaiserliche deutsche Flotte neue große Häfen brauchte. Der Banter See war während beider Weltkriege Teil der verschiedenen militärischen Hafenbecken von Wilhelmshaven. Aus dieser Zeit stammt auch der Wilhelmshavener Spitzname »Schlicktown«. An der Nordseite des Sees befanden sich einst auf dem Gelände der heutigen Firma Grove Kais, Bunker und Rüstungsbetriebe für die Ausrüstung von Kriegschiffen und U-Booten. Hier fand man am Seegrund sogar bis in die 1970er-Jahre noch Mini-U-Boote vom Typ »Seehund«. Alle diese Anlagen wurden nach Kriegsende demontiert oder gesprengt.
Mit dem Bau des Grodendammes wurden durch die Engländer nach 1945 der einstige Westhafen und der Zwischenhafen abgeschottet und in einen Binnensee verwandelt. Der Wasserkörper des Banter Sees war damit vom trüben Hafenwasser abgetrennt und entwickelte die üblichen Selbstreinigungskräfte eines (Beinahe-) Binnensees. Und begann natürlich deutlich auszusüßen.
Und so ist heute unter Wasser eine Fauna und Flora zu sehen, die irgendwie zwischen Ostsee und Binnensee liegt, denn Nordsee-Salzgehalt liegt längst nicht mehr an. Typisch Brackwasser! Das ist keinesfalls abwertend gemeint, bietet dieser See doch oft 5 bis 6 Meter Sicht, die in der kalten Jahreszeit sogar bis auf 15 Meter ansteigen kann.
Oberflächlich trübes Wasser darf Tauchgäste nicht entmutigen, denn oft ist es unter der Sprungschicht deutlich klarer. Und dort gibt es dann kleine Miesmuschelbänke, Aale, Wollhandkrabben, Flundern und viele winzige Sandgrundeln zu sehen. Das Flachwasser ist bevorzugtes Revier ganzer Legionen von Stichlingen. Ostseetypische Tangarten bleiben im Banter See klein und blass, am Ufer gibt es Schilfzonen.
Der Banter See gehört der Stadt Wilhelmshaven und es gibt keine Tauchbeschränkungen. Lediglich der Betrieb von Motorbooten ist verboten. Die spannendsten Tauchplätze des Sees haben natürlich mit der kriegerischen Vergangen-

Tauchbetrieb vor der Wilhelmshavener Henschelstraße.

heit von Wilhelmshaven zu tun: Denn gewisse Reste und Trümmer von Torpedoproduktionsanlagen, Docksenkgruben für Kriegschiffe, U-Boot-Stützpunkten und diversen Bunkern sind noch vorhanden. Jedoch muss man sich vor den verworrenen Bewehrungseisen der Betontrümmer hüten. Man findet noch immer Relikte wie Granathülsen und Stahlhelme, aber auch maritime Souvenirs wie Positionslampen, Schäkel und Ketten.

Vor dem Vereinsheim des UWC Manta in der Henschelstraße: Wer sich rechtzeitig anmeldet, kann beim Vereinsheim nicht nur tauchen, sondern auch Flaschen füllen und Übernachtungen buchen. Doch was gibt es unter Wasser vor dem Domizil der Wilhelmshavener Taucher zu sehen?
Vor allem am Nordufer des Sees sind noch frühere Umschlagplätze und Ruinen unter Wasser zu finden. Unmittelbar vor dem Clubhaus geht es allmählich bis auf 10 Meter Tiefe hinab. Hier findet man verrostete Spundwände, gewaltige Betontrümmer, ein versunkenes Ruderboot, zwei Segelbootswracks ohne Kajütaufbau, ein Lkw-Fahrgestell, ein Autowrack und gespenstische Figuren von Tauchergröße. Die größte Attraktion ist das Unterwasserhaus des UWC Manta, ein GFK-Iglu von Dräger. Diese Station steht etwa 100 Meter weit draußen im See. Diese Taucherglocke diente einst der meeresbiologischen Forschung in Norwegen, ehe sie der Club übernahm. Der Iglu wird von Land aus mit Licht und Telefonanschluss

Wracktauchen im Banter See (links).

Das Vereinsheim des TC Manta Wilhelmshaven (oben rechts).

Am Unterwasser-Iglu des TC Manta (unten rechts).

versorgt und wer sich rechtzeitig anmeldet, kann das ufoförmige Gebäude gegen eine kleine Gebühr betauchen.

Die Docksenkgrube: Diesen Tauchplatz erreicht man über eine Zufahrt von der Emsstraße zu Kleingärten und der Nordeinfahrt zum Asphaltwerk. Die Geschichte: Damit Kriegschiffe in ein Schwimmdock zur Reparatur einlaufen können, muss das Dock zunächst erst einmal tief ins Wasser abgesenkt werden. Für diesen Zweck wurde gar nicht weit vom UWC Manta die Docksenkgrube ausgebaggert, mit 19 Metern Tiefe mit die tiefste Stelle im See. Ausspülungen späterer Jahre führen sogar bis auf 22 Meter hinab.
Auch hier kann man tauchen und findet allerhand Trümmer und Metallteile des früheren Werftbetriebes. Wer zum See blickend rechts der Docksenkgrube zu tauchen beginnt und sich am abfallenden Grund auf 16 Meter Tiefe bewegt, stößt nach etwa einer Viertelstunde Tauchzeit auf das interessant aussehende Vorschiff einer einstigen Hafenschute.
Da sich das salzigere Wasser in der Tiefe befindet, beobachtet man hier öfter Plattfische. Ein zweites solches Wrack liegt im Westhafen, ist jedoch viel schwerer zu finden. Auf allen diesen Hartsubstraten findet der biologisch interessierte Taucher die typischen kleinen Tierarten des Brackwassers.

Im Banter See herrschen Brackwasserverhältnisse; wir beobachten hier Flunder, ... (oben links)

... Aalmutter ... (oben rechts)

... und Schwarzgrundel (rechts).

Vor der Banter Ruine: Direkt am Grodendamm steht ein düsterer, unübersehbarer Bunker mit der Aufschrift »Banter Ruine«. Wenn man in dieser Region taucht, entdeckt man ein ausgedehntes Trümmerfeld von Stahlbeton-Bruchstücken und Metallteilen. Außerdem ruhen versunkene Pontons in nur 5-8 Meter Tiefe und man findet mit etwas Glück die 17 Meter tiefen »Scheer-Gruben«.

Karte Banter See (nach Submarin 6/79).

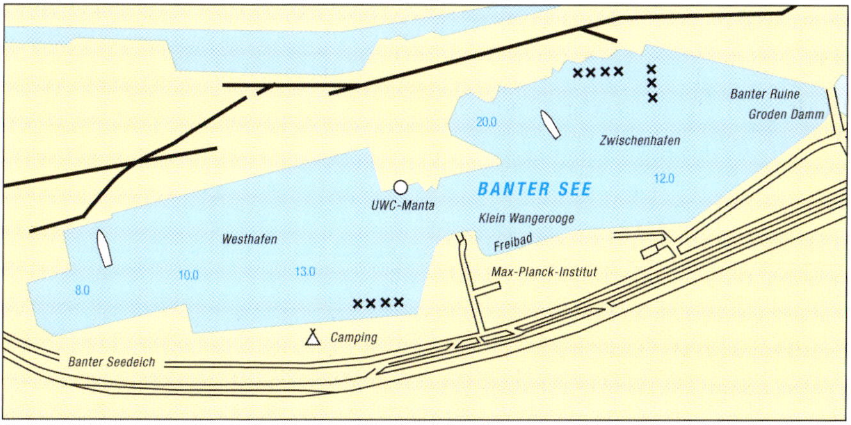

Die Banter Ruine überragt den gleichnamigen Tauchplatz.

Heinemann-Riff: Im Tauchladen Heinemann bekommt man den Schlüssel für einen eigenen Seezugang mit geschütztem Umkleideplatz und einer Ausbildungsplattform.

Die Bunker von Klein Wangerooge: Sie fahren über den Grodendamm und die Jadestraße nach Süden und dann Richtung Westen auf der Straße »Am Zwischenhafen« zwischen dem Deich des Jadebusens und dem Banter See entlang. Sie stoßen auf den Parkplatz, an dem der Weg zum Strandbad »Klein Wangerooge« beginnt und ausgeschildert ist. Von hier aus können Sie durch einen sumpfigen Bruchwald vor zum See laufen. Gehen Sie links vorbei an einer kleinen Freizeitsiedlung bis zu einer Seeregion mit Schilfzone.
Direkt gegenüber einem klotzigen Industriekomplex und dem UWC-Vereinsheim am anderen Seeufer finden Sie zwei Warnschilder oder wenigstens die Pfosten davon im Wasser stehen. Zwischen diesen Pfählen liegt der wabenartige Stahlbetonkomplex, der »Tauchbunker«. Das düstere Bauwerk beginnt in 20 Zentimeter Tiefe und endet in 6 Meter Tiefe. Man kann sowohl von oben in die Kammern einschweben als auch ganz unten enge, etwa fenstergroße Öffnungen durchtauchen. Die Westseite dieses Komplexes ist offen, auf der Ostseite befinden sich die engen Einstiege. Die Stahlbetonkammern sollen einmal Öltanks gewesen sein, möglicherweise auch mit den entsprechenden technischen Kontrollräumen, um Schweröl umzupumpen und große Schiffe zu betanken. Ein sehr interessanter Teil des

Gesprengte Marinebauten im Banter See (oben links).

Der Banter See beim Freibad Klein Wangerooge (oben rechts).

Tauchen bei und in den berühmt-berüchtigten Tauchbunkern bei Klein Wangerooge (unten).

Sees. Ganz in der Nähe finden Sie an den Surfplätzen des Anton-Dorn-Weges am Südufer weitere Einstiegsmöglichkeiten zum Tauchen.

Nordseeflair: Einmal so weit in den Norden gereist, sollte man sich auch die Wilhelmshavener maritimen Sehenswürdigkeiten nicht entgehen lassen. Wenige Minuten vom Banter See entfernt finden Sie an der Südstrandpromenade das Marinemuseum (mit U-Boot) und das Wattenmeerhaus. Empfehlenswert sind außerdem ein Spaziergang mit Blick vom Deich auf die Wattgebiete des Jadebusens sowie ein Abstecher ins Seewasseraquarium.
Beinahe »Pflichtprogramm« für Taucher: ein »Tauchgang« zur virtuellen Unterwasserstation OCEANIS am Bontekai, verbunden mit einer stilechten Mahlzeit auf dem Feuerschiff »Weser I« im nahen Museumshafen.
Infos: Tauchbasen 24 und 25.

Das Zementmuseum Hemmoor an der Einfahrt zum Kreidesee.

68. Szenetreff – Der Kreidesee von Hemmoor

Max. Tiefe 60 Meter, limitierte Tauchtiefe 45 Meter, 1,3 km lang, 500 Meter breit, ca. 60 ha.

Der Kreidesee von Hemmoor ist das ultimative Tauchziel im Nordwesten Deutschlands. Ein großer tiefer See mit oft berauschend klarem Wasser, mit Platz für viele Tauchgäste und einem wohl geordneten Tauchbetrieb. Hier begegnet man »live und in Farbe« irgendwann allen, und seien es die »rätselhaftesten Chat-Taucherinnen«. Man fährt auf der Autobahn am besten bis Hamburg-Harburg und dann weiter auf der B 73 über Stade nach Hemmoor. Der See wird von einer markanten Windmühle überragt und bei der Ortsdurchfahrt in Richtung Cuxhaven sichtbar. Wenn rechter Hand das Zementmuseum mit seinen bunt angestrichenen Lokomotiven und der Schute erscheint, kann man schon mal links blinken ...

Geschichte: Die Kreidevorkommen bei Hemmoor wurden schon 1859 bei Bohrversuchen im Auftrag der Königlich-Hannoverschen Regierung entdeckt. Ab 1866 gab es eine kleine Zementfabrik. Ab 1882 übernahm die »Portland Cementfabrik Hemmoor Aktiengesellschaft« das Werk. Der produzierte Zement wurde über den Hafen Schwarzenhütten und die Oste abtransportiert, ab 1896 auf werkseigenen Schiffen.

Ab 1976 erhielt das Zementwerk Hemmoor Rohstoffe aus Schleswig-Holstein und in der Kreidekuhle ruhte der Abbau. Die Pumpen wurden abgestellt. Die gegen Ende der Förderung etwa 130 Meter tiefe Grube füllte sich langsam mit glasklarem Grundwasser. Locker abgelagerte Abraumkegel rutschten ab und verschütten die Pumpstation in damals 120 Meter Tiefe. Das Werk wurde 1983 stillgelegt und ab 1985 abgerissen. Zur Uferbefestigung an der B 73 wurden die Trümmer des Werkes straßenseitig in den Kreidesee verfüllt. Diese Befestigungen und der große Erdrutsch sorgten für die heute »nur noch« 60 Meter Tiefe.

Ende der 1980er-Jahre avancierte der See zum Geheimtipp in Taucherkreisen und bald berichteten die Tauchmagazine. Eine Zeit lang war das Verfüllen des Gewässers mit Hafenschlick im Gespräch. Aber der herrliche See blieb erhalten.

Kreidesee Hemmoor – Blick zur Mühle.

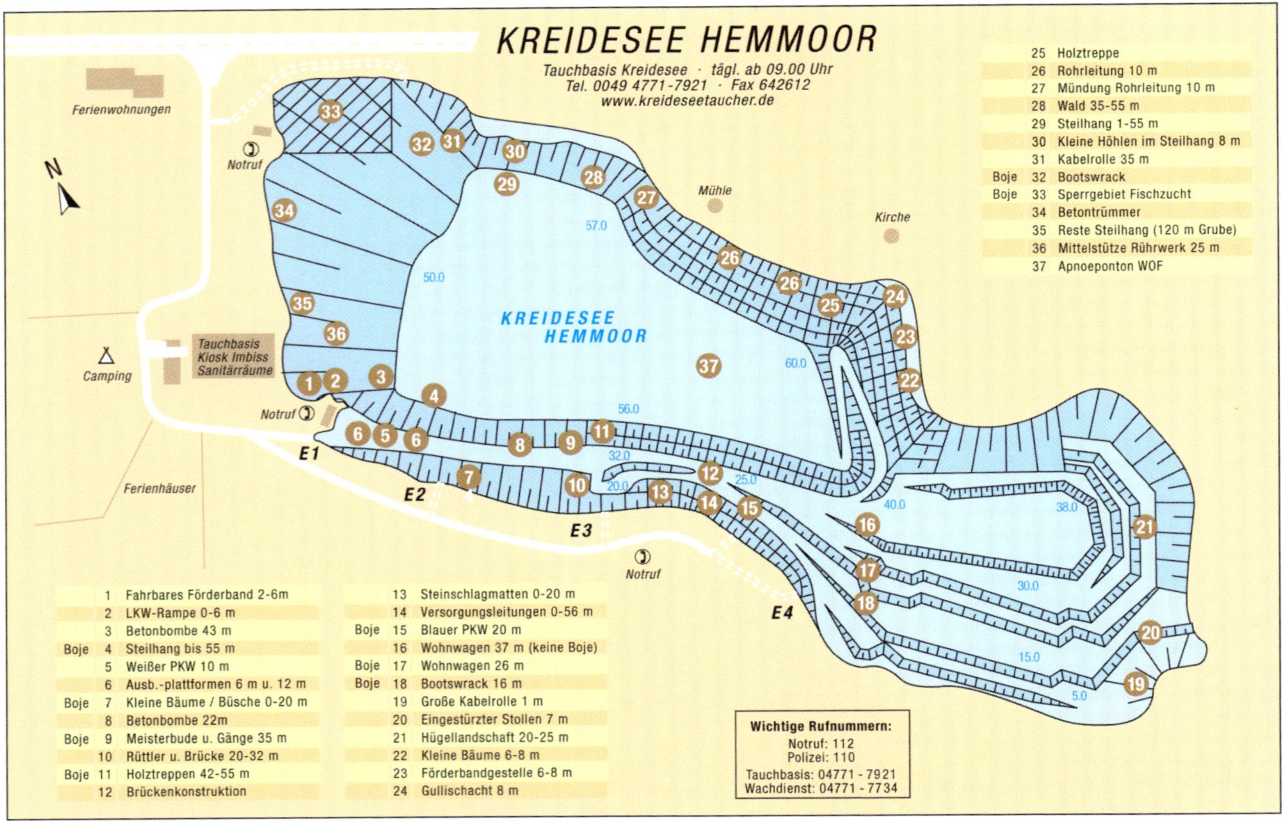

Die Tiefenkarte des heutigen See. Nach Holger Schmoldt, mit freundlicher Genehmigung der Tauchbasis Kreidesee.

Die noch trocken liegende Grube.
(Fotograf unbekannt, mit freundlicher Genehmigung der Tauchbasis Kreidesee).

Einstieg 1: Hier beginnt die berühmte Straße in die Unterwasserwelt des Kreidesees, der man leicht entlang der gut sichtbaren Bordsteine folgen kann. Zwischen Straße und Ufer stehen einige große Bäume und Büsche, die Rückzugsgebiet für große Barschschwärme sind. An vielen Stellen wuchern dichte Wiesen kalkliebender Armleuchteralgen, die in diesem klaren Wasser hervorragende Lebensbedingungen haben. Immer wieder werden Stichlinge beobachtet.
Zuweilen kreuzen hier auch »gelangweilte« Saiblinge, die sich von Tauchern kaum aus der Ruhe bringen lassen, denn sie »wissen«, wie langsam Taucher sind. Diese Saiblinge sind aus der Fischzucht im See entwischt und zuweilen sieht man fast metergroße Exemplare. Nebst den Saiblingen gibt es im Freiwasser scheue Stint-Schwärme, die vor Zeiten als Futterfische für die Saiblinge gesetzt wurden. Außerdem leben Regenbogenforellen, Aale, Barsche, Hechte, Zander und Plötzen im See, an die man auf Grund des klaren Wassers beinahe nur nachts herankommt. Auf der Seeseite der Straße geht es nach wenigen Metern über Steilwände ruppig abwärts bis auf 45 bis 55 Meter Tiefe.
Neben der Straße sind die Gestelle von Förderbändern erhalten und man kann die Schächte mit den Absperrventilen der Pumpleitung noch sehen. Auf den Förderbändern wurde einst die Kreide vom Rüttler in die Zementfabrik bewegt. Überall im See kann man Reste weiterer Förderbänder finden.

Die Tagebaustraße (Einstieg 1) führt einfach ins Wasser hinein, wo ... (oben links)

... ein Förderband liegt und ... (oben rechts)

... auf den ersten Metern auch die Pflasterung noch gut zu sehen ist (unten links).

Für Filmaufnahmen wurde ein VW Polo auf die Straße gestellt (unten rechts).

Auf der Straße liegen ein großes betauchbares Rohr und ein VW Polo-Wrack, das hier für Filmaufnahmen versenkt wurde. Die solide Straße führt nur sehr allmählich bis auf 32 Meter Tiefe vor dem Rüttler. Weil lange Abschnitte der alten Grubenstraße in geringen Tiefen liegen und nur von einer dünnen Sedimentschicht bedeckt sind, üben hier viele Tauchschulen.
Dadurch kann man über der Straße oft erst jenseits der 20 Meter Tiefe die berühmte Hemmoor-Sicht genießen. Direkt am Einstieg 1, jedoch neben der Straße in 45 Meter Tiefe, steht einer jener Betonschüttsilos, die hier volkstümlich »Betonbomben« heißen und gern betaucht werden. Wer am Einstieg 1 gleich »links abbiegt«, gerät in die Schrottbucht, wo man dicke Rohre, Kabeltrommeln, alte Förderbänder und Ähnliches findet.

Einstieg 2: Auch von dieser Einstiegsstelle aus stoßen Sie direkt auf die Straße. Aber in diesem Bereich liegt die Straße schon etwa 20 Meter tief und man hat jenen Abschnitt ausgelassen, der so oft zur Anfängerausbildung verwendet wird. In 23 Meter Tiefe neben der Straße steht direkt vor diesem Einstieg ein weiterer

Dieser Schwimmsteg an Einstieg 2 führt Taucher ...(oben links)

... zu den »Zementbomben« am Seegrund und ... (unten links)

... natürlich auch in die bizarren Unterwasserwälder von Hemmoor (rechts).

Betonschüttsilo. Außerdem kann man zwischen den Einstiegen 1 und 3 hübsche Unterwasserwälder betauchen.
Die versunkenen Wälder sind licht und hell, geradezu heiter und immer wieder mal durch Characeenpolster geschmückt. In Insiderkreisen heißt dieser durchaus hübsche Seeteil der »Mädchenwald«. Das Wäldchen zieht sich von etwa 1 bis 15 Meter Tiefe. Ein erhöhtes »Nixenaufkommen« war nicht zu bemerken, aber die Fische mögen den Platz. Der ausgleichenden Gerechtigkeit halber gibt es jenseits der 40 Meter Tiefe einen »Männerwald« vor der Mühle und Einstieg 5.

Einstieg 3: Wenige Meter vor dieser Einstiegsstelle befindet sich der legendenumwobene Rüttler im See, ein 12 Meter hohes Betongebäude. Man kann über Grund entlang eines Leitseiles dahin tauchen oder an Bojenleinen absteigen. Vom Grubenhang führt eine Brücke mit Geländer (21 m) zum oberen Ende dieses markanten Unterwasserturmes. Auf der Brücke stehen eine Straßenlaterne und ein Verkehrsspiegel. Wenn am Rüttler eine Weile Ruhe war, kann man einen Saiblingsschwarm an der Brücke treffen. Auf der Brücke liegt ein Spielautomat, vielleicht als Warnung für all jene Tieftaucher, die in Hemmoor am Rande ihrer Fähigkeiten spielen.

Von Einstieg 3 aus erreicht man schnell den berühmten Rüttler (oben links).

Der Rüttler im Modell mit Tiefenangaben (oben rechts).

Die Brücke zum Rüttler mit Spielautomat (unten links).

Tauchgang am düsteren Rüttler-Gebäude (unten rechts).

Das Rüttlergebäude wurde früher von drei grossen Tagebau-Lkws mit Material versorgt. Heute kann man in jenen Trichter (die Schütte) hineintauchen, zu dem einst die Lkws über die Brücke fuhren und das unsortierte Material abkippten. Unterhalb des Trichters erreicht man jene Kammer (30 Meter), in der sich damals der Schubscheider (auch Flintsteinabscheider) befand.

Im Rüttler wurde die begehrte Kreide vom tauben Gestein getrennt. Die reine Kreide gelangte nach Passieren der Anlage durch die unterirdischen Gänge unter dem Gebäude zu den Förderbändern an der Straße und weiter zur Fabrik. Die unterirdischen Gänge mit Meisterbude (37 Meter) und kleiner Werkstatt sind aus Sicherheitsgründen verschlossen worden, man kann nur noch von außen zu Pritsche und Ofen hineinschauen.

Im Rüttler gibt es an zwei Stellen große Luftblasen, in denen man ein paar Worte wechseln kann. Zwangsläufig muss vor der Luftqualität an diesem Ort gewarnt werden. Im Rüttler sind immer wieder neue Abenteuer zu erleben, da einige Taucher ihren Spaß daran haben, hier große Spinnen und andere »Kuscheltiere« zu installieren oder auch Spiegel anzubringen.

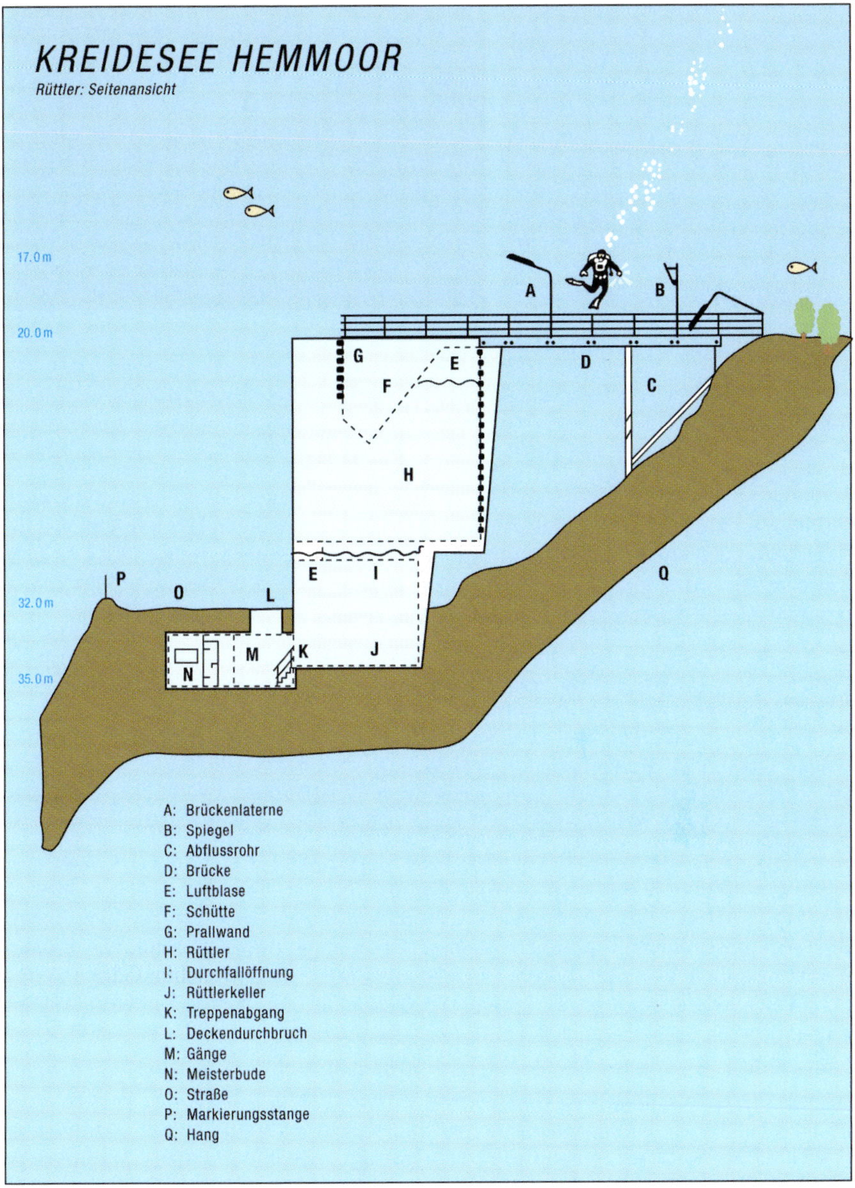

Skizze des Rüttlers. Nach Holger Schmoldt, mit freundlicher Genehmigung der Tauchbasis Kreidesee.

Aufregendes Tauchen im Rüttler (links).

Der Lichtstrahl der Taucherlampe fällt auf die vergitterten Gänge in der Tiefe des Rüttlers (rechts).

Nachdem man das Gebäude ausführlich inspiziert (ebener Grund, sprich die alte Straße vor dem Rüttler, 32 Meter) und die Brücke durchtaucht hat, kann man sich dem Steilhang vor dem Rüttlergebäude zuwenden. Dort beginnen in 43 Meter Tiefe große Holztreppen, die einst bis zur Pumpstation in 120 Meter Tiefe führten. Am Rüttler ist morgens das beste Licht, ebenso wie die beste Sicht.

Einstieg 4: In dieser Seeregion bietet sich ein Kurs an, auf dem man zunächst das Ruderbootswrack und den Wohnwagen besucht. Es handelt sich um den früheren Wachwagen der DLRG, den ein heftiger Sturm ins Wasser geweht hat. Der Wohnwagen steht in 25 Meter Tiefe.
Der Seeboden fällt hier im hinteren Seeteil in markanten, immer etwa 5 bis 6 Meter hohen und 5 Meter breiten Stufen oder Terrassen (so genannte Bermen) in die Tiefe ab. So kann man sich recht gut orientieren. In 37 Meter Tiefe gibt es einen zweiten, nicht markierten Wohnwagen.
In etwa 16 Meter Tiefe findet man hier außerdem ein großes Motorbootwrack, an dem sich im Sommer ein ziemlich ortstreuer Stichlingsschwarm aufhält. Wer ziellos durch diesen nicht so tiefen Seeteil taucht, wird noch allerhand auf den Seekarten nicht vermerkte Relikte des Bergbaues finden. Ganz in der Nähe des Ostufers gibt es im hinteren Seeteil sogar einen eingestürzten Stollen.
Nun kann man auf etwa 20 Meter Tiefe weiter in Richtung Einstieg 3 tauchen. Unterwegs kommt man am Wrack eines metallicblauen Mitsubishi vorbei. Außerdem sieht man auf diesem Kurs die Versorgungsleitungen, in denen einst die Kabel zur Pumpstation in die Tiefe liefen. Wenn die Stahlmatten zur Befestigung des Steilhanges oberhalb des Rüttlers in Sicht kommen, ist man schon nahe am Einstieg 3 und ein erlebnisreicher Tauchgang geht zu Ende. Hinter den Stahlmatten verbergen sich gerne große Fische.

Ab Einstieg 4 können der DLRG-Wohnwagen und ... (oben links)

... das Motorboot-Wrack, hier mit Stichlingsschwarm, erreicht werden (oben rechts).

Vor der Region mit der Mühle liegt ein weiterer Schwimmsteg als Einstieg 5, der ... (Mitte links)

... Ausgangspunkt für Tauchexkursionen zum Wrack des Krabbenfischer-Kutters und ... (Mitte rechts)

... zur bizarren Landschaft unterhalb der Steilwand (rechts).

Einstieg 5: Am Einstieg 5 wird deutlich weniger getaucht, denn hier ist es sofort sehr tief und man muss außerdem etwa 200 Meter weit vom Parkplatz hierher laufen. Dafür wird der ausdauernde Taucher jedoch mit einem grandiosen Unterwasserpanorama entschädigt: von 1 bis 35 Meter Tiefe zieht sich eine nahezu senkrecht abfallende Steilwand hin, die einige kleine Grotten und beachtliche Überhänge aufweist.

Ein Teil der in geringer Tiefe liegenden Grotten und kleinen Höhlen ist durch Wasseradern geschaffen worden, die hier den Kreidesee speisen. Der Fels ist malerisch zerfressen und im oberen Bereich gibt es Armleuchteralgenvorkommen,

die die Wand schmücken. Wie an einigen steilen Felsabrissen in Kalkgebirgen kann man auch hier Fossilien beziehungsweise deren Abdrücke in der Kreide finden.
In den Höhlen der Steilwand leben dicke Aale, die sich tagsüber in den dunkelsten Winkeln beobachten lassen, wenn man eine Lampe dabei hat. In etwa 23 Meter Tiefe liegt direkt vor dem Einstieg 5 ein Segelbootswrack auf dem Grund. Dies ist ein besonderes Boot: ein alter Krabbenfischer-Kutter, der früher auf der Tidenelbe im Einsatz war. Erst ab 35 Meter geht die Steilwand langsam in einen schräg abfallenden Grund über, der bis in 50, maximal 55 Meter Tiefe führt.
Wer einen langen Tauchgang plant und über große Flaschen verfügt, kann ab Einstieg 5 den wunderschönen Wald erreichen, der etwa unterhalb der Mühle liegt und sich von 25 bis 55 Meter Tiefe hinzieht. Die Bäume stehen direkt am Steilhang und sind mit einer weißen Kalkschicht bedeckt. Alle Tauchgebiete am Einstieg 5 liegen ganztägig im Sonnenlicht und ein Tauchgang um die Mittagszeit ist besonders empfehlenswert, um Licht in großen Tiefen zu haben.

Ausflüge: Neben den für Wilhelmshaven beschriebenen Sehenswürdigkeiten sind von Hemmoor aus ein Besuch des Deutschen Schifffahrtsmuseums Bremerhaven, des Wrackmuseums Cuxhaven und des Natureums Niederelbe in Balje-Neuhaus an der Elbmündung echte Highlights einer Nordlandfahrt. Nicht zu vergessen das Zementmuseum zur Hemmoorer Geschichte »vor der Haustür« des Sees.
Tauchen im Kreidesee Hemmoor erfordert eine kostenpflichtige Anmeldung inklusive der Information über Einstiegsstellen, Sperrgebiete, Tiefenlimits und der besonderen Bedingungen für das Technische Tauchen.
Infos: Tauchbasen 21 (direkt am See), 22 und 23.

69. Das Speicherbecken Geeste bei Lingen

Max. Tiefe 15 Meter.

Sie fahren auf der B 70 noch an Lingen vorbei und biegen etwa drei Kilometer nach Überqueren der Kanalbrücke nach links in Richtung Osterbrock und Speichersee Geeste ab. Nun können Sie der Beschilderung in Richtung Seerestaurant und Parkplätze folgen.
Der Speichersee Geeste hat nur einen zugelassenen Tauchbereich links vom Restaurant hinter der Deichkrone, die mit Bojen gekennzeichnete Badebucht. Für Taucher ist allein die zweite Parkebene, das heißt der tieferliegende Parkplatz vor dem Restaurant vorgesehen. Als Ein- und Ausstieg soll möglichst die Treppe am Ostgiebel des Restaurants genutzt werden.
Der Speichersee ist ein künstliches Gewässer. Den Aushub vom Gewässerbau verwendete man für einen Damm rund um den See. Dieser Schüttdamm ist an seiner Sohle 120 Meter breit, 15 Meter hoch und oben noch 10 Meter breit. Auf der Dammkrone verläuft der Rundwanderweg um den See.

Im Speicherbecken Geeste beobachtet man unter anderem kräftige Barsche (links).

Im relativ kahlen Kiesteich von Südwinsen leben beachtliche Hechte (rechts).

Der Speichersee von Geeste ist ein gut beherrschbarer Flachsee, in dem es schon Muschelbänke und Wasserpflanzenbulte gibt. Man findet Süßwasserschwämme und kann Barsche, Plötzen, Aale, Zander und Amerikanische Flusskrebse beobachten. Weil es den Fischen anfänglich an Unterständen mangelte, versenkten die Taucher des TC Hydra Lingen e. V. Betonröhren im See. Einmal so lustig am Bauen, wurde ein komplettes Badezimmer im Unterwasserbereich montiert. Na, die Fische werden es zu schätzen wissen ... Für Ausbildungszwecke steht eine Übungsplattform auf 7 Meter Tiefe im See, die man ab dem Einstieg auf Kurs 95 Grad findet.
Das Speicherbecken Geeste ist kein öffentliches, zum Gerätetauchen frei zugängliches Gewässer. Der Tauchclub Hydra Lingen e.V. (TCH) hat einen Nutzungsvertrag abgeschlossen, der den TCH zum »taucherischen Hausherren« am Gewässer macht. Auswärtige Taucher benötigen eine Tauchgenehmigung durch den TCH, müssen sich anmelden und die See- und Tauchordnung zur Kenntnis nehmen.
Infos: Tauchbasen 26 und 27, Anmeldung zwingend erforderlich.

70. Der Heidesee

Max. Tiefe 9 Meter, mittlere Tiefe 3 Meter.

Der Heidesee liegt am nordöstlichen Rand des Naturparks Südheide. Sie finden das Gelände in Faßberg-Oberohe bei Munster. Mittelpunkt des gleichnamigen Camping-Ferienparks ist der schilfgesäumte, viele Wochen im Jahr glasklare Heidesee. Übernachtungsgäste der Anlage und auch Tagesgäste dürfen im See tauchen und beobachten hier die Dutzendfischarten einheimischer Seen.
Der Heidesee ist keineswegs ein geeigneter See zum Tieftauchen, sondern mehr ein See für entspannte Flachwasserbeobachtungen in der Nähe von Schilf, Binsen und Tauchblattpflanzen. Infolge Besatz sehen Sie hier vor allem Regenbogen-

forellen, Schleien und Karpfen, und es gibt auch schöne Muscheln. Der zentrale Seeteil bietet gleichfömigen Schlammboden und ist weniger spannend.
Der Ferienpark sieht den Wassersport als einen Teilbereich der angebotenen Aktivitäten und vor allem Familien mit Kindern finden hier ein umfangreiches Angebot für Aktivurlaub von der Reitschule bis zur Skaterbahn vor.
Infos: Ferienpark 28.

71. Der Kiesteich von Südwinsen

Max. Tiefe 19 Meter.

Dieser Kiesteich wurde in jüngerer Zeit zum Tauchen entdeckt. Der Kiesteich von Südwinsen ist jedoch verpachtet und freies Tauchen nicht möglich. Der See wird für Gasttaucher zugänglich, die sich beim Triton Diving Club Celle anmelden. Alle Taucher werden aufgerufen, sich an diese Anmeldereglung zu halten, damit das Gewässer zum Tauchen frei bleibt.
Man erreicht den See über die A 7 Hannover-Hamburg, AS Schwarmstedt-Wietze, weiter auf der B 214 Richtung Wietze und Celle. In Wietze folgt man der Beschilderung »Erdölmuseum« und weiter durch Hornbostel in Richtung Südwinsen. Rechts neben einem ausgeschilderten Hartsteinwerk befindet sich der Kiessee. Parken kann man am Campingplatz, von dort sind es hundert Meter zum Wasser. Bis in Tiefen von 7 Meter kann der Kiesse sehr klar sein und man wird Barsche, Hechte, viele Krebse und im sehr spärlichen Bewuchs auch ein paar Rotfedern beobachten. Die Tiefenzone des Sees ist eiskalt und völlig dunkel, im Scheine starker UW-Lampen kann man »Exponate« wie das Mofa-Wrack oder das versunkene Stahlfloß aus den Zeiten des Kiesabbaues entdecken.
Infos: Tauchbasis 29.

72. City-Dive Hannover – Der Dreiecksteich

Max. Tiefe 7 Meter.

Der Dreiecksteich liegt in der Nähe des Südschnellweges. Man erreicht das Gewässer über den Pänner-Schuster-Weg. Am Ende dieses Weges liegt ein großer Parkplatz, wo man die Ausrüstung anlegen kann und dann noch 150 Meter zum Wasser laufen muss. Eine Fußgängerbrücke führt über die Leine und auf der anderen Seite stehen wir bereits an den Gestaden des Dreiecksteiches.
Je nach Badebetrieb und Phytoplankton-Aufkommen kann der Teich eine Sichtweite von 2 bis 5 Metern bieten. Das Gewässer ist reichlich mit submersen Pflanzen bewachsen, zwischen denen man Hecht, Barsch, Schleie, Plötze und Karpfen begegnen kann. Der Hit ist das Aalfeld, ein kiesiger Grundabschnitt, auf dem sich oft dicht bei dicht viele Aale aufhalten. Vermutlich jedoch nur deshalb, weil sie hier von Anglern ausdauernd angefüttert werden.

Der Dreiecksteich ist ein See der Aale, ... (links)

... auf die man auch im Tankumsee treffen kann (rechts).

Der Dreiecksteich wird insbesondere von der Nord- und Westseite stark beangelt und man sollte die Petrijünger weiträumig umschwimmen und jeden Interessenkonflikt vermeiden. Der Dreiecksteich ist weder tief noch eine taucherische Sensation, aber wer nach der Arbeit einen Nachttauchgang der einfachen entspannenden Art schätzt, wird das innerstädtische Gewässer mögen.
Infos: Tauchbasen 30 und 31.

73. Der Bernsteinsee

Sie erreichen die Region über die A 2, AS Wolfsburg. Der Bernsteinsee bei Sassenburg-Stüde ist durch seinen Fischreichtum bei Anglern und Tauchern gleichermaßen bekannt. Der See entstand vor reichlich 30 Jahren durch den Bau des Elbe-Seitenkanals. Der See liegt inmittten eines eine Million Quadratmeter großen Feriengeländes.
An einen Baggersee erinnert nur noch wenig, wenn man das Südufer mit Nadelwald, Heide und Schilf betrachtet oder den großen Sandstrand am Nordufer genießt. Die direkte Nachbarschaft zum Elbe-Seitenkanal und angrenzende Moorlandschaften bieten viele Möglichkeiten für aquatische Naturerlebnisse verschiedenster Art.
Das Tauchen im Bernsteinsee muss telefonisch bei der Betreibergesellschaft angemeldet werden und Taucher sollen sich vor Beginn des Tauchens am Kassenhäuschen melden. Da es hier keinen Tauchbasisbetrieb gibt, können Einzeltaucher nicht akzeptiert werden. Vielmehr sollten Taucher, die im Bernsteinsee tauchen wollen, möglichst als in jeder Weise sichere, selbstständige Gruppe anreisen. Erfahrungsträger zum Tauchen im Bernsteinsee ist der TC Wolfsburg (www.tauchclub-wolfsburg.de).

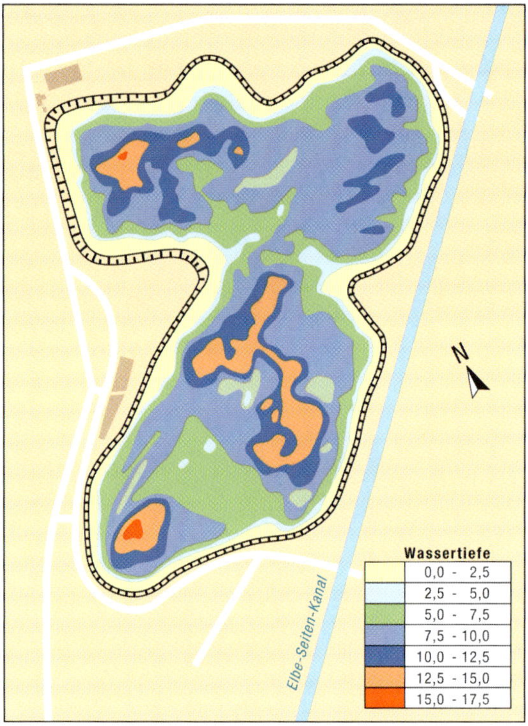

Tiefenkarte Tankumsee, nach K. Schlaffer/U. Sixel, mit freundlicher Genehmigung der Tankumsee GmbH.

Doch die Region bietet noch mehr: Ein besonderes Erlebnis verspricht der Besuch des Otterzentrums in Hankensbüttel, wo man Fischotter, Otterhund, Dachs und verschiedene Marder bestaunen kann. Ebenfalls lohnend: der Heilige Hain und die Wassermühle Wahrenholz.

Infos: Ferienanlage 32.

74. Der Tankumsee

Max. Tiefe 18 Meter, 62 ha.

Der Tankumsee bei Isenbüttel liegt im Städtedreieck von Wolfsburg–Braunschweig–Gifhorn innerhalb des Landschaftsschutzgebietes Allertal-Barnbruch. Der See ist nach Auskunft der Tankumsee-Betriebsgesellschaft jederzeit frei zum Tauchen, so weit der Badebetrieb und die anderen Wassersportarten nicht gefährdet oder behindert werden. Nachttauchen ist erlaubt. Tauchgänge sollten auf den großen Parkplätzen vorbereitet werden, direkt bis ans Ufer fahren darf man mit Ausnahme von Notfällen nicht. Während der Badesaison Mai bis September sollte möglichst abseits der Badezonen getaucht werden.

Am Tankumsee steht ein 1000 Meter langer Sandbadestrand zur Verfügung, der das Tauchen und Baden in Familie leicht und angenehm macht. Der See bietet Schilf und ausgeprägte Wasserpflanzenbestände in 2 bis 4 Meter Tiefe, aber auch Muschelvorkommen und Krebse zur Beobachtung. Man kann leicht Hechte, Zander, Barsche, Plötzen, Schleien, Karpfen, Aale, Regenbogenforellen und Bleie beobachten, vor allem beim Nachttauchen. Dann erlebt man insbesondere Aale aller Größen live und in Aktion. Im Tankumsee herrschen meist im Juli, August und September die besten Sichtweiten.

Im See liegen kleine Wracks und der ansässige Tauchverein hat eine Ausbildungsplattform in 4 Meter Tiefe installiert. Übernachtungsgäste müssen sich bei der

Das Kuhloch ist ein hübscher kleiner Steinbruchsee in der Velpker Schweiz (links).

Der Salzgittersee (rechts).

See-Betriebsgesellschaft anmelden. Einen regelrechten Basisbetrieb gibt es nicht, jedoch kann man beim ansässigen Verein Tauchtipps erhalten. Man sollte genug Luft mitbringen, denn die nächsten Füllstationen wären Braunschweiger Tauchshops.
Neben dem Tauchen selbst gibt es in der Region viel zu sehen, ganz besonders empfehlenswert ist das Internationale Wind- und Wassermühlen-Museum Gifhorn, wo man sich in ein Märchenland versetzt fühlt. Auch ein Besuch in Meinersen auf der Traditionsinsel und die Betrachtung der »Kunst am Wasser« verspricht wunderbare Erinnerungen.
Infos: Ferienanlage beziehungsweise Tauchbasen 34, 35 und 36.

75. Das Kuhloch in der Velpker Schweiz

Max. Tiefe 9 Meter.

Das Kuhloch ist ein lang gezogener Steinbruchsee in der Velpker Schweiz. Man kann an senkrechten Felswänden entlangtauchen und bei mäßiger Sicht einige Barsche und Krebse beobachten. Wenn die Natur grünt und blüht, ist der kleine Felssee beinahe idyllisch zu nennen. Der Steinbruchsee befindet sich im Privatbesitz der Familie Brand. Nach Auskunft des Besitzers ist der See jederzeit zum Tauchen frei, wenn man sich telefonisch anmeldet und eine Tauchgebühr entrichtet.
Infos: Besitzer 33.

76. Der Salzgittersee

Max. Tiefe 16 Meter, 2 km lang, 75 ha.

Sie erreichen den See über die A 39, AS Salzgitter-Lichtenberg, fahren weiter in Richtung Peine und durchqueren den Stadtteil Salzgitter-Lebenstedt. Dann ist der See bereits ausgeschildert.

Der Salzgittersee entstand 1960 durch die Flutung einer großen Kiesgrube. Die Stadt Salzgitter entwickelte das Gebiet von der wilden Badestelle zu Kieswerkzeiten zum durchdachten Naherholungsgebiet von heute. Die wichtigsten Wassersportarten haben daher bestimmte Seeregionen zugewiesen bekommen. Der See wird neben dem Grundwasser von der Fuhse gespeist. Auf der Insel im See kann man gut spazieren gehen, sich zum Picknick niederlassen und im Sommer tolle Open-Air-Konzerte erleben. Die Insel mit ihren großen Bäumen und verschiedenen Metall- und Steinskulpturen ist ein angenehmer Aufenthaltsort.
Der rund 10 Meter tiefe Nordteil des Sees ist das Surferrevier, hier leben Taucher gefährlich und es gibt auch unter Wasser kaum etwas zu sehen. Deshalb ist an dieser Stelle von Tauchgängen abzuraten. Der Oststeil des Sees ist das Seglerrevier und darüber hinaus durchschnittlich nur 3 Meter tief. Also für das Tauchen ebenfalls ungegeignet. Im Südwesten befindet sich ein großer Badebereich, dessen Grundaufwirbelungen die Sicht dort schnell verderben.
Deshalb sind die Taucher am Westufer des Salzgittersees, so wie offiziell erwünscht und vorgesehen, schon am besten aufgehoben. Hier gibt es die größten erreichbaren Tiefen von bis zu 16 Meter, hier existieren schöne Wasserpflanzenfelder und darüber hinaus ist der Westparkplatz (etwa 80 Meter vom Wasser) für Anfahrt und Aufrödeln ideal. Sogar der einheimische Tauchclub Sepia hat am Westufer sein Taucherheim.
Am Westufer existieren drei markante Einstiegsstellen: Die nördliche Treppe, die südliche Treppe und der »neue Einstieg«, der etwa auf Höhe des nördlichen Endes des Westparkplatzes liegt. Man erkennt ihn an Gestellen, um Flaschenpakete auf- und abzusetzen. Der Grund ist am Ufer sandig mit kleinen Steinen, wird aber weiter draußen immer schlammiger. Bitte sorgfältig tarieren.
Im Bereich von bis zu 6 Meter Tiefe finden Sie ausgedehnte Wasserpflanzenfelder mit Tausendblatt, Wasserpest und Rauem Hornblatt sowie viele Fische. Es werden Hechte, Barsche, Zander, Karpfen und mehrere Weißfischarten beobachtet.
Manchmal sieht man auch interessant strukturierte grüne Algenwatten. Zwischen beiden genannten Treppen liegen in 3 bis 8 Meter Tiefe allerhand Betonplatten aus der Abbauzeit, bei denen sich die größeren Fische verstecken.
In Höhe der südlichen Treppe entdeckt man in 10 Meter Tiefe ein Gitterrost als Ausbildungsplattform. Diese wird im Sommer mit einem Ponton gekennzeichnet. Direkt vor dem »neuen Einstieg« liegt die mit 16 Meter tiefste Seeregion, die allerdings außer düsterem Grund nichts Besonderes bietet.
Wer vom neuen Einstieg zunächst zur Abbruchkante auf 6 Meter Tiefe taucht und dieser in Richtung Nordwest folgt, wird in 6 bis 7 Meter Tiefe ein Hinweisschild und später eine weitere Ausbildungsplattform finden. Außerdem liegt »unterwegs« ein Kanuwrack. An der 6-Meter-Abbruchkante und bis hinauf auf 3 Meter Tiefe sind die meisten Fische zu sehen, man muss sich allerdings im Bereich 3 bis 6 Meter auch vor allerhand Angelschnüren in Acht nehmen.

Für das Tauchen im Salzgittersee ist ein Kompass sehr nützlich, da sich im See viele Hügel, Wälle und »Unterwasserdünen« aus der Abbauzeit befinden. Viele dieser Oberflächenformen des Seegrundes verlaufen vom Weststrand in Richtung Seemitte, können aber bis zu 2 Meter unter die Wasseroberfläche aufragen. Wegen des Boots- und Surfbetriebes ist es ratsam, ohne aufzutauchen in Richtung Weststrand zurückzufinden.
Außerdem kann man sich vom Badestrand aus am DLRG-Standort vorbei durch den schmalen Kanal unter der Brücke hindurch bis zur Südspitze der Insel interessante Schnorcheltouren vorstellen. Die Kanalufer sind mit Holzpfählen befestigt, überhängende Zweige der Ufergehölze ragen bis ins Wasser und sind zuweilen mit Wasserpflanzen verfilzt, Bäume treiben Wasserbärte und alles in allem bietet der kleine Kanal allerhand dämmrige Fischunterstände.
Infos: Tauchbasen 36 und 38.

77. Der Humboltsee bei Salzhemmendorf-Wallensen

Max. Tiefe 25 Meter, ca. 7 ha.

Sie erreichen die Region über die A 2, AS Bad Eils und weiter auf der B 83 Richtung Hameln. Die B 1 führt weiter nach Salzhemmendorf, wo Wallensen und der See bereits ausgeschildert sind.
Der Humboldtsee liegt im Weserbergland vor der Stadt Hameln. Er entstand, als in den 1960er-Jahren das Braunkohleabbaugebiet Wallensen rekultiviert wurde. Damals wurde aus dem alten Tagebau ein 65.000 qm großer Badesee geschaffen, der von Grund- und Quellwasser gspeist wird. Tauchsaison am Humboldtsee ist vom 1.4. bis 1.11. des Jahres. Taucher müssen sich anmelden, die Zahl der Taucher ist auf 30 per Tag limitiert.
Eingestiegen wird bei den Steganlagen. Der See ist reich an Wasserpflanzen und Muscheln. Die schönsten Tauchregionen liegen in Tiefen bis zu 10 Meter, aber es gibt auch eine alte Kohlegrubensteilwand im Humboldtsee. In der Tiefe liegen noch Reste der Bergbautechnik. Man beobachtet Hechte, Plötzen, Karpfen, Aale und Barsche, aber auch Krebse.
Als Kuriosität und Tauchziel steht eine Figur unter Wasser. Auf 17 Meter Tiefe befindet sich eine alte Werkbank. Die abwechslungsreiche Süßwasserwelt des Humboldtsees zog auch schon Videofilmer an den See, die hier ein wunderschönes Naturvideo drehten.
Weitere Glanzpunkte der Gegend sind der nahe gelegene Weinberger See, wo man nicht tauchen, aber ausgedehnte Seerosenbestände bewundern kann, die historische »Rattenfängerstadt« Hameln und das älteste Steinkohlenbergwerk des früheren Königreiches Hannover, das Besucherbergwerk in Salzhemmendorf-Osterwald.
Infos: Ferienanlage 37.

78. Die Okertalsperre – Der Vierwaldstätter See des Harzes

Max. Tiefe 65 Meter, 230 ha, 416 Meter über NN.

Anfahrt über die A 7, AS Seesen, dann weiter über Clausthal-Zellerfeld und Altenau an den Stausee. Auf die raue Landschaft an der Oker kann man sich einstimmen, indem man ein wenig in Heinrich Heines »Harzreise« liest oder sich ein Harzer Sagenbuch beschafft. Die Okertalsperre wurde 1952 bis 1956 als reine Hochwasserschutztalsperre erbaut, die aber zusätzlich als Trinkwasserreserve und zur Stromerzeugung dient. Zwei riesige Brückenbauwerke, die Weißwasserbrücke und die Bramkebrücke, überspannen die Fluten der Okertalsperre. Schon bei der Projektierung des Stausees war davon die Rede, dass ein vielbuchtiger, dem Vierwaldstätter See ähnlicher Stausee entstehen würde.
Die Okertalsperre bietet viele spannende Tauchplätze. Lediglich in einem Bereich von 500 Metern vor der 67 Meter hohen Bogenstaumauer ist das Tauchen verboten. Beim Nachttauchen kann man Edelkrebsen, Forellen, Rotfedern, Barschen, Hechten und Aalen begegnen. In der Okertalsperre leben Regenbogenforellen und Bachforellen. Letztere müssen in dem eisigen Gebirgsstausee ein gutes Auskommen haben, denn es wurden schon 70 Zentimeter große Bachforellen gefangen.
Man kann in der Okertalsperre mehrere Straßen und versunkene Pontons betauchen sowie auf einer regelrechten Brücken-Exkursion acht verschiedene, meist gut erhaltene Beton-, Stein- oder Holzbrücken besuchen. Wozu man aber absolut ortskundige Diveguides braucht. Außerdem sind die früheren Flussbetten von Oker und Weißwasser sowie die Triebgräben und Stollen des alten Kraftwerkes Schulenberg am Grunde der Okertalsperre zu finden. Aufgrund der versunkenen Bauten sprechen auch manche vom »Harzer Atlantis«.

Tauchbestimmungen in der Okertalsperre: Die Okertalsperre gehört den Harzwasserwerken des Landes Niedersachsen. Die Harzwasserwerke haben allein mit dem niedersächsischen Landestauchsportverband (TLN) und dem Berliner Landestauchsportverband (LTVB) einen Gestattungsvertrag über die Ausübung des Tauchsportes in der Okertalsperre geschlossen. Deshalb dürfen allein in diesen beiden Landesverbänden organisierte Taucher in der Okertalsperre tauchen, Gäste eines berechtigten Verbandes hingegen nicht.
Tauchergruppen müssen sich für das Okertauchen unter Tel. 05 11-78 96 03 anmelden, Gruppenführer, Taucherzahlen und Tauchtage benennen und alle Taucherpässe vorlegen, in denen die Harzwasserwerke die Kenntnisnahme des Gestattungsvertrages einstempeln. Ferner muss jede Gruppe ein Taucher führen, der wenigstens schon 10 TG »Okererfahrung« hat.
Das bedeutet de jure: Entweder Sie beschränken sich auf Schnorcheln mit Kälteschutz oder – falls Sie sich in das »Blaue Ypsilon des Oberharzes« verliebt haben – müssen Sie sich einem der genannten Vereine anschließen. Tauchen in der Oker-

Eisiges Wetter über der Okertalsperre (oben links).

Tauchvorbereitungen an der Bramkebrücke der Okertalsperre (oben rechts).

Im Flachwasser der Okertalsperre findet man schöne Gründlinge (unten links).

Das versunkene Schulenberg (mit freundlicher Genehmigung von Schöning & Co., Lübeck, unten rechts).

Talsperre ist anspruchsvoll: zwei getrennte kaltwassertaugliche Atemsysteme und starke Lampen sind Pflicht – ab 10 Meter Tiefe kann »ewige Nacht« herrschen.

Weißwasserbrücke/Landspitze beim DLRG-Häuschen: Hier entspringt eine steile Felsnase in die kalten Fluten des Okerstausees. Unter Wasser sieht man viele Baumstubben und grobbankige Schiefer-Felswände. Mit etwas Glück bekommt man Barsche, Forellen und Gründlinge zu sehen. In über 40 Meter Tiefe geht auf der Nordseite der Landspitze nahezu »unter« dem DLRG-Häuschen ein alter Stollen in den Berg, in dem man noch hölzerne Abstützungen sehen kann. Davor stehen Nadelbäume am Talsperrengrund. Der Steilhang auf der Westseite führt hingegen hinunter zu einer alten Straße mit Resten von Telegrafenmasten.

Bramkebrücke: Dies beschreibt einen schweren Tauchgang, bei dem alle Sehenswürdigkeiten bei 35 bis 45 Meter nachtschwarzer Tiefe in eisig kaltem Wasser liegen: Wenn man vom Parkplatz etwa zwischen Weißwasserbrücke und der Bramkebrücke Kurs West taucht und dem bald am Grund entdeckten Graben folgt,

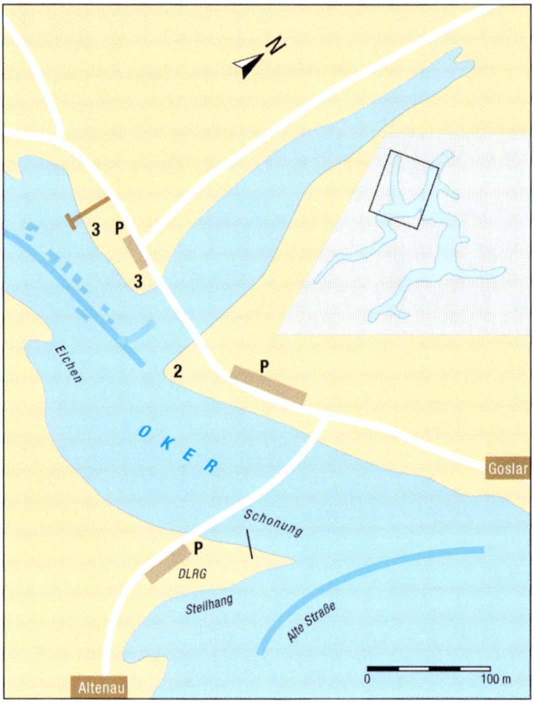

Tauchplatzskizze Oker (nach Tauchen 10/79).

erreicht man eine erste Brücke. An dieser Brücke geht man auf Südkurs und folgt dem Graben im Talsperrengrund und erreicht jetzt eine zweite Brücke. Ab dieser zweiten Brücke taucht man wieder West und erreicht die Grundmauern des alten Schulenberg und dahinter Reste versunkener Eichen. Etwa südöstlich vor dem mittleren Pfeiler der Bramkebrücke stand einst das alte Kraftwerk des Dorfes, von dem am Grund des Stausees noch Keller, Erdgeschoss und eine große Rohrleitung erhalten sind. Unmittelbar vor der Bramkebrücke steht auch eine der UW-Brücken auf (bei Vollstau) 38 Meter Tiefe.

Uhlenhorst: Ein für Oker-Verhältnisse flacher Tauchplatz ist der vor Uhlenhorst, wo Sie in 15 bis 20 Meter Tiefe nachtschwarze Mauern alter Gebäude und einen versunkenen Ponton finden können.
Neben dem Tauchen kann man die Harzer Wasserwelt natürlich auch noch anders kennen lernen: Zum einen verkehren die Ausflugsschiffe der »Oberharzer Gebirgsmarine« auf der Okertalsperre (*www.okersee.de*). Zum anderen finden Sie in den Harzer Wäldern ein unglaublich kompliziertes System von Teichen und Gräben, Wasserstollen, Wehren, Brunnen und alten Schächten, Floßschleusen, Bergwerken und Bergbächen. All das war sinnvoll miteinander verbunden und notwendig, um den historischen Gangerzbergbau zu ermöglichen sowie vor dem Wasser zu schützen. Die umfangreichen Anlagen sind weitgehend erhalten und so kann man heute im Harz regelrechten »Wasserwanderwegen« folgen. Alle Details lesen Sie in Martin Schmidts kenntnisreichem Buch »WasserWanderWege – Ein Führer durch das Freilichtmuseum und Kulturdenkmal Oberharzer Wasserregal«.
Infos: Tauchbasen 36, 38 und 39.

Der Juessee liegt in einer Parkanlage mitten in Herzberg, ... (oben links)

... wo es auch eine hübsche kleine Tauchbasis ... (oben rechts)

... mit einem seerosengesäumten Einstieg gibt (rechts).

79. Der Juessee in Herzberg am Harz

Max.Tiefe 31 Meter.

Der Juessee liegt im Stadtzentrum von Herzberg in einer schönen Parkanlage. Man kann rund um den See spazieren und auch nah am Wasser gut essen. Nach Ablagerung der Flussschotter der letzten Eiszeit begann am Südharz das Zeitalter der Erdfälle über Auslaugungen im Untergrund. Der heutige Juessee verdankt seine Entstehung zwei Erdfällen von zusammen etwa 700.000 Kubikmeter Erde, die ins Erdinnere verschwanden. Dadurch entstanden zwei Trichter von 28,5 Meter und 6,5 Meter Tiefe, die sich mit Wasser füllten und zum See verbanden.
Beim Kleinen Juessee in der Nähe einer hübsch anzusehenden Insel fließt zudem der Eichelbach in den See. Am Nordwestufer des Großen Juessees befindet sich der See-Auslauf, der über eine Wehranlage reguliert werden kann. Der Seeboden des Juessees gilt noch heute als senkungsaktiv, weil die Auslaugung des Werra-Anhydrits im Untergrund weiter fortschreitet. Der See ist insbesondere in den kühlen Jahreszeiten klar. Im Sommer hingegen kommt es oft zu einer ausgedehnten Algenblüte in den oberen Wasserschichten, weil die Frischwasserzufuhr fehlt, sobald der Eichelbach in den harztypischen Bachschwinden sein Wasser bereits weit vor dem Juessee verliert.

Tauchbestimmungen für den Juessee: Per Vertrag mit der Stadt ist der Osteroder Tauchclub (OTC) mit der Regulierung des Tauchbetriebes beauftragt. Selbstständiges Tauchen bereitete früher viel Ärger mit den Anliegern und ist verboten.

Gasttaucher sind in kleinen Gruppen willkommen, aber sie müssen sich telefonisch anmelden und einen Termin vereinbaren. Tauchen darf man im ganzen See außer dem Seeteil »Kleiner Juessee« und dem Schwimmbadbereich von 7.00 bis 20.00 Uhr. Ein- und Ausstieg ist verbindlich allein der Steg des OTC vor dem Grundstück Juesseestraße 1, gleich neben dem See-Abfluss. Das Tauchen ist kostenpflichtig.

Schilf und Binsen zieren Teile des Seeufers, doch vor allem gibt es wunderschöne Seerosen, die vom steilabfallenden Grund dieses Erfallsees mitunter 6 Meter lange Stängel zur Wasseroberfläche treiben müssen. Im See kann man Hechte, Barsche, Aale, Schleien, Karpfen, Plötzen und Rotfedern beobachten. Außerdem leben in den flachen Regionen Muscheln und Krebse.

In der Nähe des Einstieges und des See-Auslaufes liegt die flachste Seeregion, ein etwa 4 Meter tiefes Plateau. Vor der Basis befindet sich im Sommer auf 4 Meter Tiefe eine Ausbildungsplattform. Dicht bei der Ausbildungsplattform steht eine weiße Boje über einer Wassertiefe von 9 Meter. Von diesem Grundtau zweigen dicht über dem Seeboden drei Leinen ab.

Die Erste führt in Richtung Basis zum Wrack eines etwa 5 Meter langen DLRG-Bootes in 8 Meter Tiefe. Die zweite Leine weist den Weg zum Kanuwrack in 9 bis 12 Meter Tiefe. Die dritte Leine markiert den Kurs zur so genannten »Wurzel«, zunächst einmal bis 15 Meter Tiefe, dann folgt eine vertikale Abstiegsleine bis hinunter auf 21 Meter, wo eine riesige malerische Weide am Seeboden liegt.

Von der »Wurzel« können wir einer weiteren Leine bis in 28 Meter Tiefe folgen, wo ein Bootswrack halb im Schlamm des Hanges verborgen liegt: Das war einst ein Übungsboot der Deutschen Kriegsmarine, gestiftet für die Hitlerjugend Herzberg.

Im Juessee werden immer wieder Panzerfäuste, Handgranaten, Handfeuerwaffen und sogar Minen entdeckt. Die Ursache: Herzberg wurde gegen Ende des Zweiten Weltkrieges von den Briten besetzt. Alles, was den Rücktransport nach England nicht lohnte, wurde in den See geworfen. Normalerweise ist das Gewässer »clean«, weil es alle zwei Jahre von Tauchern des Munitionsbergungsdienstes abgesucht wird. Doch weil der Seegrund trichterartig-steilabfallend ist, gibt es immer wieder Schlammlawinen, regelreche Unterwasser-Muren, die erneut Kriegsrelikte freilegen können.

Der Juessee kann in der Tiefe 10 bis 15 Meter Sicht haben, bei fast völliger Dunkelheit. Das Wasser hat beinahe immer einen mehr oder weniger starken Gelbbraun-Touch. Der Grund ist darin zu suchen, dass der Eichelbach aus dem Hochharz Moorwasser heranführt, vor allem nach Starkregen stark huminsäurehaltiges, partikelreiches Wasser. Das kann manchmal allein in der Wasserlamelle über der Temperatursprungschicht, manchmal jedoch auch im ganzen Juessee zu nur einem Meter Sicht führen. Meist braucht man schon ab 6 bis 10 Meter Tiefe unbedingt eine Lampe.

Infos: Tauchbasis 40.

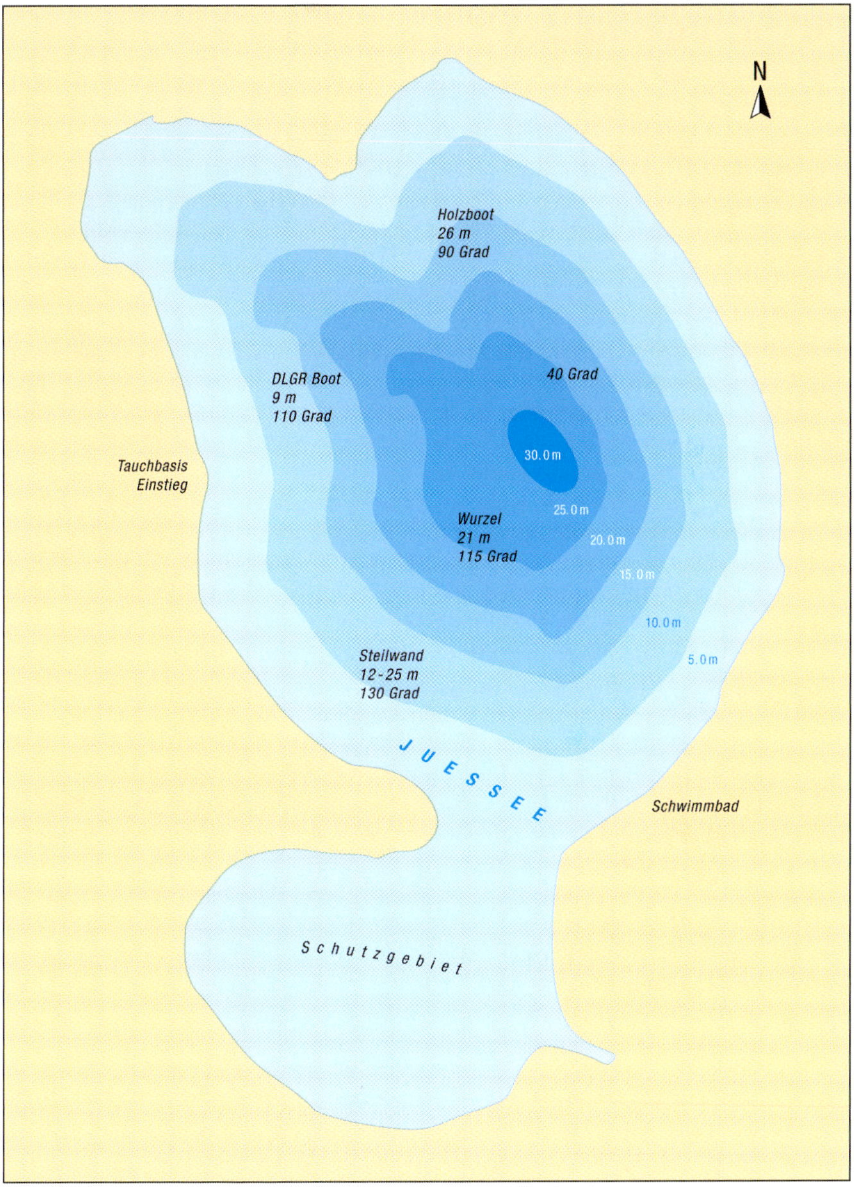

Tiefenkarte Juessee, nach R. Bremer, mit freundlicher Genehmigung des OTC/der Tauchbasis Juessee.

IV. Brandenburg

Das Land der 3087 Seen.

80. Der Große Wummsee – Magical Botany Tour

Max. Tiefe 36 Meter, 148 ha, Gerätetauchen und Bootsbetrieb verboten, traditionelle Badestellen bei Diemitz und Grüne Hütte, bitte nur dort schnorcheln, wo gebadet wird, im NSG.

Die Straße von Luhme nach Flecken Zechlin führt zwischen Kapellensee und Großem Wummsee hindurch. Bei der Siedlung »Grüne Hütte«, deren Name auf eine 1741 gegründete Glashütte zurückgeht und die heute im Wesentlichen aus den Gebäuden eines Ferienlagers besteht, muss das Auto auf dem öffentlichen Parkplatz abgestellt werden. Der Wummsee soll – nebst anderen Deutungen – seinen Namen von der hier versunkenen Slawenstadt Wumno haben. Die Insel Großer Horst hingegen hat ein Riesenmädchen verursacht, welches einen Sumpf bei Diemitz zuschütten wollte und die Sandlast zu zeitig verlor ...
Von Grüne Hütte aus sollten Sie zunächst einen Spaziergang durch den lichten Buchen-Eichen-Wald unternehmen. Es ist günstig, vor eventuellen Schnorcheltauchgängen die derzeitigen Bestimmungen und Beschilderungen zu lesen. Die Waldwege ins Naturschutzgebiet um den Großen Wummsee sind für den Fahrzeugverkehr gesperrt, um einen einzigartigen Klarwassersee zu bewahren. Jeder sollte das respektieren, unabhängig von drohenden harten Bußgeldern ...
Der Wummsee ist glasklar. Üppige grüne Wiesen ziehen sich bis in 10 oder gar 12 Meter Tiefe hinab. Seerosen und Schilf wachsen nur spärlich, da der Grund rasch in die Tiefe abfällt. Spiegelndes, Glänzendes und Kamm-Laichkraut sind häufig. Zwischen den seltenen Pflanzen findet man auch stellenweise Nährstoffanzeiger wie Krauses Laichkraut, Hornblatt und Wiesen des Ährigen Tausendblattes.
Vereinzelt kommt Spreizhahnenfuß vor, Krebsscherenpflanzen »wehren sich« an vielen Stellen ohne Chance gegen das Überwuchern durch Characeen. Im Flachwasser unmittelbar vor dem Schilf wachsen in geringer Bestandsdichte Durchwachsenes Laichkraut und das Mittlere Nixkraut. Etwas tiefere Regionen (3 bis 9 Meter) sind mit Stern-Armleuchteralgen bedeckt, ehe sich in 8 bis 12 Meter Tiefe verschiedene Wassermoose anschließen.
Je nach Witterung des Jahres sind 40 bis 50% des Seebodens mit Pflanzen bedeckt. Charakteristisch für den Wummsee ist eine hohe Dichte von Muscheln bis in mittlere Wassertiefen. Außerdem entdeckt man oft am Boden liegende oder auf Characeenteppichen aufsitzende kirsch- bis kastaniengroße braune Kugeln, die sich bei Berührung gallertartig anfühlen. Die olivbraunen Bällchen sind pflanzlicher Herkunft, es handelt sich dabei um Kolonien der Blaualge *Nostoc pruniforme*. Die kugelrunden bis ovalen Kolonien werden landläufig als Seepflaumen bezeich-

Althölzer sind mit vielzipfligen hellgrünen Süßwasserschwämmen bewachsen.

net und liegen manchmal auch in größerer Zahl in Kuhlen am Seegrund. Die völlig intakte, gesundgrüne und so offensichtlich vielfältige Pflanzenwelt des Großen Wummsees ist ein Süßwassererlebnis der Superlative. Der engagierte Fotograf muss für sich entscheiden, ob er eine Brennweite zum Dokumentieren von Einzelarten wählt oder aber mit dem Ultraweitwinkel Biotope, Landschaft, Stimmung einfängt. Hier kann der Schnorchler als »Model« über grünen Flächen schweben und einen Traum vom Binnensee darstellen helfen. Bitte halten Sie Abstand von der einzigartigen Pflanzenwelt. Wählen Sie Begleiter, die sich angemessen vorsichtig bewegen können!

Beim nächtlichen Schnorcheln über dem Flachwasserbereich (Litoral) offenbart sich der reiche Fischbestand des Großen Wummsees; wir erleben Hechte, Aale, Plötzen, Güstern, Kaulbarsche, Ukeleie, Gründlinge – und sogar Aalrutten. Die auch Trüschen genannten Fische aus der Familie der Dorschartigen liegen im Sommer oft 15 bis 20 Meter tief in Astalgenfeldern oder Laubhalden, kommen aber auf Jagd auch in flacheres Wasser.

Aufgrund des Pflanzenreichtums ist der Große Wummsee ein Schleienparadies, im Freiwasser leben hingegen Kleine Maränen und Stinte. Äußerst beeindruckend sind die Filtriererkolonien, die von Ort zu Ort verschieden, aus Dreikant-

Große Karauschen und ... (links)

... prächtige Hornblattbüsche sind die Zierde des Twernsees (rechts).

muscheln, Moostierchen oder großen, reich verzweigten Süßwasserschwämmen bestehen.
Die traditionellen Badestellen befinden sich bei Grüne Hütte und an der Nordbucht bei Diemitz. Von der rechten Seite der Bucht bei Grüne Hütte zur gerade voraus liegenden Insel und weiter zum gegenüberliegenden Ufer führt eine Art Furt oder Unterwasserdamm in nur 4 bis 8 Metern Tiefe quer durch den Wummsee. Entlang dieses von Pflanzen überquellenden Dammes mit seiner reichen Fischfauna sind traumhafte aquatische Ausflüge möglich. Ein Schnorchler kann dieses Paradies beinahe ständig von oben einsehen. Die Insel darf nicht aufgesucht werden! Bitte nutzen Sie Badestellen mit Sandgrund als Einstiegsstellen. Bitte fahren Sie nicht ans Wasser.

81. Der Twernsee

Max. Tiefe 32 Meter, 69 ha, im NSG, bitte ab Badestellen schnorcheln.

Nur ein etwa 100 Meter breiter Landrücken trennt das Ostufer des Großen Wummsees vom Twernsee. Günstige Einstiege bietet vor allem das nahe der Straße von Luhme nach Grüne Hütte gelegene Südufer des Twernsees, aber auch die Diemitzer Seite. Im Schatten des Hochwaldes wächst nur ein schütterer, oft unterbrochener Röhrichtsaum aus Schilf und See-Simsen.
Der Twernsee ist zweifellos ebenfalls ein schönes Tauchgewässer, erreicht aber nicht ganz die Transparenz und Artenvielfalt des »großen Nachbarn« Wummsee. Die Pflanzenwelt unter Wasser wird hauptsächlich durch Große Mummel, Schwimmendes Laichkraut und Filzige Armleuchteralgen bestimmt. Ähriges Tausendblatt wächst im flachen Wasser, Hornblattwiesen können sich bis in 10 Meter Wassertiefe befinden, Krebsscheren stehen 2 bis 4 Meter tief und in manchen Seeregionen reichen Characeen etwa 6 Meter weit in die Tiefe.

Wald und See und Stille an den Giesenschlägen (oben links).

Große Schleien patroulieren durch die Giesenschläge (oben rechts).

Die Hochzeit der Amerikanischen Flusskrebse fällt in die Monate Oktober und November (rechts).

Der Seeboden ist sedimentreich bis schlammig, nur im Nordbecken finden sich auch steinige und kiesige Bodenpartien mit reichen Vorkommen von Dreikantmuscheln. Trotz des nicht völlig transparenten und sicher nährstoffreicheren Wassers können auch im Twernsee Schwärme Kleiner Maränen unter der Sprungschicht beobachtet werden.
Das Südwestbecken ist am tiefsten. Hechte sind häufig, Barsche eher kleinwüchsig und selten. Dafür mangelt es nicht an Bleien, Plötzen, Schleien und Amerikanischen Krebsen. Bisweilen werden Welse beobachtet. Der Twernsee gilt als der Quellsee des Rhins. Bemerkenswert ist die Beobachtung, dass der Binnenstint bis in den Twernsee wandert, Laichplätze konnten jedoch noch nicht zweifelsfrei festgestellt werden.

82. Die Giesenschläge – Ein Pflanzenparadies

Max. Tiefe 23 Meter, 32 ha.

Der Quellgraben des Rhins fließt aus dem Twernsee über den Kleinen Twernsee zum Rochowsee. Wenn man am westlichen Ortsende von Diemitz einen Plattenweg Richtung Süden benutzt und an einigen Bungalows vorbei linker Hand bis zum nördlichen Steilufer des Rochowsees fährt, erreicht man einen per bewaldetem Steilhang nur anstrengend zugänglichen Tauchplatz.
Der Rochowsee hat einen geschlossenen Schilfsaum, Tausendblattwiesen, überraschend viele Muscheln, zahlreiche Schwimmblattpflanzen und intensiv gefärb-

te Fische zu bieten. Steilufer und Laubwald bieten vor allem im Herbst gute Möglichkeiten für kreative Unterwasserfotografen, die Unterwasser- und Überwassermotive in so genannten Durchsichtaufnahmen vereinen möchten.
Der Rhin durchfließt als Nächstes den Giesenschlagsee. Dieser Name geht auf den »(Acker)schlag des Gisemar« zurück. Die Einheimischen sprechen bei diesem See jedoch von den Giesenschlägen, weil der See durch Einengungen der Wasserfläche und Röhricht deutlich in drei ungefähr gleichgroße Einzelbecken unterteilt ist. Auch die Giesenschläge sind mesotrophe, relativ klare Seen. Zum Tauchen ist der nördliche Teilsee am besten geeignet.
Die Unterwasserwelt ist geprägt von Tausendblatt, Spreizhahnenfuß, Wasserschlauch und Hornblatt, an Schilfhalmen wuchernden Süßwasserschwämmen, zahlreichen Ohrschlammschnecken, Barsch und Blei sowie Legionen von Amerikanischen Flusskrebsen. Alljährlich im Oktober und November sind zahlreiche verpaarte Krebse zu beobachten, die für ihre Hochzeit – individuell verschieden – ein Lager im weichen Sediment oder auf federnden Characeen gewählt haben.
Ganz offensichtlich funktioniert der erste oder nördlichste Giesenschlag als eine Art Vorsperre oder Sedimentationsbecken für die beiden anderen Giesenschläge, denn in diesen abgelegenen Seen ziehen sich artenreiche Characeenwiesen bis hinunter in 6 Meter Tiefe, während submerse Blütenpflanzen weniger häufig sind.
Wo der Rhin in den See mündet, stehen besonders prächtige Barsche und Rotfedern in der Strömung über einer Laubhalde. Hier klärt sich das Wasser während Fotoarbeiten immer wieder rasch. Die Seerosenfelder im ersten Giesenschlag sind das Revier der Schleien, Hechte und Ukeleie, was man beim vorsichtigen Umtauchen der Ränder des Seerosenfeldes gut erspähen kann. Wahre Ungeheuer von Karpfen sollen laut den Erzählungen von Einheimischen auf den ersten Fischbesatz nach 1945 zurückgehen.
Die Anfahrt zum See ist einfach: Am östlichen Ortsausgang von Diemitz den Fahrweg nach Luhme ansteuern. Dort, wo der Landsteg nach Luhme eine heftige Rechtskurve beschreibt – Sie befinden sich etwa zwischen Rochowsee und Giesenschlagsee – können Sie geradewegs zum Ostufer des nördlichen Giesenschlags fahren.
Zu bestimmten Jahreszeiten ist auch der nahe gelegene Labussee ein empfehlenswertes Tauchziel, vor allem während der durch die Daphnien (Blattfußkrebse, auch Wasserflöhe) bewirkten zwei Klarwasserstadien im Frühjahr. Der Großsee ist äußerst fischreich, die Sichtverhältnisse wechseln oft schon von Seeregion zu Seeregion. Im Labussee gibt es günstige Tauchplätze zur Beobachtung der Zanderlaichzeit; bei speziellen Vorhaben dieser Art ist eine Beratung durch die Tauchbasis Schwarz bei Mirow zu empfehlen.
Generell ist zu konstatieren, dass seit dem Ende der DDR mit dem Rückgang der landwirtschaftlichen Aktivitäten und dem Verzicht auf die Flugdüngung die Horizontalsicht in vielen Seen erheblich zunimmt.
Infos: Tauchbasen 16 und 41.

Der Stechlin – ein märkischer Mythos.

83. Der Stechlin – In Fontanes Reich

Max. Tiefe 70 Meter, 432 ha, im NSG.

Wenn der Stechlin im Gespräch ist, fühlen sich viele Leute zunächst an Fontanes großes Werk »Wanderungen durch die Mark Brandenburg« erinnert, worin es heißt:

»Im Norden der Grafschaft Ruppin, hart an der mecklenburgischen Grenze, zieht sich von dem Städtchen Gransee bis nach Rheinsberg hin (und noch darüber hinaus) eine mehrere Meilen lange Seenkette durch eine menschenarme, nur hie und da mit ein paar Dörfern, sonst aber ausschließlich mit Förstereien, Glas- und Teeröfen besetzte Waldung. Einer der Seen, die diese Seenkette bilden, heißt der Stechlin. Zwischen flachen, nur an einer einzigen Stelle steil und kaiartig ansteigenden Ufern liegt er da, rundum von alten Buchen eingefasst, deren Zweige, von ihrer eignen Schwere nach unten gezogen, den See mit ihrer Spitze berühren. Hie und da wächst ein weniges von Schilf und Binsen auf, aber kein Kahn zieht seine Furchen, kein Vogel singt, und nur selten, dass ein Habicht drüber hinfliegt und seinen Schatten auf die Spiegelfläche wirft. Alles still hier.

Da lag er vor uns, der buchtenreiche See, geheimnisvoll, einem Stummen gleich, den es zu sprechen drängt. Aber die ungelöste Zunge weigert ihm den Dienst, und was er sagen will, bleibt ungesagt.

Und nun setzten wir uns an den Rand eines Vorsprungs und horchten auf die Stille. Die blieb, wie sie war: kein Boot, kein Vogel; auch kein Gewölk. Nur Grün und Blau und Sonne.«

Obwohl der 16 Kilometer lange Wanderweg um den Stechlin eine Aufreihung schöner Tauchplätze zu versprechen scheint, kann man nicht überall einsteigen. Der Stechlin und seine Uferzonen sind Naturschutzgebiet. Deshalb die Bitte: Erkunden Sie den Stechlin schnorchelnd allein von den offiziellen Badestellen aus. Die immense Sichtweite dieses nährstoffarmen Sees erlaubt auch beim Schnorcheln genügend Einblicke in die Lebewelt des Sees. Außerdem macht es Spaß, ein Boot zu leihen und vielleicht mit einem Batiscope oder Guckkasten zu schauen.

Gerätetaucher müssen sich unbedingt bei der Tauchbasis Stechlinsee anmelden, denn die Zahl der Tauchgänge ist aus Naturschutzgründen auf derzeit 100 Tauchgänge per Wochenende limitiert. Tauchend kann man ein exakt definiertes Tauchgebiet zwischen der Bucht vor der Basis und der gegenüberliegenden Halbinsel Ochsenkopf zu erforschen. Das ist ein »großes Stück« Stechlin, das einen bleibenden Eindruck von den Lebensräumen des Sees vermittelt. Die Tauchzone für Gerätetaucher ist etwa 1100 mal 500 Meter groß.

Im oft blaugrünen Wasser erheben sich handgroße dunkelgrüne Büschel der seltenen Rauen Armleuchteralge und des Kleinen Nixkrautes. Bereits in 1 Meter Tiefe beginnen Bänke von Glänzendem Laichkraut, die sich bis in 5 Meter Tiefe hinziehen können und beinahe bis zur Wasseroberfläche wachsen. Diese wunderschöne Pflanze ist die größte Art der Laichkrautfamilie und kann uns als der »Kelp des Süßwassers« gelten.

Zwischen den Laichkräutern ragen die zierlichen Quirle der Tausendblätter auf. Die fein gefiederten Blätter dieser Pflanze tragen im Stechlin oft einen silbergrauen, malerischen Belag aus Kalzitkristallen.

Als das Lehrbuchbeispiel eines nährstoffarmen Sees ist der Stechlin besonders berühmt für seine ausgedehnten Characeen- oder Armleuchteralgenfelder. Das muss man einfach gesehen haben: Vor allem die kräftigen Stern-Armleuchteralgen gruppieren sich in der Tiefe in weiten Feldern, sie wachsen in abgerundet aussehenden Polstern oder stehen als mannshohe Hecken – wie in einem Barockgarten – auf dem Grund. Vor allem über diesen Characeenfeldern kreuzen Schwärme schlanker Barsche, hier leben Wimpern- und Sonnentierchen, Moostierchenkolonien sind regelrecht in Characeenhalme eingesponnen.

Auch Amerikanische Flusskrebse klettern gern im Chara-Dschungel. Auf den Charabänken aufliegend beobachten wir oft den zierlichen Wasserschlauch. Diese Pflanze liegt wurzellos auf dem Grund oder anderen Pflanzenarten auf und kann ihren Stoffhaushalt durch das Fangen von Wasserflöhen in speziellen Fangblasen verbessern.

Die Bänke der Armleuchteralgen sind ein herausragendes Merkmal sehr nährstoffarmer Seen. Höhere Wasserpflanzen besitzen empfindliche luftgefüllte Leitungsbahnen in ihren Stängeln und werden daher ab 5 bis 10 Meter Tiefe

Riesige Buchen liegen an den Ufern des Stechlin (oben links).

Dürers »Kleines Rasenstück« als Unterwasserversion im Stechlin (unten links).

Kalzitkristalle geben den Pflanzen im Sommer einen silbrigen Touch (rechts).

druckempfindlich. Armleuchteralgen hingegen sind als robuste hoch entwickelte Algen bekannt, die auch größere Tiefen zu besiedeln vermögen.

Die günstigen Bedingungen für Characeen zeigen sich auch dadurch, dass sie im Stechlin andere Pflanzen wie etwa Krebsscheren oder Tausendblätter zu überdecken vermögen. Die berühmten Armleuchtergewächse sind bereits seit 1789 urkundlich erwähnt. Sie wurden seinerzeit geerntet und als »Post« (vermutlich abgeleitet von Kompost) zum Düngen auf die Felder gefahren.

Das klare Wasser des nährstoffarmen Stechlinsees lässt das Licht bis in große Tiefen eindringen, sodass auch unter der 10-Meter-Linie noch gesund-grüner Pflanzenwuchs angetroffen wird. Der See ist außerordentlich fischreich, als Besonderheit sind Schwärme von Kleinen Maränen im Tiefenwasser zu erwähnen. Sie müssten aber im Freiwasser des Stechlins 25 bis 30 Meter tief tauchen, um einmal mitten in einen Schwarm Kleiner Maränen zu geraten.

Dem oberflächlichen Beobachter erscheint der Stechlin leicht als Barschsee, weil man häufig riesige Barschschwärme sieht. Doch es sind die Barsche *und* die Kleinen Maränen, die das Artenspektrum dominieren. Eine jede Krautbank hat ihren Revierhecht. Von den Kleinfischen kann man besonders häufig Kaulbarsch, Dreistachligen Stichling und Steinbeißer beobachten. Auf nächtlichen Schnorcheltauchtouren (Nachttauchen mit Gerät ist derzeit verboten) begegnet man riesigen Wel-

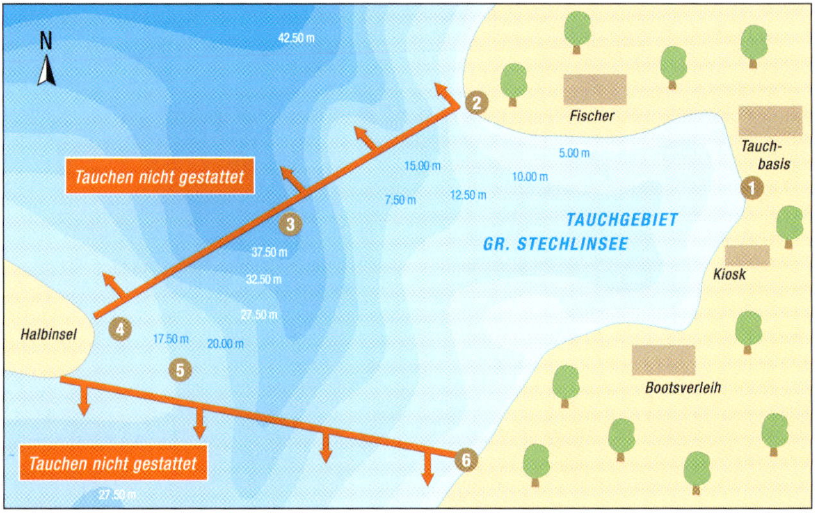

Beschreibung des Tauchgebietes

01 Das ist der einzige Ein - und Ausstieg in das Tauchgebiet.
02 Hier ist die nördlichste Begrenzung des Tauchgebietes.
03 Hier befindet sich die tiefste Stelle des Tauchgebietes.
04 Die Halbinselspitze bildet die westliche Begrenzung des Tauchgebietes.
05 Hier steht, in etwa 15 Meter Tiefe, die Fischbuche.
06 Das ist die südlichste Begrenzung des Tauchgebietes.

Zwischen 01 und 02 befindet sich ein Schilfgürtel, wo dieser endet, ist auch das Tauchgebiet zu Ende.
Zwischen Punkt 01 und 04 ist die längste Strecke des Tauchgebietes. Sie beträgt 1200 Meter. Zwischen Punkt 01 und 04 ist die Strecke 650 Meter lang.

Da der Stechlinsee zum Naturpark gehört, müssen folgende Richtlinien, welche vom Naturschutz Bund festgelegten wurden, eingehalten werden:

- Es ist kein Pflanzenbewuchs zu durchtauchen. Es muss ein Mindestabstand von den Pflanzen eingehalten werden. Dieser beträgt 1 Meter.
- Tauchgänge vom Boot aus sind nicht gestattet.
- Es sind keine Nachttauchgänge zugelassen.

Tauchgebietskarte Stechlin. Nach Heinz Rosi Rosenberg, mit freundlicher Genehmigung der Tauchbasis Stechlin.

sen und scheuen Quappen. Jedoch kommen die beiden letztgenannten Arten nur in geringer Anzahl vor.
In geschützten Buchten findet der Pflanzenliebhaber die Weiße Seerose, die Gelbe Teichrose, Schwimmendes Laichkraut, Wasserknöterich, Rötliches Laichkraut, Wechselblättriges Tausendblatt und vieles mehr. Auch im Stechlinsee (siehe auch Wittwesee) existieren untergetaucht lebende kleine Felder der Krebsschere. Besonders steile, steinige Abhänge im Stechlin sind bultweise mit Quellmoos bewachsen, tiefere Regionen werden von der Stern-Armleuchteralge und der Biegsamen Armleuchteralge beherrscht.
Die Uferzonen des Stechlinsees sind vor allem für den stillen Schnorchler und Naturgenießer ideal. Halb versunkene Baumriesen, Laichkräuter, Tausendblätter und Hornblätter schaffen hier mit dem Einfall des Sonnenlichts wechselnde Aquarelle der Natur. An einem einzigen Platz vermag der Kreative unzählige Nuancen und Lichtstimmungen zwischen den herrlichen Gewächsen zu erblicken und mit der Kamera abzubilden.
Das unglaublich klare Wasser des Stechlin hat dazu geführt, dass etwa 30% des Seebodens bewachsen sind, mitunter bis in 8 oder 10 Meter Tiefe (Beobachtetes Maximum der letzten Jahre: Characeen bis 17 Meter Tiefe). Mit der Unterwasserkamera lässt sich eine in unserer Heimat selten gewordene filigran gegliederte Welt von zahllosen Wasserpflanzenarten festhalten. Die magische Stimmung der verschiedenen grünen, wie von einem Künstler angeordneten Pflanzenfelder erfasst den Besucher ganz.
Smaragdene Gärten von Rötlichem und Krausem Laichkraut, von Wechselblütigem Tausendblatt, die scharfgezähnten Krebsscheren und das zierliche Fadenförmige Laichkraut bilden mit Quell- und Wassermoos sowie weiteren Arten unterseeische »Rasenstücken«, die einen Albrecht Dürer begeistert hätten. Eine schwebende Welt!
Entsprechend dem geringen Nährstoffgehalt des Wassers bleibt das Stechlinseegebiet weitgehend verschont von sommerlichen Algenblüten. Obwohl es all das, was den Stechlinsee ausmacht, in Tiefen von bis zu 15 (höchstens 20) Metern zu sehen gibt, könnte in Apnoe auch tief abgestiegen werden. Für Interessenten dieser Art steht eine Boje über dem 70-Meter-Tief ...
Gerätetauchen ist allein zwischen der Badebucht vor Neuglobsow und der Halbinsel Ochsenkopf gestattet, vor der sich die berühmten Barschbuchen in etwa 15 Meter Tiefe befinden.
Infos: Tauchbasis 41.

84. Der Gerlinsee

Max. Tiefe 6 Meter, im NSG, bitte ab Badestellen Nehmitz schnorcheln.

Der Gerlinsee kann ohne Übertreibung als idyllisch bezeichnet werden. Ins Wasser gebrochene Bäume machen das Ufer malerisch-wild, der anstehende Wald-

Lebenslauf eines Hechtes ... vom ängstlichen Grashecht entwickelt sich der König des Süßwassers ... (oben links)

... zum silbergrauen Jäger, ehe im Alter ... (oben rechts)

... ein »bemooster Riese« aus ihm wird (links).

rand wird wasserseitig von einem breiten Schilfsaum und einem wahren Wald von Gelegepflanzen verhüllt. Dieser See ist per Auto gar nicht erreichbar, auch eine Wanderung mit Tauchausrüstung ist kaum möglich. Einzige Möglichkeit eines Besuches im Pflanzenparadies Gerlinsee bleiben Bootstouren per Ruder- oder Paddelboot, wobei man über den Großen Stechlin und den Polzowkanal rudern müsste.

Rudern oder paddeln sowieso, im Naturschutzgebiet sind Verbrennungsmotoren auf jeden Fall und neuerdings auch Elektromotoren verboten. Wenn Sie jedoch erst ein paar Meter durch die artenreiche Pflanzenwelt des Gerlinsees geschnorchelt sind, haben Sie sicher Verständnis für solche Restriktionen.

Der Gerlin mit seinen Laichkrautwäldern, kompakten Characeenpolstern und herrlichen Seerosenflächen ist ein Hechtsee. Sicher ist das eine beinahe provokatorische Behauptung, doch dieser See könnte für den bekanntesten Räuber unserer Binnengewässer »maßgeschneidert« sein.

Wenn Sie im Gerlinsee aufmerksam beobachtend eine Runde schwimmen, werden Sie selbst feststellen, dass – mit ein wenig Fantasie natürlich – die großen Revierhechte in nahezu regelmäßigen Abständen unter Land stehen. Althölzer und Schwimmblattpflanzen bieten dem Esox hervorragende »dämmrige Hallen« als Ansitz und Stammquartier.

Im selten besuchten – weil nur mühsam erreichbaren – Gerlinsee sind die großen Hechte noch recht dreist im Umgang mit Menschen. Hier passiert es Ihnen noch, dass ein gewaltiger Hecht dem Schnorchler neugierig und vorsichtig folgt. Dabei

bleiben die Tiere immer schön am Rande des Gesichtsfeldes. Sollten Sie den Räuber direkt anschwimmen, weicht er unwillig ein paar Meter aus – wie um Ihnen zu bedeuten, dass Sie in plumper Weise die Ettikette verletzt haben.
Gleich darauf folgt der Fisch wieder Ihnen. Große Hechte haben keine Feinde und bewegen sich in Ihrem Revier mit einer Art »königlichem Selbstbewusstsein«. Deshalb kommt es vor, dass das Spiel »Verfolgen und Verfolgtsein« zwischen Schwimmer und Esox viertelstundenlang andauert.
Der Gerlinsee sollte nur von zwei bis vier Naturfreunden gleichzeitig aufgesucht werden. Ruhiges Flossenschwimmen und Abstand zu den herrlichen Pflanzenteppichen sind unerlässlich in dem nur etwa 6 Meter tiefen und in weiten Bereichen noch flacheren See. Die geringe Tiefe erlaubt auch dem Schnorchler bis auf den Seegrund zu blicken.

85. Der Nehmitzsee

Max. Tiefe 17 Meter, 167 ha, im NSG, bitte ab offiziellen Badestellen schnorcheln.

Ein weiterer relativ nährstoffarmer See der Region ist der Nehmitzsee. Dieses Gewässer wird durch eine nur 70 Meter breite und 0,5 Meter tiefe Schwelle in ein großes Nordbecken und ein kleines Südbecken unterteilt. Das Nordbecken oder Tiefer Nehmitz ist 17, das Südbecken oder Flacher Nehmitz 16 Meter tief.
Das Wasser dieses Sees ist nicht ganz so transparent wie das des Großen Stechlin, trotzdem reichen die unterseeischen Wiesen des Nehmitz bis in beeindruckende 5 bis 7 Meter Tiefe. Im Nehmitzsee wird die Zusammensetzung der Pflanzenbestände hauptsächlich vom Spiegelnden Laichkraut, Kanadischer Wasserpest, Hornblatt und dem Ährigen Tausendblatt bestimmt, etwas tiefer folgen die in oligotrophen und mesotrophen Seen beinahe obligatorischen Characeenbestände (Armleuchteralgen verschiedener Arten).
Lose im Wasser schwebend oder aber zwischen festwurzelnden Pflanzen haftend, bekommt man im Nehmitzsee den Großen Wasserschlauch zu Gesicht. Mit bloßem Auge sind die Fangblasen (Utrikel) zu erkennen, mit denen diese Fleisch fressende Pflanze kleine Tiere wie Wasserflöhe und Hüpferlinge für ihre Ernährung fängt. Diese eigenartige und gar nicht so häufige Pflanze ist ein wunderbares Motiv für die Makrokamera.
Wenn Sie einmal mit einer Makrooptik (möglichst bis Maßstab 1:1 fokussierbar) arbeiten, präsentieren auch filtrierende Dreikantmuscheln (*Dreissena*), Malermuscheln (*Unio pictorum*) und Flussmuscheln (*Anodonta cygnea*) aufregende Strukturen. An versunkenen Bäumen wie auch an Schilfhalmen finden Sie weitere Makromotive, hier haften Süßwasserschwämme und Moostierchen. Die einfarbigen Schwämme und durchscheinenden Moostierchen machen hinsichtlich der Schärfeeinstellung jedoch wesentlich größere Schwierigkeiten als die kontrastreichen Außenkiemen von lebenden Muscheln.

In den flachen Südbuchten des Nehmitzsees – nahe den Straßen Menz-Rheinsberg und Dollgow-Beerenbusch – bewundern wir fantastische Pflanzenfelder. Hier wächst Spiegellaichkraut aus dicht geschlossen Characeenmatten heraus, auf denen sich Schleien tummeln und immer wieder Seepflaumen gefunden werden.
In besonders heißen Sommern sind im Nehmitzsee die beeindruckenden Folgen des heraufgesetzten Stoffumsatzes unter Wasser zu sehen: Im sauerstofffreien Milieu unter den Characeenwurzelmatten wird besonders viel Methan und Schwefelwasserstoff gebildet. Der Auftrieb dieser Gase reißt ganze Charafelder vom Grund ab, die dann wie schwebende Teppiche, geheimnisvolle Höhlen oder gigantische Torbögen zwischen Grund und Wasseroberfläche verharren. Ein beeindruckendes Schauspiel!
Aal, Hecht, Barsch und Schlei sind die häufigsten Fische im Nehmitzsee – die Maränenschwärme sind in diesem See mangels Laichplätzen viel seltener und kleiner als im Stechlin.
Das Schnorcheln im Nehmitzsee erfordert einen kleinen Gepäckmarsch durch den Wald. Eine andere Möglichkeit ist eine Bootstour vom Stechlin aus. Verbrennungsmotoren sind im Naturschutzgebiet nur den Berufsfischern gestattet. Deshalb sollte man für eine Ruderbootstour Stechlin-Polzowkanal-Gerlinsee-Nehmitzsee und zurück auf jeden Fall einen ganzen langen Sommertag einplanen. Außerdem wird der Nehmitz von der Straße Dolgow–Beerenbusch zugänglich. Mit einer solchen Unternehmung bereiten Sie sich ein anstrengendes, aber unvergleichliches Erlebnis.

86. Der Peetschsee bei Dagow

Max. Tiefe 24 Meter, 100 ha, im NSG, bitte ab Badestellen schnorcheln.

Inmitten der Fürstenberger Heide, nicht weit von der Nord- oder Sonnenbucht des Stechlins, befindet sich der lang gezogene Peetschsee. Die Anfahrt zum Gewässer ist möglich über beziehungsweise bis Dagow bei Neuglobsow. Am nördlichen Ortsausgang von Dagow gabelt sich der befahrbare Forstweg. Wer zu schnorcheln beabsichtigt, sollte den linken, westlichen Abzweig wählen. Im Falle von geschlossenen Schranken oder Verboten empfiehlt sich eine Wanderung mit ABC-Zeug.
Nach kurzer Fahr- oder Wanderstrecke führt der Weg in nächster Nähe des Wassers am flachen Ufer des Peetschsees entlang. Der rechte, etwa nach Nordost weisende Abzweig geht am Hochufer des Peetschsees vorbei nach Steinförde. Dieser Weg ist ganz wunderbar für eine Wanderung; von der unterwegs gelegenen Schutzhütte am Augustablick (benannt nach Großherzogin Augusta Caroline von Mecklenburg-Strelitz) genießt man aus etwa 20 Meter Höhe über dem Wasser einen guten Ausblick über den See.
Das Schnorcheln im Peetschsee kann ein wunderbares Erlebnis sein. Aber es beginnt oft mühsam, denn die Uferbereiche sind recht sumpfig. Nachdem die ersten

Herbst am Roofensee bei Menz.

Meter bis an die Knie im Modder watend zurückgelegt sind, können oft die Flossen erst im Freiwasser angezogen werden. Nach diesem Anfang vermutet man nichts Gutes, doch der See ist erstaunlich klar. Trotz der oft schlammig-sumpfigen Ufer stößt man beim Beobachten des Grundes auch auf sandig-steinige Flächen. Dort wachsen wunderbare, über und über mit Sauerstoffbläschen bedeckte Tausendblätter. Noch interessanter sind Muddflächen – denn in diesen liegt der Wels! Dieser größte unserer Süßwasserfische ist in erstaunlicher Zahl im Peetschsee zu Hause, auch am Tage kann man Andeutungen von Barteln und die listigen winzigen Äuglein aus dem Schlamm schauen sehen.
Neben dem Wels holen die Fischer Aale, Hechte und Maränen aus dem klaren See. Dieses Gewässer ist ein Tipp für Freunde der Einsamkeit, kaum jemals verirren sich Wanderer oder gar Badelustige an die Nordwestseite des Peetschsees bei Dagow. Wenn Ihnen bei Tage kein Glück mit Fischbetrachtungen beschieden ist, sollten Sie einen Nachteinstieg wagen. Eine kräftige Taucherlampe nach unten gerichtet, können Sie unter Umständen die Welse zur Jagd ziehen sehen.
An Sonnentagen präsentieren sich die dämmrigen, durchscheinend-grünen Gewölbe unter riesigen Feldern von Seerosen und Schwimmendem Laichkraut als interessante Fotomotive. Der Peetschsee ist im Hochsommer recht planktonreich, sodass Ihnen nur zwei Möglichkeiten bleiben: Beim Einsatz von Blitzlicht dicht ans Motiv herangehen, oder aber in Oberflächennähe und auf größere Distanzen mit Naturlicht arbeiten. Das ideale Objektiv im Peetschsee dürfte eine 20-Millimeter-Brennweite sein; der eventuell anzutreffende Wels passt auch aus nächster Nähe noch ins Format, die Gestaltung von weitläufigen Unterwasserlandschaften ist ebenfalls möglich.

87. Der Roofensee

Max. Tiefe 19 Meter, 56 ha.

Roofensee heißt auf Slawisch etwa »Grabensee«; und genauso sieht es unter Wasser aus! Das Seebecken hat die Form einer lang gestreckten Rinne mit steil abfallenden Ufern. Der Seeboden ist an vielen Stellen sandig bis kiesig-fest mit sehr dün-

nen Sedimentauflagen. An den Abhängen des Seebodens finden wir überraschend viele runde Findlinge, ja ganze Halden von kanonenkugelgroßen Steinen.
Diese und versunkene Baumstämme sind Substrat für zahlreiche Muscheln, vor allem für Dreikantmuscheln. An Schilfhalmen und Steinen leben ebenso erstaunlich große wie bizarr gewachsene Süßwasserschwämme. Laichkräuter und Tausendblätter bilden bis hinunter in 5 Meter Tiefe eine nur schmale Pflanzenzone, in der Hechte, Barsche, Schleien, Plötzen und Güstern leben. In einigen Seeregionen sind sogar Characeenwiesen ausgebildet. Die Seerosen und Laichkrautgesellschaften wachsen jeweils an den Seespitzen in Ost und West am schönsten.
Die erstaunlich klare Tiefenzone des Roofensees ist von kleinwüchsigen Bleien, Krebsen, Aalen und wenigen Zandern bewohnt. Im Klarwasser der Tiefenzone schwebt man als Taucher dahin wie im Weltraum. Der Roofensee wird über den Zeltplatz D31 bei Menz und eine ausgeschilderte Badestelle am Südufer zugänglich.

88. Der Wittwesee und der Kölpinsee – Die geheime Welt der Wasserpflanzen

Wittwesee: max. Tiefe 12 Meter, 155 ha, Kölpinsee: max. Tiefe 3 Meter, 43 ha, bitte ab offiziellen Badestellen schnorcheln.

Wittwesee: Um den günstigsten Fahrweg zum Wittwesee zu finden, sollte man Rheinsberg in Richtung des alten landwirtschaftlichen Vorwerkes Paulshorst verlassen. Paulshorst ist geradeaus zu durchfahren, auf der weiterhin beinahe schnurgeraden Sandbahn erreichen Sie bald einen unbeschrankten Bahnübergang.
Autos müssen vor den Bahnschienen zurückbleiben. Ein Wanderweg führt in wenigen Minuten zum See. Mehrere Lücken im Bestand der Gelegepflanzen eignen sich als Taucheinstiege. Achten Sie jedoch darauf, ob der Grund im flachen ufernahen Wasser sandig oder schwarz-schlammig aussieht ... Über sandige Bodenpartien läuft es sich besser mit voller Ausrüstung.
Der Wittwesee ist ein Klarwassersee, 3 bis 6 Meter Horizontalsicht findet man nahezu ganzjährig vor, auch 8 Meter sind nicht selten. An Fischen werden Hecht, Barsch, Aal, Plötze, Blei, Güster, Schlei beobachtet, als kleine Besonderheiten kann man beinahe Gründling, Rotfeder und Bitterling ansehen.
Die Fische finden reichlich Unterschlupf in einem Wasserpflanzendickicht, das mit Rohrkolben und Phragmites-Schilfhalmen in Ufernähe beginnt und sich als Gewirr von Wasserpest, Schwimmendem, Fadenförmigem, Grasartigem und Glänzendem Laichkraut, Rauem Hornblatt, Wechselblütigem Tausendblatt, Armleuchteralgen und Krebsscheren bis in etwa 8 Meter Tiefe hinzieht. Mit etwas Glück findet der engagierte Taucher auch einzelne Exemplare des Mittleren Nixkrautes in 1 bis 2 Metern Tiefe. Bei 7 bis 8, spätestens 10 Metern Wassertiefe beginnt ein Organomuddboden, eine sehr dicke lockere Sedimentschicht aus zerfallenen Pflanzenteilen.

Fernab der Welt – der Wittwesee nördlich von Rheinsberg (oben links).

Krebsscheren bilden mithilfe von Stelzenwurzeln und ausläuferartigen Tochterpflanzen kompakte Pflanzenfelder in mehreren Etagen (oben rechts).

Schneeweiß blüht die Krebsschere oder Wasseraloe – unter Wasser! (im Norden auch Sichelkohl, rechts).

Als eine botanische Seltenheit in Westeuropa sind die von der Krebsschere oder Wasseraloe bedeckten Flächen des Grundes zu bewerten. Die Krebsschere ist die letzte Art einer in älteren geologischen Zeitaltern größeren Pflanzengattung. Bisher wurden acht ausgestorbene Arten nachgewiesen.

Die heutige Krebsschere oder Wasseraloe kommt in zwei Formen vor: »Normal« ist eine Lebensweise in flachen, nur 0,3 bis 1 Meter tiefen Seen, wo die Pflanzen im Winter am Seegrund ruhen und im Frühjahr mit der Erwärmung des Wassers an die Oberfläche aufschwimmen. Auf solchen Seen bildet die Wasseraloe riesige zusammenhängende Teppiche, ja regelrechte Schwimmdecken, blüht im September und sinkt im Spätherbst wieder auf den Grund.

Im Wittwesee haben wir es jedoch mit der wesentlich selteneren *»Submersus«*-Form der Krebsschere zu tun (*Stratiotes aloides f. »submersus«*). Diese Form der Wasserpflanze lebt ständig untergetaucht, steigt im Sommer nicht nach oben und besiedelt wesentlich größere Wassertiefen. Die »untergetauchte« Form der Wasseraloe kennzeichnet heute mäßig nährstoffreiche Seen mit einer hohen Transparenz, die eine große Eindringtiefe des Lichtes garantieren.

Die steifblättrigen, mit derben Zähnen besetzten Rosetten der Krebsschere verrotten nur schlecht und sehr langsam. Aus diesem Grunde haben Massenvorkommen von Wasseraloen eine systematische Verlandung von Seen zur Folge. Im Wittwesee ist dieser Vorgang geradezu bilderbuchartig zu verfolgen: In Ufernähe ragen die Rosettenpflanzen ohnehin bis in Oberflächennähe. Mit zunehmender Tiefe stehen die Pflanzen zunächst recht dicht.

Sowie die Dichte der Individuen das zulässt, häuft sich zwischen den noch lebenden Altpflanzen organisches Material an und die nächste »Etage« siedelt sich etwas höher – in dem Organomudd wurzelnd – an. Obwohl die Krebsscheren nach der Tiefe hin immer spärlicher werden, besteht überall dieselbe Situation: Zuerst siedelt eine einzelne Pflanze, nahezu als Pionier, auf dem schwarzen Schlamm.
Die nächste Stufe ist eine Pflanzengruppe, die infolge der ausläuferartigen Tochterpflanzen leicht eine pflanzliche Oase auf dem finsteren Seeboden installiert. Noch ehe solche Pflanzengruppen den Verbund zu einem dichten Teppich erreicht haben, siedeln die nächsten Individuen auf ihnen, ein Stockwerk höher, dem Lichte etwa 20 Zentimeter näher.
Wer sich einmal mit diesen imposanten, auf den ersten Blick manchen Kakteenarten ähnelnden Wasserpflanzen beschäftigt, sollte auch noch genauer hinsehen. Krebsscherenvorkommen sind nicht allein bedeutende Fischlaichgebiete und Jungfischunterstände, sie bergen auch noch eine ganz spezielle Tierwelt. Beispielsweise ist eine unserer Großlibellen, die Grüne Mosaikjungfer (*Aeshna viridis*), auf die Wasseraloen angewiesen. Die Libellenweibchen bohren ihre Eier in die Blätter der Wasserpflanzen, die mehrjährig im Wasser lebenden Libellenlarven benötigen ebenfalls »ihre« Wasserpflanze. Außerdem nimmt auch (mindestens) eine aquatisch lebende Schmetterlingsraupe die kratzigen Rosettenpflanzen für die Metamorphose in Anspruch.
Trotz der ausführlichen Schilderung der Krebsscheren müssen Sie nicht fürchten, im Wittwesee permanent im Pflanzendickicht festzuhängen. Die interessanten Verlandungserscheinungen sind besonders in einigen stillen Buchten bis höchstens 7 Meter Wassertiefe zu fotografieren.

Kölpinsee: Gar nicht weit vom Wittwesee, etwas weiter südlich, erstreckt sich die grüne Wildnis des stark in Verlandung begriffenen Kölpinsees. Dieser See ist vom Wittwesee aus recht schlecht und von der Straße Rheinsberg–Menz auch nicht besser zu erreichen. Wer sich dennoch zum Kölpinsee durchschlagen will, sei vor dessen Röhrrichtzone gewarnt. Dort wächst in großer Dichte das Schneidenried. Die messerscharfen Blattränder dieser Pflanze können ungeübten »Buschläufern« die Erkundung des Kölpinsees mächtig verleiden ...
Der so schwer zu erreichende See ist nur 3 Meter tief und flacher. Auf einer Schnocheltour – nur eine solche ist lohnend – lässt sich im Unterwasserteil eine beispiellos verworrene »grüne Hölle« aus der Filzigen Armleuchteralge, Krebsscherenflächen, Weißen Seerosen und zwei Wasserschlaucharten bewundern. Ganz im Süden des Kölpinsees wächst der seltene Kleinste Igelkolben im Röhricht.
Infos: Tauchbasis 13.

89. Der Kalksee bei Binenwalde

Max. Tiefe 22 Meter, 40 ha.

Zwischen für märkische Verhältnisse recht steilen Hängen, umgeben von Buchenmischwäldern, Erlenbeständen und dem Dörfchen Binenwalde, liegt der Kalksee in die Landschaft eingebettet. Die steilwandige Hohlform des Sees lässt vermuten, dass hier ein riesiger Toteisklotz zwischen hohen Endmoränen der letzten Eiszeit viele viele Jahre abtaute, ehe der Kalksee entstand.
Ehemals vorhandene Kalkschollen auf den Hügeln nordwestlich des Sees – die namensgebend wirkten – wurden schon etwa von 1700 bis 1872 in der Kalkbrennerei Binenwalde verarbeitet. Heute findet man Reste von 1 bis 2 Meter dicken Kalkschollen in Ufernähe.
Der Kalksee ist einer von den stillen, märchenhaften, unberührt scheinenden. In dieser Landschaft spielt die romantische Geschichte »Sabine – die Geliebte des Kronprinzen Friedrich« von M. Ludolfs, die wohl auf historische Tatsachen zurückgeht. Die Ruhe über dem Wasser ist auch heute noch erlebbar, weil der See aufgrund seiner abgeschlossenen Lage vom Boots- und Wasserwanderboom verschont bleibt.
Das Gewässer ist im Sommer sehr planktonreich und hat im Mittel nur 2 Meter Sicht. Im Frühjahr und Spätherbst wird es klarer. Der Seeboden ist auffallend reich an Schnecken und Muscheln. Laichkräuter und Raues Hornblatt sind häufig, vor dem spärlichen Röhricht wachsen bescheidene Zahlen von Weißen Seerosen und Großen Mummeln.
Infolge des dunklen und dichten Hochwaldes, der bis unmittelbar ans Wasser reicht, lassen sich hier sehr schöne Halb- und Halbaufnahmen von Seerosen gestalten. Wer dic Belichtung etwa auf die über Wasser herrschende Helligkeit einstellt und unter Wasser im Nahbereich blitzt, vermag den oft um ein bis zwei Blenden liegenden Helligkeitsunterschied über und unter Wasser zu kompensieren. Für derartig anspruchsvolle Aufnahmen benötigt man natürlich ein kurzbrennweitiges Objektiv mit hoher Schärfentiefe hinter einer guten Domescheibe.
Neben der Taucherei können auch Überwasserbeobachtungen mit Fernglas begeistern. Mit einiger Geduld können Sie hier vor allem Stockenten, Blesshühner, Haubentaucher und Rothalstaucher sehen. Ein angenehmer Tauchplatz für eine kleine Gruppe befindet sich ganz am Westzipfel des Kalksees, eben dort, wo die Straße von Gühlen-Glienicke nach Binenwalde an den See heranführt.
Infos: Tauchbasis 13.

90. Der Wutzsee bei Lindow

Max. Tiefe 17 Meter, 90 ha.

Der Wutzsee wird über zwei Badestellen am Südufer, eine direkt in Lindow und eine in Strubensee, auch für Taucher zugänglich. Sicher sind außer dem Gewässer

die Klosterruine Wutz und die alte Wassermühle in Lindow einen Besuch wert. Der Wasserstand des Wutzsees war früher höher als heute und hat bei entsprechender Windrichtung manchmal Lindow bis zum Marktplatz überflutet. Noch heute sieht man über und unter Wasser Reste von Natursteinbauwerken, die einst das Kloster Wutz auf seiner vorspringenden Halbinsel vor den windbedingt anbrandenden Wassermassen schützten. Sicher sind hier noch zahlreiche Sachzeugen der Geschichte zu vermuten.
Der Grund des etwa 3 km langen Sees ist sandig und mit zahllosen Geröllsteinen aus der Eiszeit bedeckt. Häufig beobachten wir handgroße, aktiv filtrierende Muscheln. Im Flachwasserbereich des Wutzsees wachsen Armleuchteralgen, bisweilen bis hinein in die Schilfzone. Die schönsten Tauchreviere sind die ausgedehnten Wälder von Ährigem Tausendblatt, in denen vereinzelt Großlaichkräuter wachsen. Bis etwa 6 Meter Tiefe fällt der Grund sanft ab, danach geht es relativ steilwandig bis auf Maximaltiefe.
In Ufernähe gedeihen Durchwachsenes und Schwimmendes Laichkraut. Teichrosenvorkommen und von Hechten »bewachte« versunkene Bäume sind die idyllischen Plätze des lang gezogenen Sees inmitten von Kiefernforsten und Erlenbruchwäldern.

91. Der Unteruckersee

Max. Tiefe 18 Meter, 7,5 km lang, 2 km breit, 1130 ha.

Der Unteruckersee ruht in eindeutiger Nord-Süd-Lage als langes schmales Wasserbecken in der Landschaft. Das Nordende des Sees reicht bis an Prenzlau heran. Auf den See hinausblickend, finden wir die Aqua-Live-Tauchbasis links vom Strandbad Prenzlau. Die Basis verfügt über eine sehr praktische und relativ große Ausbildungsplattform, die auf etwa 8 Metern Tiefe unter vier Bojen zu finden ist. Im Umfeld der Plattform, etwa 50 Meter weg und 10 Meter tief, ragt eine Taucherglocke in das hellgrüne Wasser des Unteruckersees auf. Die Glocke kann von zwei Tauchern gleichzeitig aufgesucht werden, hat jedoch keine Luftversorgung. Daher ist Vorsicht geboten, man sollte weiter aus dem Automaten atmen oder eine Spülluftflasche mitnehmen. Außerdem befinden sich ganz in der Nähe noch eine der acht Tiefenwasserbelüftungsanlagen des Sees (kann tauchend besichtigt werden) und die Anlegestelle des Passagierschiffes »Uckerschwan«; also größte Vorsicht bei Motorgeräuschen!
Hier unten, in Tiefen von 11 bis 15 Metern, entdecken wir streckenweise Astalgenflächen, die Amerikanische Krebse und beeindruckend große Kaulbarsche beherbergen. Südlich dieses Tauchplatzes ist aus Betonteilen ein kleines »Riff« geschaffen worden, das Aale und Hechte angenommen hat. Außerdem wächst im Südteil des Unteruckersees Darmtang.
Große Flächen des Seegrundes sind mit einem eigentümlich streifigen, hellen, äußerst leicht aufwirbelbaren Sediment bedeckt, über dem auch geübte Taucher

Der Erste muss Fenster putzen – an der Taucherglocke im Unteruckersee.

schnell die Schwimmrichtung verlieren. Wegen des zeitweise hohen Wellenganges auf den Unteruckersee ist ein Kompass unbedingt notwendig, ein Zurückschwimmen an der Wasseroberfläche wird bei Seegang unangenehm bis gefährlich. Die Tauchbasis Prenzlau veranstaltet auch Bootsfahrten in den Südteil des Sees, wo die Röhrichtzonen schöner ausgeprägt sind und Tauchblattpflanzen bis in 5 Meter Tiefe wachsen. Das Highlight sind Ausflüge zum Bomberwrack vor Röpersdorf, was etwa eine Motorbootfahrt von 45 Minuten bedeutet. Das Flugzeugwrack einer JAK-9 ist stark zerstört, aber der wuchtige Motor steht noch recht gut erhalten am Seegrund. Das Flugzeug selbst liegt 12 Meter tief. Der Motor wurde von einheimischen Tauchern auf eine kleine Plattform in 8 Meter Tiefe gestellt, damit er nicht eines Tages im Mudd versinkt. Der Unteruckersee darf mit Sportbooten befahren werden. Neben dem Tauchplatz vor der Basis kommt man am Westufer bei Röpersdorf und Zollchow, am Ostufer bei Magnushof gut ans Wasser.
Im Uckermärkischen Hügelland südlich von Prenzlau gibt es zahlreiche kleine Waldseen von erstaunlicher Wasserqualität. Wenn über Ihrem Wunschtauchplatz am Unteruckersee der Sturm tobt, könnten sie auch zum Hohengüstower See an der B 198 fahren, der – bei nur 4 ha Fläche – erstaunliche 28 Meter tief ist.
Oder Sie versuchen, bei der Gaststätte »Seeterassen« in den Lützlower See nordwestlich von Lützlow einzusteigen. Über submerse Wasserpflanzenfelder hinabschwebend, erreichen Sie bald 16 Meter Tiefe. Sogar Welse gibt es hier.
Infos Tauchbasis 42.

92. Der Oberuckersee und seine versunkenen Brücken

Max. Tiefe 26 Meter, 8 km lang, 1,6 km breit, 750 ha.

Die Anreise zu diesem spannenden See erfolgt am besten von Prenzlau in Richtung Angermünde bis Seehausen oder Warnitz oder über die A 11 bis Abfahrt Pfingstberg und weiter nach Fergitz zum See.

Märkische Sagen berichten uns aus alter Zeit:
Ein Schäfer aus Seehausen war es eines Tages leid, seine Herde um den großen Uckersee zu treiben. Deshalb begann er, einen Damm durch den See zu bauen. Doch damit hatte er sich ziemlich übernommen. »Hols der Teufel!«, fluchte er. Da stand der Gehörnte auch schon vor ihm und trug ihm an, den Damm bis zum ersten Hahnenschrei zu errichten, so der Schäfer ihm seine Seele verschreibe. Der willigte ein, konnte er sich doch nicht vorstellen, der Bau sei in einer Nacht zu vollbringen.
Als das Werk schon Gestalt annahm, bekam es der gute Mann mit der Angst, und er rief seine Frau. Des Schäfers bessere Hälfte ahmte kurzerhand den Hahnenschrei nach, doch der Teufel durchschaute die List. Ein leibhaftiger Hahn im Dorf aber fühlte sich herausgefordert und krähte munter drauflos. Der Teufel warf die Arbeit hin und suchte das Weite. So wurde der Damm durch den Uckersee nie vollendet .
Den sagenhaften Damm im Oberuckersee gibt es tatsächlich. Er erstreckt sich über etwa 2200 Meter Länge von den Inseln zwischen den Gemeinden Fergitz und Warnitz bis zur Landzunge vor der Gemeinde Seehausen am nordöstlichen See-Ende. Der Damm bildet ein lang gestrecktes, etwa 2 bis 5 Meter tief liegendes Riff, das den See in zwei über 20 Meter tiefe Rinnen teilt. Die von dichtem Grün bedeckte größere Insel erhebt sich als der höchste Teil dieses Dammes, und am Nordostende der südlicheren Insel befand sich einst ein Burgwall.

Die Brücken über den Oberuckersee bei Prenzlau im Verlauf der Straße Magdeburg-Odermündung gehörten im 12. Jh. zu den bedeutendsten Verkehrsbauten im ostelbischen Gebiet. Rekonstruktion des Brückenaufbaus der langen Brücke (unten links) und der tiefgegründeten kurzen Brücke (unten rechts).
Nach J. Herrmann, 1989.

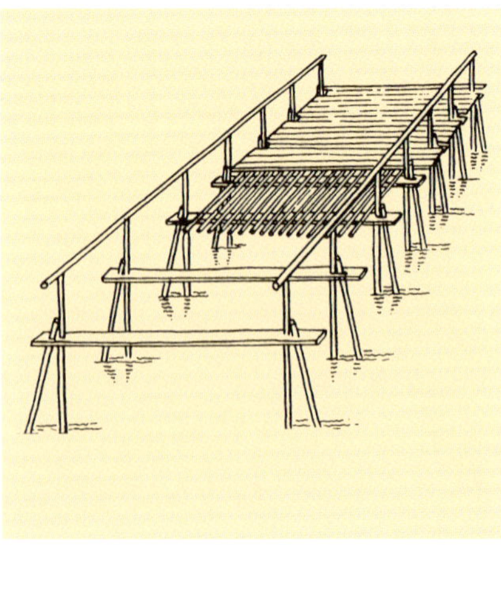

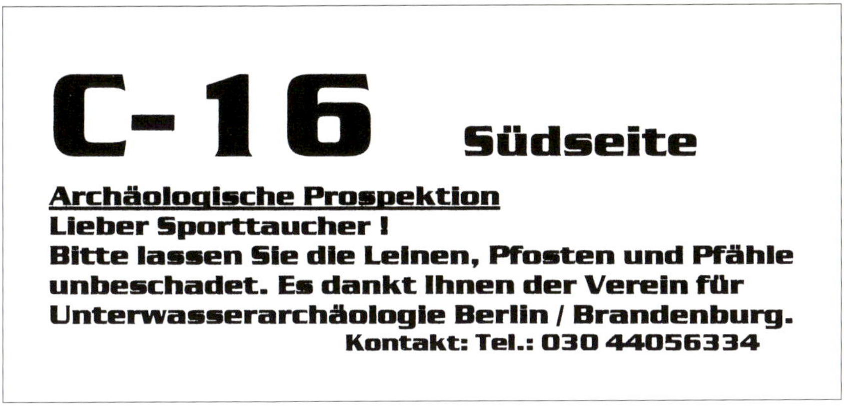

Von der Spitze dieses langen schmalen Schilfwerders vor Fergitz führte einst die alte Brücke hinüber zur Insel, etwa zu einer markanten, doppelstämmigen, gut einpeilbaren Birke (oben links).

Kegelig abkorrodierte Pfahlreste sind eigentlich alles, was zu sehen ist, den Rest müssen Literatur und Phantasie leisten (oben rechts).

UW-Beschilderung der Fundstätten (unten).

Als Unterwasserarchäologen den See in den 1960er-Jahren untersuchten, stellten sie fest, dass der Burgwall vor Jahrhunderten über zwei lange Brücken mit dem Festland verbunden war. Eine Brücke war 2200 Meter lang und führte zur Landspitze bei Seehausen, eine Zweite war 400 Meter lang und führte nach Fergitz. Die Brückenbauer hatten einerseits die geringen Wassertiefen über dem Teufelsdamm geschickt ausgenutzt, aber dort, wo es notwendig war, auch bis zu 20 Meter Wassertiefe überwunden. Die abgeknickten Brückenpfeiler der kurzen Brücke sind in düsteren Tiefen bis zu 4 Meter aus dem Grund aufragend noch zu sehen, außerdem kann man beim Tauchen abgestürzten Brückenbelag, Verstrebungen und Ösenbalken entdecken. Die Bauweise der 400 Meter langen Brücke mit ihren dreibeinigen Brückenpfeilern und Jochbalken war einmalig für die Region. Allerdings sind die einst dicken Stämme zu manchmal nur noch »armstarken Knüppeln« abkorrodiert, wozu immer neu siedelnde und absterbende Dreissena-

Muscheln ihren Teil beigetragen haben. Zuweilen sieht man noch einen Ring von Schill (leere Muschelschalen) rund um die uralten Pfähle. Oft versinkt derlei aber auch im schwabbeligen Organomuddboden. Der größte Teil der Pfähle ragt sogar nur noch buchstäblich vom Zahn der Zeit abgefressen als spitzkegelförmiger Rest ins gelbbraune Wasser.

Die langen Brücken auf bis zu 25 Meter langen Eichenpfählen sicherten einst die Zugänge zur Burg eines Wendenherrschers. Die gewaltigen Eichenstämme wären mit der Technik jener Zeit eigentlich nicht zu verbauen gewesen, aber die geschickten Baumeister wässerten die Stämme so lange, bis sie nahezu keinen Auftrieb mehr hatten. Dann wurden die Stämme teils bis zu 5 Meter tief in den Seeboden gerammt. Damals, als die Burgen und Schiffe aus Holz und die Männer »aus Eisen« waren ...

Der Burgwall mag ein lokales Handelszentrum gewesen sein und auch eine Zollstelle. Denn wenn Handelsreisende den weiten Weg »außen herum« um die Uckerseen und die angrenzenden Sumpfgebiete sparen wollten, war natürlich »Brückenzoll« fällig. Die »Mautgebühr« des Mittelalters. Die Brücken über den Oberuckersee verkürzten und vereinfachten den alten Handelsweg vom Oderhaff nach Magdeburg erheblich und waren im 12. Jahrhundert mit die bedeutendsten ostelbischen Verkehrsbauten. Auch der heutige Oberuckersee ist noch von ausgedehnten Feuchtgebieten und riesigen Röhrichtflächen eingeschlossen.

Über den Untergang der Burg gibt es verschiedene Theorien. Durch einen ab 1234 begonnenen Mühlenstau in Prenzlau versanken Teile der Insel und vielleicht auch die Brücken im Wasser. Es ist jedoch unwahrscheinlich, dass die Herrscher des Burgwalls dieses Geschehen einfach hingenommen hätten. Vermutlich wurden die Burgherren durch die Kämpfe zwischen Slawen und Deutschen schon vorher entmachtet und ihr Bollwerk zerstört. Dafür spricht auch, dass die Brücke nach Fergitz auf etwa 50 Metern unterbrochen ist, auf einer gewissen Strecke keine Pfähle nachweisbar sind.

Die Rätsel der Brücken beschäftigen Unterwasserarchäologen bis heute. So befindet sich vor jenem Schilfwerder bei Fergitz, der in Richtung Insel weist, ein Mess- und Leinensystem des Vereins für Unterwasserarchäologie Berlin-Brandenburg e.V. (siehe auch im Internet unter www.vubb.de) am Seegrund. Alle Taucher sind aufgerufen, hier sehr behutsam zu tauchen und die Untersuchungen zu respektieren.

Glaubt man einer weiteren Sage, so hat es auf der Insel sieben Jahre lang gebrannt. Das kann nur bedeuten, dass der Burgwall durch ein gigantisches, der Bevölkerung lange erinnerliches Feuer vernichtet wurde. Und dabei entstanden große Mengen völlig ausgeglühter Baustoffbrocken, die wie vulkanischer Tuff schwimmfähig sind. Diese »Schwimmsteine« sind heute noch in großen Mengen in der Nähe der bis zu 4 Meter hohen Wallreste auf der Insel zu finden. Es handelt sich um porös gebrannten Mergel, der einst in die hölzernen Befestigungen eingestampft war.

Der See hat eine gute Wasserbeschaffenheit, bietet jedoch oft nur 1 bis 3 Meter Sichtweite und wird wenige Wochen im Jahr klarer. An den meisten Badestellen kann man über festen Sandboden einsteigen. Man findet Teichmuscheln, Dreissena-Bestände, Amerikanische Flusskrebse und viele Aale. Neben Schilf wachsen Quellmoosbulte und Kammlaichkraut im See.
Im fischereilichen Sinne ist der Oberuckersee ein Maränensee mit reichem Fischbestand. Zum Tauchen kann man bei Fergitz an verlassenen und verfallenen Gutsgebäuden vorbei hinunter zum Seeufer etwas nördlich des Dorfes fahren, wo man einen Fahrweg parallel zum Seeufer sowie eine Badestelle findet. Weitere Einstiegsmöglichkeiten sind der Badestrand und Parkplatz »Am Quast« am Ostufer des Sees und die Badestelle vor Warnitz.
Es ist am Oberuckersee empfehlenswert, ein Schlauchboot oder Kanu dabei zu haben, das aus Naturschutzgründen jedoch nur per Ruder oder Paddel bewegt werden darf. Obwohl das widersprüchlich klingt: Vorsicht beim Tauchen, es gibt »Ausflugsdampfer« auf dem See. Die Tauchgebiete sind so groß, dass der Einsatz von Scootern sinnvoll ist.
Infos: Tauchbasis 42.

93. Der Boitzenburger Haussee

Max. Tiefe 33 Meter, 172 ha, 4 km lang.

Der Westteil des Boitzenburger Haussees schmiegt sich dicht an die »Märkische Eiszeitstraße« von Prenzlau nach Lychen. Außerdem kann das Ufer von Hardenbeck und Rosenow aus erreicht werden. Das Südufer ist fast durchgehend bewaldet. »Haussee« bedeutet, dass das Gewässer einst Besitz eines Adelssitzes oder »festen Hauses« (= Schloss oder Burg) war. Hier ist der Bezug zum Schloss Boitzenburg unverkennbar, dennoch wird der See auf vielen Karten auch als »Hardenbecker Haussee« geführt.
Der Haussee durchbricht am Seeknick die Moränenzüge der Weichselkaltzeit und gehört zu den eutrophen Klarwasserseen. Einheimische Taucher schätzen das Gewässer sehr und tauchen gern über Hornblattwiesen, Tausendblattwälder und das »Unterholz« aus Spreizhahnenfuß. Die im Boitzenburger Haussee bestandsbildenden Hornblattfelder haben keine echten Wurzeln, sondern sind mit Sprossabschnitten nur lose im Sediment verankert.
Falls die Wassertransparenz »live« rapide abnimmt, können sich Hornblattbestände vom Seegrund lösen und als Schwebematten dicht unter die Wasseroberfläche aufsteigen. Abseits der Ortslagen wachsen in diesem See noch immer Kostbarkeiten wie Krebsscheren, Quellmoos und Großlaichkräuter. Wir finden beinahe in allen Buchten See- und Teichrosen vor dem Röhricht und am Westufer sogar ein Feld Mittleres Nixkraut. Der Boitzenburger Haussee ist ein Hecht-Schlei-See, der anregende Unterwasserbeobachtungen gestattet.
Infos: Tauchbasis 42.

94. Der Große Küstrinsee östlich von Lychen

Rinnensee, 6 km lang, ideal zum Paddeln und Schnorcheln, für Gerätetaucher nicht lohnend.

Das lang gestreckte Becken des Großen Küstrinsees reicht von Küstrinchen im Südwesten des Sees bis nach Mahlendorf im Nordosten. Der See liegt inmitten von kaum befahrbaren Wiesen und Wäldern und ist relativ unzugänglich. Selbst die Wanderwege um den See sind unmarkiert! Häufig erschweren Schilf, weit übers Wasser ragende Schwarzerlendickichte und regelrechte Bruchwald- und Verlandungszonen den Zugang zum See.
Mäßige Sichttiefen, Ruhe und eine berauschende Vielfalt von Wasserpflanzenarten im Flachwasser machen den Großen Küstrinsee für Naturfreunde interessant, die abseits stark frequentierter Tauchplätze paddeln und schnorcheln wollen. Für das Gerätetauchen ab Auto ist der See nicht geeignet.
Motorboote sind auf dem See verboten, Paddeln hingegen darf man. Der Große Küstrinsee ist über die bekannte Wasserwanderstrecke ab Zeltplatz und Tauchbasis am Dreetz und Krüselinsee über die beiden Mechowseen immer dem Küstrinchenbach folgend erreichbar, aber oft führt der Bach zu wenig Wasser. Bitte nur bei Wasserführung über 30 Zentimeter durchpaddeln (Info: Pegeltelefon 03 98 88-6 45 30). Bei geringerem Wasserstand ist es besser, mit Auto und Schlauchboot oder Kanu zur Fischerei und Forellenzucht am Ortseingang von Küstrinchen-Dorf zu fahren und das Boot dort einzusetzen.
Der Große Küstrinsee bietet ringsum erlebnisreiche Flachwasserzonen mit Gelben Teichrosen und Weißen Seerosen vor Schilf und Binsen. An versunkenen Bäumen haften kleinwüchsige Süßwasserschwämme. Wenn man hier schnorchelt, blickt man hinunter auf ein Gewimmel von Ohrschlammschnecken, Spitzschlammschnecken, Posthornschnecken, Sumpfdeckelschnecken, Insektengelegen, räuberischen Libellenlarven und vielen anderen eigenartigen Tieren, deren Namen man später oft erst nachschlagen muss.
Mosaikartig versetzt wachsen verschiedenartigste Wasserpflanzenbestände im flachen Wasser; darunter Schwimmendes, Spiegelndes, Durchwachsenes und Krauses Laichkraut, Wasserpest, Spreizhahnenfuß, Graslaichkraut, Quirliges sowie Ähriges Tausendblatt und sogar Krebsscheren und Quellmoos.
Große Teichmuscheln leben hier ebenso wie Dreissena-Kolonien. Durch die abwechslungsreichen Pflanzenwälder ziehen ungeheure Jungfischschwärme, die ihrerseits Raubfische anziehen. Der Große Küstrinsee hat kräftig grünliches bis intensiv goldbraunes Wasser, das nur eine mäßige Lichteindringtiefe gestattet. Deshalb endet der tolle Pflanzenwuchs oft in 3 bis 4 Meter Tiefe und das Tief- und Gerätetauchen lohnt nicht.
Direkt vor Küstrinchen befindet sich eine große Netzkäfig-Fischzuchtanlage, wo das Wasser durch die Zufütterung und den resultierenden Nährstoffeintrag etwas trüber ist, aber auf halber Seelänge sieht es wieder viel besser aus. Der Große

Die Pflanzenwelt im Großen Küstrinsee (links).

Raschelnde Schilfzonen und dichte Wälder umschließen den Großen Warthsee (rechts).

Küstrinsee bietet selten mehr als 3 bis 4 Meter Horizontalsicht, es ist einfach ein Waldsee mit mittlerem Nährstoffgehalt und einer grandiosen Pflanzenwelt.
Infos: Tauchbasen 13 und 15.

95. Die Schorfheideseen – Der Große Warthesee

Max. Tiefe 24 Meter.

Von Templin aus fahren Sie über Paulinenhof, Jakobshagen und Egarsee Richtung Warthe. Noch unterwegs sind rechts dicht beieinander die Tauchbasen Hape und Tauchpartner Berlin am Großen Warthesee ausgeschildert. Außerdem befindet sich am Westufer des Sees ein Badestrand mit Parkplatz. Am besten vom Badestrand nach links tauchend sind wunderbare Unterwassererlebnisse die Regel.
Der Große Warthesee hat schmale, aber dicht geschlossene Schilfzonen, in denen auch die knautschigen Unterwasserblätter der Gelben Teichrosen wachsen. Im Sommer bedeutet das einen fließenden Übergang Schilfzone/Teichrosenfeld, was Hechte, Schleien und Karauschen sehr schätzen.
Unter den Schwimmblättern beobachten wir außerdem eine fantastische Vielfalt von glänzenden Schwimmkäfern, bizarren Köcherfliegenlarven und wehrhaft aussehenden Libellenlarven. Sandig feste Abhänge fallen rasch in die Tiefe. Vor und unter den Seerosen wachsen kompakte Hornblattbüsche, aber auch Durchwachsenes Laichkraut und kräftig hellgrüne Hahnenfußpflanzen.
Es ist immer wieder amüsant zu beobachten, wie junge Hechte in Barsch- oder Plötzenschwärmen Beute machen wollen und in der verwirrenden Masse der Schwarmfische kuriose Rollen und Fehlstöße vollführen. Der Große Warthesee ist muschelreich und präsentiert zahlreiche Krebse. Bewachsene Bäume mit im Flachwasser integrierten Feldern aus Schwimmendem Laichkraut und Wasserknöterich sind ein wunderbares Bild.

Im Großen Warthesee können mehr als 20 Meter Tiefe erreicht werden, wo in gläserner Kälte einige wuchtige Baumwurzeln, Holzkähne und Aale zu bestaunen sind. Die schönste, pflanzenreiche Region endet jedoch bereits in 8 Metern Tiefe.
Infos: Tauchbasis 44.

96. Die Schorfheideseen – Der Lübbesee

Max. Tiefe 14 Meter, 310 ha, 12 km lang, im Biosphärenreservat.

Der lang gestreckte, 11 km lange Rinnensee ist in vier Hauptbecken gegliedert, deren größtes bei Templin liegt. Nach Osten hin wird der See immer flacher. Unmittelbar am See liegt der Ort Ahlimbsmühle, in dessen Nähe Hitlers »zweiter Mann im Reich« Hermann Göring eine Attrappe seines Waldhofes Carinhall bauen ließ, um Luftangriffe möglichst dorthin fehlzuleiten. Der Lübbesee ist nahezu ringsum bewaldet.
Das Gewässer hat sehr steil abfallende Ufer und submerse Wasserpflanzen bis in etwa 5 Meter Tiefe. In mittleren Tiefen sind Großlaichkräuter wie Kammlaichkraut und Spiegellaichkraut dominant, zwischen denen Ähriges Tausendblatt und Durchwachsenes Laichkraut vorkommen. Die häufigste Pflanze des Lübbesees ist das – in vielen anderen Gewässern äußerst seltene – Mittlere Nixkraut. Die schöne Pflanze mit den lang gestreckten distelartig-spröden Stachelblättern bildet im mittleren Seeteil ausgedehnte Grundrasenflächen – und über diesen Felder leben die Barsche!
Hechte, Plötzen und Schleien bevorzugen die Laichkräuter als Lebensraum. Wenn man auf die »Plötzen« achtet, wird man bald sehen, dass sich im Lübbesee ebenso wie in allen anderen Schorfheideseen zahllose Güstern unter die Plötzen mischen und in Bewegung nur schwer als solche zu »enttarnen« sind.
Das Ufer des Lübbesees ist bei Templin (Campingplatz), Ahrensdorf und Ahlimbsmühle per Fahrzeug zu erreichen. Weite Teile der Ufer sind nur für Wanderer zugänglich. Die Südostbucht des Sees reicht bis an die B 109.
Infos: Tauchbasis 44 und 70.

97. Die Schorfheideseen – Der Wolletzsee bei Angermünde

Max. Tiefe 18 Meter, 332 ha, 5 km lang.

Von Angermünde aus fahren Sie durch weitläufige Forste, zum Teil wunderschöne Buchenwälder ins Dorf Wolletz. Unterwegs wird es Ihnen immer wieder scheinen, als ob Sie im Wald allerhand makabre Sicherheitseinrichtungen wie Unterstände, Schützenlöcher und dergleichen sehen. Außerdem ist hier jeder Waldweg mit gepflegten Schranken abgeriegelt. Da haben Sie richtig gesehen. Wahrscheinlich stammt ein guter Teil der Sicherheitseinrichtungen am Weg zum Wolletzsee

Von Schloß Wolletzsee blickt man hinunter aufs Wasser (links).

Am Wolletzsee (rechts).

noch aus jener DDR-Zeit, in der (ab 1960) Stasi-Chef Erich Mielke im Jagdschloss Wolletzsee residierte.

Dieses Jagdschloss – eigentlich nur eine große Villa am See – beherbergt heute die Geschäftsführung der Klinik Wolletzsee und ein gemütliches Café, von dem aus Sie auf den See mit seinen zwei malerischen Inseln hinunterblicken können und sinnieren, was der Wasserspiegel wohl alles verbergen mag ...

Schließlich weiß man heute gut, was zum Beispiel im Endstadium des Dritten Reiches alles in den Salzkammergutseen verschwand. Warum sollte es gegen DDR-Ende anders gewesen sein? Gegenständliche Schätze der Region kann man jedoch am leichtesten im Kunsthandel der Klinik erwerben: Wunderbare Bildchen, die sich in Emailletechnik auf getriebenem Kupfer den Motiven des Sees und der Schorfheide widmen.

Die zwei Inseln des Sees liegen in einer Engstelle des Sees und trennen den See in ein 12 Meter tiefes Ostbecken und ein 18 Meter tiefes Westbecken. Der See wird von der Welse durchflossen, die über das Welsebruch in die Oder entwässert.

Es gibt eine parkartige Uferbefestigung, wo man wunderbar spazieren gehen kann. Eventuelle Tauchgänge jedoch dürfen auf keinen Fall die Klinikgäste verunsichern oder die Klinikparkplätze tangieren. Um diesen See kennen zu lernen, empfehlen wir vom Ort Wolletz aus in Richtung Westen die Kastanienalle nach Alt Künkendorf am See entlangzufahren und an der Uferstraße weitab vom Ort zu parken.

Dort, wo von Natur aus Lücken im Schilfgürtel sind und man umweltschonend über Sandboden zu Wasser kommt. Der Wolletzsee ist steilscharig und hat eine schmale Schilfzone sowie gering entwickelte Tauchblattpflanzenzonen, die wegen des mittleren Nährstoffgehaltes im Wasser jedoch artenreich sind.

Der See führt winters sehr klares Wasser, ist jedoch sommertrüb mit dann nur 1 bis 2 Meter Horizontalsicht. Es gibt ausgedehnte Dreissena-Bestände und viel Fisch. Auch der Heilige See bei Alt Künkendorf, der eine kleine Badestelle mit

Die Nachsuche in Seen bringt überwiegend normale Gebrauchsgegenstände wie diesen Schlüssel ans Licht ...(oben links)

... manchmal aber auch Erinnerungsstücke ganz anderer Art (links).

Immer wieder durchstreifen Waffentaucher den Großen Döllnsee auf der Suche nach dem Schrott vergangener Reiche und Kriege (oben rechts).

Parkplatz hat, ist einen Tauchgang wert. Außerdem sind Tauchgänge im Wolletzsee an seinem Ostende in der Nähe von Strandbad und Campingplatz denkbar. **Infos: Tauchbasis 44.**

98. Die Schorfheideseen – Der Große Döllnsee und Carinhall

Max. 12 Meter tief, 138 ha, im Biosphärenreservat.

Der im historischen Sinne geheimnisumwitterte Schorfheidesee liegt mitten im Wald. Der Westzipfel des Sees stößt an die B 109, das Südufer des Sees ist bei Klein Dölln zu erreichen.

Wuchtige Torpfeiler mit eingelassenen Marschallstäben begrenzen die Paradestraße, die direkt zu den Trümmern von Hermann Görings Waldhof Carinhall zwischen Großem Döllnsee und Wuckersee führt. Reste gesprengter Häuser, Bunker und die düstere Gruft für Carin Baronin von Fock – Görings erste Frau – erinnern an den ehemaligen Wohnsitz des zweitmächtigsten Mannes im »Tausendjährigen Reich«.

Adolf Hitler hat Göring auf seinem Waldhof nur ein einziges Mal besucht, er mochte die märkische Landschaft nicht sonderlich. Vom Anwesen des Reichsmarschalls ist nur noch ein massives Blockhaus übrig, das ehemalige Badehaus. Dieses Blockhaus gefiel zu DDR-Zeiten Walter Ulbricht, der es kurzerhand ans andere Seeufer des Großen Döllnsees versetzen ließ.

Solcherart ist das Gelände um Carinhall und den Großen Döllnsee voll von Legenden um die Mächtigen verschiedener Epochen der Deutschen Geschichte –

Noch immer stehen die Torhäuschen von Carinhall im Wald, geschmückt mit den Göringschen Marschallstäben, und ... (oben)

... die Brekersche Plastik »Reitende Amazone«, einst im Zentrum des Waldhofes, steht heute etwas im Abseits von Eberswalde-Finow (unten).

und die Seen potenziell voller spannender Funde. Carinhall und der Döllnsee waren über fast fünf Jahrzehnte von der Öffentlichkeit abgeschirmt, und die Natur deckte alles zu.
Im Juli 1990 zogen Polizeitaucher im Auftrag des damaligen Innenministers Diestel vier je 2,40 Meter hohe Bronzestatuen von Arno Breker aus dem Schlamm des Döllnsees und bewiesen gleichsam den mystischen Ruf des Sees. Außerdem hält sich hartnäckig die Geschichte von Görings Jacht, einem großen Stahlboot, das noch im Döllnsee liegen soll. Doch der »eiserne Hermann« hatte am Großen Döllnsee sogar drei Boote: ein zweisitziges Motorboot, ein viersitziges Motorboot und ein futuristisches, in Berlin-Gatow als Versuchsfahrzeug gebautes Gleitflächenboot. Und alle Boote sind seit Kriegsende verschwunden ... Geschichtsfreunde lesen alle Details in dem Buch »Görings Reich-Selbstinszenierungen in Carinhall« von Volker Knopf und Stefan Martens.
Immer wieder werden Trümmer aus edlem Marmor oder sogar Reste der Modelleisenbahn des Reichsluftmarschalls gefunden, die bei der Sprengung von Carinhall weit verstreut wurden. Im biologischen Sinne muss der See vor allem als Welsbiotop interessant sein. Und wenn Sie dann unwillkürlich bei schlechter Sicht an etwas großes Dunkles stoßen? Ein Findling oder Görings Motorboot?

99. Die Schorfheideseen – Der Werbellinsee und die Kaffenkähne

Max. Tiefe 58 Meter, 10,4 km lang, 1,5 km breit, 785 ha, Bundeswasserstraße.

Die lang gestreckte tiefe Rinnenform des Werbellinsees eignet sich vorzüglich als Wasserstraße, wovon reger Gebrauch gemacht wird. Der über 10 km lange See wurde von der Natur in zwei Becken unterteilt. Das Südwestbecken erreicht vor dem Forsthaus Spring die Maximaltiefe von 58 Metern, der nördöstliche Seeteil

ist nur noch 40 Meter tief. Die tiefste Seestelle von 58 Metern ist auch insofern eine Besonderheit, als der Seeboden hier weit unter dem Meeresspiegel (NN) liegt und Wissenschaftler von einer Kryptodepression sprechen.
Die Umgebung des Werbellinsees, eine wunderbare Waldlandschaft, ist Landschaftsschutzgebiet. Sagenhafte Ausblicke auf den See genießt man von jener Uferstraße, die am Nordufer entlang von Joachimsthal nach Eichhorst führt. Der Werbellinsee ist ein mesotropher Klarwassersee, dessen Ufer sehr steil in die Tiefe abfallen. Naturgemäß können hier nur schmale Wasserpflanzensäume aus Tausendblättern und Laichkräutern wachsen. Dennoch kann man von den Parkplätzen am Nordufer aus angenehme Naturtauchgänge in Tiefen bis zu 10 Meter parallel zum Ufer unternehmen. Die Chancen stehen gut, Hecht, Barsch, Plötze, Blei und sogar Welse zu sehen. Aber der Werbellinsee hat noch mehr zu bieten:

Am Sägewerk: Falls Sie sich noch nie in einer Fischsuppe befunden haben, sollten Sie sich einmal von Joachimsthal aus am Nordwestufer des Werbellin entlangfahrend zum Tauchplatz vor dem Sägewerk mit Holzablage begeben. Vor diesem Holz verarbeitenden Betrieb sind im Laufe von Jahrzehnten so viele Stücke Rinde oder Borke in den See gelangt, dass diverse Fischarten hier ein Schlaraffenland vorfinden. Ganz einerlei, ob den Fischen mehr die zerfallenen Pflanzenfasern, die Würmer in der Rinde oder die im organischen Material reichlich lebenden Wasserinsektenlarven munden, im Süßwasser taucht man nur selten in einem solchen Gewimmel von Fischen.

Vor dem Dornbusch: Zwei Kilometer weiter am Nordwestufer erreichen Sie eine Landspitze, die auf Wanderkarten »Dornbusch« heißt. In unmittelbarer Nähe gibt es einen kleinen Parkplatz. Völlig aufgerödelt braucht man nur die Straße zu überqueren und kann schon ins Wasser steigen. An diesem Tauchplatz können Sie einer geheimnisvollen Steinspur folgen. Sichtlich bearbeitete Steine liegen am Grund und weisen Ihnen den Weg in die Tiefe.
Auf den ersten Metern werden Sie nur spärliche Tausendblattstandorte und kleine Fische sehen. Um 20 Meter Tiefe erreichen Sie eine rätselhafte, blass-weiße und bizarre Unterwasserlandschaft aus am Seeboden offenliegendem Ton. Aber die Spur der Steine führt weiter, bis zu den aus dem Schlamm ragenden Bordwänden eines recht gut erhaltenen Kaffenkahnwracks, das Sie auf nahezu lichtlosen 30 bis 38 Metern Tiefe (vielleicht) finden werden. Sogar Ankerwinde und Ruderblatt sind noch zu sehen. Die Chance, daran vorbeizuschwimmen, ist am sedimentreichen Grund allerdings groß.

Die Geschichte der Werbellin-Wasserstraße: Vor allem während der Regierungszeit Friedrich II. von Preußen (1740-1786) entwickelte sich Berlin zum Zentrum des deutschen Wasserstraßennetzes. Die Kanalbauten unter dem wirtschaftlich höchst interessierten König machten Berlin nahezu aus allen Himmelsrichtungen zu Wasser erreichbar. Von der Elbe aus ebenso wie von Oder und Ostsee. Waren aus Berlin konnten zu Wasser bis Königsberg und Memel gebracht werden. Lieferungen aus England gelangten via Stettin, Finowkanal und Kaffenkahn in die preußische Hauptstadt. Die langwierigen Wasserwege wurden viel genutzt, denn der pferdebespannte Planwagen als »Truck« dieser Epoche war auch nicht viel schneller. Der lang gezogene Werbellinsee wurde ein wichtiges Teilstück der Wasserstraßen gen Osten.

PATENT
Zu Beförderung
Des
Schiff-Baues
Auf der Elbe, Oder
und Spree /
Und
Wegen der Freyheiten,
So die
Bauer der Schiffs-Gefässe
geniessen sollen.
De Dato Berlin / den 23. Octobris 1719.
BERLIN /
Gedruckt bey Christoph Süßmilch / Königl. Preuß. Hof-Buchdrucker.

Urkunde des Preußischen Königs zur Beförderung des Schiffbaues von 1719.

Die Geschichte der Kaffenkähne: Um 1700 waren die Flüsse und Kanäle weitgehend unreguliert, es gab keine garantierten Mindestwasserstände wie heute. Deshalb war es gängige Praxis, zu Niedrigwasserzeiten über flache Stellen und Sandbänke einfach hinwegzurutschen. Die Binnenschiffe mussten das aushalten und waren auch speziell dafür konstruiert. Die Bodenplanken der langen flachen Schiffe wurden dazu vorn nur sanft nach oben gebogen und verjüngt.

Die seitlichen Planken stießen etwas steiler an dieses »Pack« der gebündelten Bodenplanken an. Die auslaufenden Planken wurden solcherart zu einem Bündel geformt und mit gewaltigen Eisen verbolzt. So ergaben sich ein Vorschiff mit sehr flach aufsteigendem Schiffsboden und die so genannte Kaffenspitze. Diese

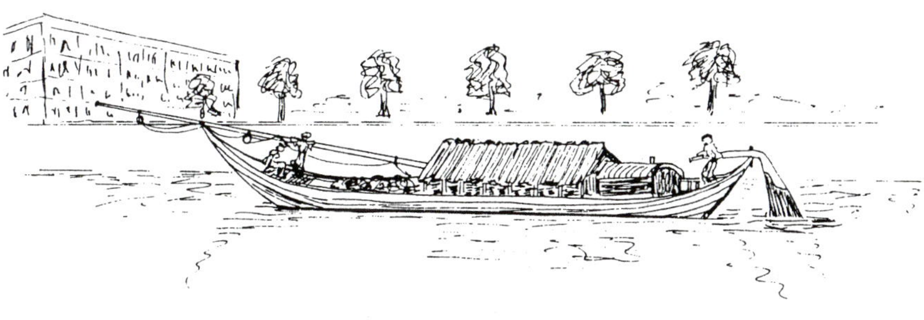

Kaffenkahn am Kupfergraben in Berlin (nach einer Zeichnung von Schinkel um 1830).

Abenteuer Werbellinsee – unter dem Bug eines Kaffenkahns (links).

»Schätze« aus dem Werbellinsee – Gebrauchsgegenstände von Anno 1850, heute im Deutschen Technikmuseum, Berlin (rechts) .

Schiffe mit weit überhängendem Bug konnten tatsächlich trotz Grundberührung leicht auf dem Bugschwall über Hindernisse im Wasser hinweggleiten.
Notfalls wurden diese Schiffe mittels vorausgefahrenen Ankern und Winden über Sandbänke gezwungen, denn auch damals war Zeit Geld. Ein scharf auf Steven gebautes Schiff mit steilen Bordwänden würde sich unter solchen Verhältnissen völlig festfahren. Die meisten der im Werbellinsee liegenden Wracks sind derartige Lastkähne aus Holz, so genannte Kaffenkähne.
Viele der Holzwracks im Werbellin sind so genannte »Finowmaßkähne« von etwa 3 bis 4 Metern Breite und 30 bis 36 Metern Länge. Sie wurden auch damals schon behördlicherseits auf die Durchlassfähigkeit der Kanäle abgestimmt. Diese Lastkähne brachten nach der Fertigstellung des Finowkanals im Jahre 1746 und des Werbellinkanals im Jahre 1766 Baustoffe nach Berlin. Noch 1911 gab es allein um den lang gezogenen Werbellinsee 29 Ablagen für Holz sowie Ladeplätze für Ton, Ziegel und Steine.
Wie es in historischen Überlieferungen heißt, waren die Lastkähne meist völlig mit Ton beladen und fuhren mit ein bis zwei Handbreit Freibord. Die Schiffer konnten einen Zusatzverdienst erzielen, wenn Sie auf die Tonladung obenauf lose Steine schichteten, die im expandierenden Berlin des vorigen Jahrhunderts bis zu einem halben Pfennig je Stein gebracht haben sollen. Bei Kanalfahrten war das nahezu risikolos, wenn es jedoch auf dem riesigen Werbellin plötzlich aufbriste, wurde es gefährlich.
So mancher Schiffer soll dann eiligst Steine über Bord geworfen und damit seinen Kahn zu leichtern gesucht haben, oft jedoch war es zu spät! So weit die Pflaster- oder Mauersteine nicht völlig im Seegrund verschwunden sind, weisen sie uns Tauchern den Weg zu den Untergangsstellen. Andere Kahnwracks wiederum sind mit exakt geschichteten Dachziegeln beladen. Diese Dachziegel tragen eingebrannt oft interessante Siegel oder Werksstempel. Geheimnisvolle Mark Brandenburg!

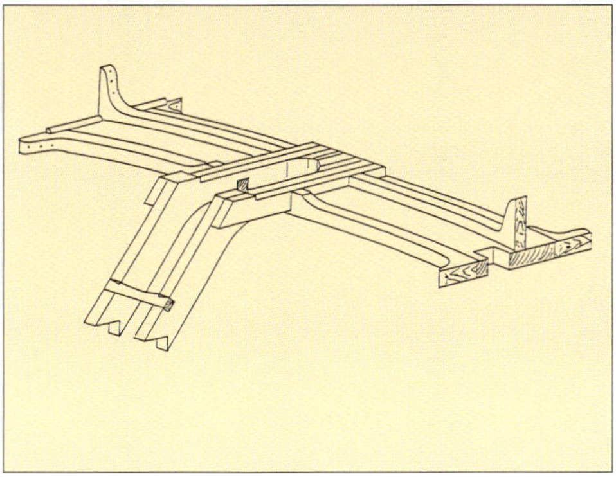

Taucherin am Maststuhl eines Kaffenkahns (oben links).

Zander am Wrack (oben rechts).

Maststuhl eines Kaffenkahnes. Die Zeichnung zeigt das Bauteil, an dem die Taucherin auf der Abbildung oben links gerade taucht (nach Snay 1990, unten links).

Hier brach die Bordwand eines Kaffenkahns im Sturm (unten rechts).

Ein Tauchgang im Werbellin: Die Werbellinseetaucher haben wieder einmal einen Kaffenkahn-Schleppzug gefunden. Diese großen Holzwracks sind knapp 40 Meter lang und 4 Meter breit. Das sind gewaltige, in einem Binnensee völlig unerwartete Dimensionen. Wracks, die wir gar nicht so leicht überblicken können.

Wir tauchen hinab durch grünes Wasser und erreichen schon bald eine Zone der schwarzgrünen Dämmerung. Jenseits von 15 Meter Tiefe ist das Wasser relativ klar. Aber mehr als etwa 4 bis 6 Meter Horizontalsicht bietet der Werbellinsee selten. Meistens weniger. Und schon entreißen unsere Lampen der ewigen Nacht den Anblick eines schön gezimmerten Schiffshecks. Sogar die Kajüte steht achtern noch, wenn auch das Dach eingefallen ist. Das war einst der Lebensraum des Schiffers; im märkischen Slang »die Bude« genannt. Dunkel gähnen Fenster- und Türöffnungen, schmiedeeiserne Fenstergitter liegen neben dem Wrack. Im Achterschiff vor der Kajüte türmt sich ein Durcheinander von Holzteilen.

Wir folgen der Bordwand langsam, lassen das große Holzschiff auf uns wirken. Die Schiffsbreite überblicken wir, aber Bug und Heck verschwinden im Dunkel der Geschichte. Wir bewundern die Handwerksarbeit, betrachten mit dem Querbeil gehauene Spanten und Aussteifungen, sehen massiv aus Holz gearbeitete Klampen.

Mittschiffs erreichen wir den Maststuhl. Dieses wuchtige Balkenwerk hielt einst einen schweren Holzmast aufrecht. Einen Mast, der gänzlich unverspannt ohne Wanten und Stage die Segelmanöver des 40-Meter-Schiffes ermöglichte. Die Takelage musste seinerzeit so einfach wie möglich gehalten werden, um den 1 bis 2 Tonnen schweren Mast vor Brücken ohne Aufwand legen zu können. Im Achterschiff entdecken wir eine Konstruktion, die einst der Galgen, die hintere Auflage des Mastes, gewesen sein könnte.

Auch am vorderen Ende des Kaffenkahnes stand einst eine Kajüte. Die war noch schmächtiger, kleiner, hatte innen nur Sitzhöhe. Das war seinerzeit das Zuhause des Matrosen, der dem Schiffer zur Hand ging. Er lebte vor dem Mast, wie es auch auf seegehenden Segelschiffen üblich war.

Vor der Bugkajüte wölbt sich der Schiffsrumpf dramatisch nach oben, läuft in einer gen Himmel weisenden Spitze aus. Wir haben die »Kaffe« – das einst namensgebende Bauteil – erreicht. Diese eigenartige Kaffenspitze entwickelten die Schiffbauer aus konstruktiven, aber auch schifffahrtpraktischen und später sogar repräsentativen Gründen:

Das eigentümliche Zusammenfügen von Boden- und Seitenplanken und ihr Aufbiegen zur Kaffenspitze hatte mehrere Vorteile: Mangels »Kommandobrücke« konnte der Mann am Ruder bei hoch gestapelter Decksladung den Bug nicht sehen. Er musste aber auf den windungsreichen Wasserstraßen des Binnenlandes sehr genau steuern. Deshalb bog man die Kaffenspitze so weit auf, dass sie über die Ladungsstapel hinweg dem Rudergänger als Peilung und Fixpunkt dienen konnte.

Die zunächst einfach nur sinnvolle Konstruktion entwickelte sich jedoch schon bald zu einem Statussymbol. Die Kaffenspitze konnte gar nicht dick und hoch genug sein, um Wohlstand zu repräsentieren und sich ein wenig von anderen Schiffen abzuheben. Das Tuning von Fahrzeugen und Schiffen ist keine Erfindung unserer Tage! Und so gab es im letzten Jahrhundert der Kaffenkähne etwa von 1840 an riesengroße Kaffenspitzen, wuchtig und fremdländisch weit aufragend. Wahre Phallussymbole! Bald war es so weit, dass nicht allein der Mast, sondern auch die Kaffenspitze bei Brückendurchfahrten störte.

Aber auf das gute Stück konnten die Schiffer unmöglich verzichten. Und bald war die Knickkaffe erfunden. Eine hoch aufragende Schiffsspitze, die sich bei Bedarf nach hinten umklappen ließ ...

Auch das von uns betauchte Wrack hatte einst eine Knickkaffe. Leider haben ausgerechnet mit archäologischen Forschungen befasste Taucher hier so gewütet, dass der ehemals noch 13 Meter hohe Mast neben das Wrack gestürzt ist und auch

Noch ist es schön am Werbellin – aber Gewitterwolken drohen schon ...

die gut erhaltene Knickkaffe abgebrochen wurde. Aber der fest mit dem Rumpf verbundene Teil der Spitze ist dennoch eindrucksvoll und der klappbare Teil liegt darunter auf dem Grund. Das geradezu elegante Vorschiff eines Kaffenkahnes mit seinen innen liegenden Klampen und Ringen ist auf jeden Fall eine Augenweide für Holzwrackfans.Der von uns betauchte, einst besegelte Kaffenkahn war vermutlich der »Schlepper«; denn ganz nahe dran liegt ein damals mitgezogenes Lastschiff gleicher Größe. Jedoch ohne Kajüten und Takelagenreste. Ein vergleichsweise einfacher Lastkahn. Der Schiffer versuchte wohl auch mit diesem Schleppzug die maximal mögliche Ladungsmenge nach Berlin zu bugsieren. Beide Kähne waren so schwer mit Baustoffen beladen, dass unverhofft aufkommender Wellengang auf dem Werbellin zum sicheren Untergang führte. In den meisten Fällen konnten die Männer an Land schwimmen.

Wrackausfahrten: Über die Werbellin-Basen können Sie geführte Tauchgänge an derartigen Wracks in verschiedenen Seeregionen organisieren. Tauchausfahrten finden nur am Wochenende mit höchstens 10 Personen statt. Die einheimischen Taucher können Ihnen Tipps für das Tauchen an jenen Holzwracks geben, bei denen die wissenschaftlich interessanten Wrackteile und Einzelfunde bereits für Museen in Berlin und Oderberg gehoben wurden. Sie können unbesorgt die beeindruckenden Holzwracks besichtigen. Zufallsfunde sollten über die Tauchbasis an die Museen weitergeleitet werden.
Bitte haben Sie Verständnis dafür, dass keinerlei Souvenirs gehoben werden dürfen und durch die Denkmalschutzbehörde auch einzelne Wracks mit Tauchverbot belegt sein können – damit auch Unterwasserarchäologen ihre Chance haben.

Im Freiwasser: des Werbellinsees existieren an mehreren Stellen hellgraue, senkrecht abfallende Mergelwände. Dieses zähe Material wird zwar vom Wasser malerisch zernagt, hat aber eine wesentlich größere Stabilität als etwa Kieshänge oder erdige Ufer. In Mergelwänden befinden sich zahlreiche für die Tierwelt geeig-

nete Höhlen, die von Krebsen und Aalrutten bevorzugt werden. Die berühmteste Mergelwand beginnt mitten im See auf 17 Metern Wassertiefe, um nahezu senkrecht auf etwa 28 Meter Tiefe abzufallen. Solche Tauchplätze finden Sie nur mit den Profis der Tauchbasen, und es muss selbstverständlich vom Boot aus getaucht werden.
Am Westufer finden wir tiefe Löcher im Seeboden, die einst durch Mergelabbau entstanden sind, so das Modderloch und das Lange Loch. Die tiefen Regionen des Werbellinsees sind nicht ungefährlich. Einheimische sind sich sicher, dass der See jedes Jahr ein Opfer haben will. Oft gibt er sich mit Booten oder verlorener Tauchausrüstung zufrieden, aber einige beinahe tödliche Taucherunfälle geben den Sagen von den Seegeistern neue Nahrung.
Das Seebecken des Werbellinsees war in der Eiszeit von einem vermutlich mehrere hundert Meter hohen Gletscherblock ausgefüllt. Diese Eismasse taute nur sehr langsam ab. Innerhalb des Eisklotzes muss es Gletschertore, Sturzbäche und Wasserfälle gegeben haben. Echolotanzeigen lassen vermuten, dass die abstürzenden Gletscherwässer am Grunde des heutigen Werbellinsees noch wesentlich tiefere Kolke ausgespült haben.
Diese Löcher sind derzeit vermutlich nur mit dünnem, fast wasserartigem Sediment gefüllt. Wahrscheinlich liegen am Boden dieser Riesentöpfe noch immer die Geröllsteine, die vom Gletscherwasser einst wie Mühlsteine gedreht wurden und den Untergrund zerrieben haben. Es ist ein Geologentraum, einen solchen Riesentopf mit Mühlstein zu finden.

Der Maränensee: Die Fischer des Werbellinsees fangen die Kleine Maräne – einen äußerst wohlschmeckenden heringsartigen Schwarmfisch – in etwa 25 bis 30 Metern Tiefe. Wer Kleine Maränen beobachten möchte, muss sich im Freiwasser schwebend in diese Tiefen begeben, in einem relativ dunklen Binnensee mit 2 bis 6 Metern Horizontalsicht ein etwas Mut erforderndes Vorhaben. Die Kleinen Maränen des Werbellinsees waren schon einmal dem Untergang nahe, wie Theodor Fontane zu berichten weiß:
»Mit diesen Muränen ging es noch fast 300 Jahre lang, bis es plötzlich ein Ende damit hatte. Der Kormoran kam. Der Kormoran oder schwarze Seerabe, sonst nur in Japan und China heimisch, hatte auf seinen Wanderzügen auch mal den baltischen Küstenstrich berührt und es »am Werbellin« anscheinend am wohnlichsten gefunden. Denn hier war es, wo er sich plötzlich zu vielen, vielen Tausenden niederließ. Der schöne Forst am See hin bot prächtige Bäume zum Nesterbau und der See selbst die schönste Gelegenheit zum Fischen.
Nun, scheint es, waren die Kormorans in Sonderheit auch Feinschmecker, und statt sich mit all und jedem zu begnügen, was ihnen in den Wurf kam, richtete sich ihr Begehr vor allem auf die Muräne. Sie fischten nach ganz eigentümlichen Prinzipien und betrieben den Raub nicht als einzelne Freibeuter, etwa wie Fischreiher und ähnliche auf niedrigster Stufe der Kriegskunst stehende Tiere, sondern das

Geheimnis taktischen Zusammenwirkens hatte sich ihnen in seiner ganzen Bedeutung erschlossen.
Sie manövrierten in Reih und Glied, und mit Hülfe ihrer Taucherkünste den See auch in seinen verschiedenen Tiefen, sozusagen in all seinen Etagen beherrschend, glückte es ihnen, überall da, wo sie Stand nahmen, ein lebendes Netz durch den See zu ziehen: jede Masche ein geöffneter Kormoranschnabel. Die Fischer mühten sich umsonst, sie zu vertreiben. Es gab damals Kormorans am Werbellin wie Fliegen in einer Bauernstube, und ein paar Hundert mehr oder weniger machte keinen Unterschied. Auch der Forst litt, denn in manchem Baume hatten die Kormorans zehn Nester, und es schien nicht möglich, ihrer Herr zu werden.
Da ward endlich ein Vernichtungskrieg beschlossen. Alle Förster aus den benachbarten Revieren wurden herangezogen, das Garde-Jägerbataillon in Potsdam schickte seine besten Schützen, und so rückte man ins Feld. Zuletzt waren Pulver und Blei stärker als die Kormorans, und sie blieben entweder auf dem Platz oder setzten ihren Zug in friedlichere Gegenden fort. Sind auch nicht wiedergekommen. Aber die Muränen auch nicht.«
Wie Sie sicher bemerkt haben, schrieb Fontane seine Werbellinanekdote im Deutsch des vorigen Jahrhunderts und bei den »Muränen« geheißenen Fischen handelt es sich selbstverständlich um Kleine Maränen, nicht etwa um die im Mittelmeer und anderswo lebenden »richtigen« Muränen.
Der Werbellinsee ist noch heute – oder heute wieder? – einer der bekanntesten Maränenseen Norddeutschlands. Die Fänge (6 Tonnen im Jahr) sollen die Maränenfischerei im Stechlin weit übertreffen. Die Berliner wissen das am besten, denn an jedem Wochenende versorgen sich Feinschmecker unter den Hauptstädtern mit geräucherten Maränen aus Altenhof.
Infos: Tauchbasen 45-51.

100. Die Schorfheideseen – Der Parsteiner See

Max. Tiefe 27 Meter, 1100 ha, im Biosphärenreservat.

Der Parsteiner See ist einer der wenigen Großseen, die ohne Übertreibung als Klarwasserseen apostrophiert werden können. Wie das Buch der märkischen Sagen und Volksweisen berichtet, suchten lange vor unserer Zeit die ersten Ansiedler in der Parsteiner Gegend verzweifelt nach Wasser. Ein greiser Wandersmann empfahl ihnen eine bestimmte Stelle, um dort nach Wasser zu graben.
Nach vielen Tagen Grabens in der Erde plätscherte silberhelles Wasser zutage. Ehe der fremde Weise weiterzog, riet er den Siedlern, die Quelle mit Steinplatten abzudecken und nur zum Wasserholen zu öffnen. Während des tagelangen Freudenfestes geriet jedoch das Abdecken der Quelle in Vergessenheit. Die Quelle schüttete stärker und stärker, die Wassermassen füllten bald das Tal und die Siedler flohen auf die Hügel ringsum. Von da sahen sie staunend einen riesigen glasklaren See entstehen, der über ihre Häuser und Stallungen schwappte.

Wenn die Armleuchteralgen ihre orange bis rötlich gefärbten Fruchtkörper tragen, ist es am schönsten im Parsteiner See.

Über weiten Unterwasserlandschaften wuchern im Boden des Parsteiner Sees die »Wiesen« der Armleuchteralgen. Im Spätsommer, wenn die Gehörnte Armleuchteralge ihre leuchtend orangen Fruchtknoten bildet, sehen die Wiesen besonders schön aus. Auch der Parsteiner See ist in seinen flacheren Zonen reich an Teich- und Dreikantmuscheln sowie allerhand Wasserschnecken.
Im Parsteiner See findet sich die seltene Koexistenz von Edelkrebs und Amerikanischem Flusskrebs. Wie man jedoch an den nach und nach zunehmenden Kolonien von Wimperntierchen ablesen kann, »altert« auch der Parsteiner See unaufhaltsam. Noch sind es erst wenige Stellen, an denen Fadenalgen Armleuchtergewächse überwuchern und zu ersticken drohen. Einmal abgestorbene Characeen werden jedoch recht rasch vom Torfmudd zugedeckt und die Fläche öde-schlammigen Seebodens wird größer.
Der Parsteiner See misst an der tiefsten bekannten Stelle 27 Meter, über weite Gebiete bringt der Wasserstand aber nur 7 bis 10 Meter oder noch weniger. Hecht, Aal und Barsch sind häufig, der Wels etwas seltener, die Friedfische sind durch Ukelei, Plötze, Rotfeder, Blei, Schleie und Kleine Maräne reich vertreten. Sogar Zander und Regenbogenforellen sind zu beobachten!
Den Begriff Friedfisch sollte man jedoch mit Vorsicht gebrauchen, denn er bezieht sich oft nur darauf, dass die damit bezeichneten Arten keine anderen Fische erbeuten. Viele der so genannten Friedfische fressen sowohl Mollusken, Insektenlarven und Kleinkrebse als auch organische Partikel des Bodenschlamms, frische Pflanzenteile und Algen. Reine Pflanzenfresser sind selten.
Vollends danebengreifen kann man mit den Oberbegriffen »Raub- und Friedfisch« beim Barsch. Dieser launische Geselle lebt zunächst von Algen und Zooplankton, stellt aber ab 8 bis 15 Zentimeter Länge auf Fischnahrung um. Während die großen Raubfische Hecht und Zander bei Mangel an Beutefischen zugrunde gehen, können adulte Barsche »Notzeiten« durch Vertilgen von Würmern und Larven aus dem Sediment, notfalls sogar mittels Algen überstehen.

Doch zurück zum Parsteiner See: Generell kann man sagen, dass im südlichen, tieferen Teil des Sees die Horizontalsicht oft besser ist als im Norden. Rund um die alten Siedlungszentren Parsteinwerder und Pehlitzwerder sind archäologische Funde möglich. Sogar steinzeitliche Werkzeuge (Meißel, Dolche, Mörser) wurden schon vor Bölkendorf gefunden.
Bei Bölkendorf in der Nähe des Parsteiner Sees befanden sich einst der mächtige Bunker der U-Boot-Leitstelle der deutschen Kriegsflotte. Über eine gewaltige teleskopartig ausfahrbare Antenne wurden Einsatzbefehle bis ins Mittelmeer und vor die Nordamerikanische Küste ausgestrahlt.
Diese Anlage konnte von den Alliierten bis Kriegsende nicht gefunden werden, da das Bunkersystem mit großen Generatoren völlig autonom ohne oberirdisch erkennbare Zuleitungen funktionierte. Selbst das Kühlwasser der Anlage wurde so sinnreich verteilt, dass keine durch Flugzeuge messbare Wärmestrahlung auftrat. Obwohl die Bunker gesprengt worden sind, zieht die Region immer wieder Schatzsucher an. Diese untersuchen eifrig die Kleinseen um Bölkendorf und den nahe gelegenen Parsteiner See.
Das Gebiet des Parsteiner Sees ist als Feuchtgebiet von außerordentlicher Bedeutung unter Naturschutz gestellt worden. Deshalb sollten Taucheinstiege von Uferregionen an Badestellen, Campingplätzen oder Ortschaften gestartet werden, die Sand- oder Kiesgrund haben und ohne Schilf- und Gelegegürtel sind.
Außerhalb der Saison dürfte sich die Badestelle des Zeltplatzes auf dem Pehlitzwerder als Einstieg eignen, während der Saison sind Taucher dort nicht gern gesehen. Relativ unproblematisch zu erreichende Einstiegstellen befinden sich noch an der Straße vom Pehlitzwerder nach dem Dorfe Parstein. Bitte beachten Sie dazu die Hinweistafeln, die über die Zonierung der Wasserfläche unterrichten und Schädigungen der Lebensräume im Wasser vermeiden sollen.

101. Die Schorfheideseen – Der Brodowinsee

Max. Tiefe 8 Meter.

Von Eberswalde-Finow aus erreichen Sie, über Kloster Chorin fahrend, das Dörfchen Brodowin mit der markanten Kirche auf dem Dorfplatz und mehreren im Ort nistenden Storchenpaaren. Hinter dem Dorf beginnt der Brodowinsee.
Dieser See liegt etwas tiefer als der größere Parsteiner See und erhält von diesem oberirdisch geringen Zufluss. Der Brodowinsee hat hinsichtlich der natürlichen Seenalterung seine besten Jahre hinter sich und beginnt zu verlanden. An einigen Stellen setzen ufernahe Schwingrasen an. Trotz Verlandung und geringen Tiefen ist dieser See inmitten von Wiesen und eigentümlich baumlosen Hügeln nicht trübe, sondern von einer gelbbraun-durchsichtigen Klarheit.
Der See hat breite Schilfgürtel und reiche Vorkommen von Schwimmblattpflanzen wie Weiße Seerosen, Große Mummeln und Schwimmendes Laichkraut. Im Brodowinsee tauchen die Krebsscheren zur Blütezeit auf. Restbestände aus dem

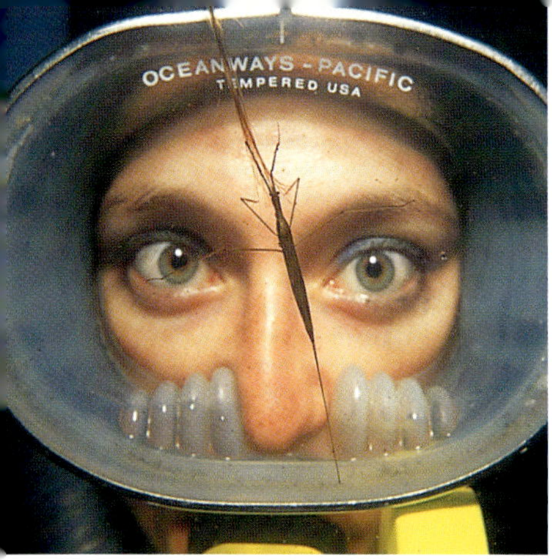

Zwölf Zentimeter lang kann die oft vorhandene, aber selten entdeckte Stabwanze werden (links).

Ein berüchtigtes Raubtier im Miniaturformat – Die Gelbbrandkäferlarve hat eine Kaulquappe zwischen ihren Beißzangen (rechts).

»früheren Leben« des Brodowinsees als nährstoffarmer Klarwassersee sind in Form einiger kleiner Hornblattflächen und des Wasserschlauchs noch zu finden. Die überwiegende Grundbedeckung des im Sommer recht warmen Sees bildet Faulschlamm, nur vor der Badestelle finden sich sandige Partien. Der Fotograf entdeckt hier vor allem scheue Friedfischarten wie Karpfen, Karausche, Schleie, Plötze, Rotfeder und Güster. Als faunistische Kostbarkeit ist der Bitterling zu nennen.
Der Fotograf mit der Makrokamera kann zahlreichen Wasserinsekten nachjagen, wie zum Beispiel Furchenschwimmern und Stabwanzen, die sich meist dicht unter Schwimmblättern verbergen. Wasserskorpione hingegen liegen im Flachwasser nahezu unsichtbar auf dem Grund.

102. Der Wandlitzsee

Max. Tiefe 25 Meter, 215 ha.

Wer diesen Namen liest, denkt sicher zunächst an die berühmt-berüchtigte Siedlung der Politprominenz der jüngst vergangenen DDR. Von dem herrlichen Tauchgewässer Wandlitzsee haben die wenigsten eine Vorstellung. Der Wandlitzsee ist einer der wenigen tiefen Seen rund um Berlin. Seine größte Tiefe beträgt in der westlichen Hälfte 25 Meter, in der östlichen Hälfte reicht ein zweites tiefes Becken bis 20 Meter hinab.
Die Uferbank des Wandlitzsees fällt steil in die Tiefe, das Bodenprofil am Grunde ist unregelmäßig-bergig. Der windexponierte See hat im Hochsommer eine kräftige Planktonentwicklung, die die Sicht im sonst sehr klaren Wasser herabsetzt und das Licht in der Tiefe mindert. Der Grund jenseits der 10-Meter-Tiefenlinie ist mit grauem Faulschlamm bedeckt. Westlich des großen Binsenberges in der

Das Quirlige Tausendblatt bildet im Herbst markante Winterknospen (links).

Süßwasserpolypen strecken ihre Tentakel nach Nahrungspartikeln im Freiwasser aus (rechts).

Mitte des Sees findet man beim Tauchen auch einmal kiesigen Grund. Besonders hier und an ufernahen Tothölzern haften zahlreiche Dreikantmuscheln, leben Flussmuscheln, Erbsenmuscheln und verschiedene Schnecken. Amerikanische Flusskrebse haben den Wandlitzsee besiedelt.
Die Pflanzenwelt ist im Wandlitzsee durch einen schmalen Saum Röhricht und kaum Kraut gekennzeichnet. In 5 bis 15 Metern Tiefe fallen unförmige hellgrüne Ballen auf, die bisweilen mannshoch sein können. Diese Gebilde sind Massenentwicklungen so genannter Moosalgen, die auf den zunehmenden Nährstoffeintrag verweisen.
Der vor allem im Frühsommer und Spätherbst recht klare Wandlitzsee ist sehr fischreich. Vor allem sind große Schwärme von kleinwüchsigen Plötzen zu nennen. Bleie, Barsche und Ukeleie sind häufig, Hechte eher selten zu sehen. Beim Nachttauchen trifft man häufig auf große Aale, auf Kaulbarsche und Schlammpeitzger. Schleien haben es aufgrund der steilscharigen Ufer nicht so gut im Wandlitzsee und sind nur in geringer Zahl vorhanden. Trotzdem der Wandlitzsee sichtlich altert, hat hier noch ein geringes Vorkommen der Kleinen Maräne überlebt, das Einzige im engeren Berliner Raum.
Den Wandlitzsee erreichen Sie über die Autobahn Berlin–Prenzlau. Die Abfahrt zum Dorf Wandlitz ist autobahnähnlich weitergeführt. In der Nähe des Bahnhofes »Wandlitzsee« gibt es mehrere Stellen, die sich für einen Taucheinstieg eignen. Leider sind weite Strecken des Seeufers verbaut. Eine günstige Einstiegsstelle ist das Surf-Center beim Parkplatz Bahnhof »Wandlitzsee«. Als weiterer Einstieg kann ein Holzsteg in der Thälmannstraße dienen.
Bitte berücksichtigen Sie bei eventuellen Tauchvorhaben im Bereich Wandlitzsee, Heilige Drei Pfühle und Liepnitzsee bestehende Waldbrandwarnstufen, Fußmärsche mit Ausrüstung und den besonderen Status von Forstwegen.
Infos: Tauchbasis 53.

Zwischen Süßwasserschwämmen und Moostierchen ist ein Furchenschwimmer »gelandet«.

103. Der Liepnitzsee

Max. Tiefe 22 Meter, 160 ha.

Inmitten eines hügeligen Geländes bei Ützdorf liegt der Liepnitzsee im Mischwald. Sie erreichen den See über die A 11, AS Lanke. Aus seinen Fluten erhebt sich eine Insel mit Zeltplatz, die von einer Fähre angesteuert wird. Man folgt der Beschilderung »Fähre Liepnitzsee«. Diese Insel wäre ein guter Ausgangspunkt für Taucheinstiege.

Wer ohne viel Aufwand vom Ufer aus tauchen will, dem seien Westufer und Südostufer des Sees empfohlen. Hier kann man das Auto überwiegend gebührenpflichtig abstellen und ganz in aller Ruhe die Taucherei vorbereiten.

Die Sicht im Liepnitzsee liegt in günstigen Jahreszeiten bei 10 Metern, im Hochsommer jedoch nur bei 2 bis 4 Metern. Im Schilf rund um den Liepnitzsee stehen sehr große Hechte. Barsch, Kaulbarsch und Schlammpeitzger sind hier häufig, Plötze und Rotfeder bevorzugen den ufernahen Flachwasserbereich, am Rande des Schlammes in der Tiefe leben Blei und Güster.

Vom Unterwassereindruck her ähnelt der Liepnitzsee dem Wandlitzsee stark. Es gibt hier jedoch keine Maränen. Dafür lässt sich ein anderes seltenes Fischlein betrachten: der Bitterling. Der Bitterling ist ein kleiner auffällig hochrückiger Fisch von unter 10 Zentimetern Länge. Auf silbrigem Schuppenkleid trägt er einen blaugrünen Streifen, der sich zum Schwanzstiel hin verbreitert. Dieser winzige Fisch ist bei seiner Fortpflanzung an Vorkommen von Teich- und Malermuscheln gebunden.

Etwa zwischen Ende April und Anfang Juni legt das Weibchen die Eier über eine lange rosa Legeröhre in den Kiemenraum der Muscheln ab. Das Männchen ergießt seinen Samen über die Atemöffnung der Muschel, sodass es zwischen den Kiemenblättern des Wirtes zur Befruchtung kommt. Die Bitterlingsbrut ist zwischen den Muschelkiemen auf Wochen geschützt und wird aktiv mit sauerstoffreichem Wasser versorgt. Die Jungfische verlassen die schützende Muschel als schwimmfähige Fische von etwa einem Zentimeter Länge.

Nahezu die Hälfte des Flachwasserbereiches ist im Liepnitzsee mit Rauem Hornblatt bewachsen, gefolgt von reichen Beständen des Ährigen Tausendblattes. Maximal bis in 4 Meter Tiefe dringt der Spreizhahnenfuß vor. In der Nähe der Fähre existieren weite Wiesen der Kanadischen Wasserpest, im Flachwasser wuchert Durchwachsenes Laichkraut. Streckenweise beobachten wir Krauses und Kammlaichkraut sowie Characeenarten. Neben den »Dutzendpflanzen« leben im Liepnitzsee auch Kostbarkeiten wie Wasserschlauch, Fädiges Laichkraut und zwei Wassermoosarten.
Infos: Tauchbasen 53 und 54.

104. Der Hellsee und der Obersee bei Lanke – Die düsteren Welsseen

Hellsee: max. Tiefe 7 Meter, 43 ha, Obersee: max. Tiefe 12 Meter, 129 ha.

Direkt an der Autobahn Prenzlau–Berlin, Abfahrt Lanke, konzentrieren sich die »tauchwürdigen« Seen. Wenn Sie vom »Highway« kommen, durchfahren Sie zunächst das Dorf Lanke und erreichen das südöstlich gelegene Schmuckstück der Gegend, den Hellsee. Auch dieser See gehört zum Wandlitz-Biesenthal-Prendener Seengebiet und zeichnet sich durch mäßige Sichtweiten aus.
Der Hellsee ist von einem Schilf- und Seggengürtel umstanden, an mehreren Stellen haben sich Bäume ins oder schräg über's Wasser gelegt. Zum Teil sind die in die Waagerechte geratenen Riesen am Ufer noch fest verwurzelt und grün. Unter diesen Bäumen steht gern der Hecht. Außerdem ist der Hellsee außerordentlich reich an Zandern, Karpfen, Güstern, Bleien, Barschen und Plötzen.
Beim Tauchen werden Sie entdecken, dass der Hellsee nur teils schlammigen Grund, jedoch weithin auch sandige Flächen als Seeboden hat. Vor allem dort, wo schlammig-sedimentreicher Boden bis ins Flachwasser reicht, ja bis unter überhängende Schilfwurzelballen oder in den Schatten veralgter Tothölzer, finden Sie den Charakterfisch des Hellsees – den Wels. Im Hellsee können Sie noch Riesen von 2 bis 3 Metern Länge antreffen, jedoch ist dieser Anblick nichts für zart besaitete Taucher(innen).
Der gefräßige Räuber Wels stellt allem Lebendigen nach, nimmt die winzige Schnecke vom Grund ebenso wie Fische oder mal eine junge Wildente von der Oberfläche. Der schmutzig grau bis dunkelgrün gefärbte Fisch ist trotz seiner Größe nicht leicht zu entdecken; einerlei, ob er am oder im Bodensediment liegt oder im Schatten ins Wasser gestürzter Bäume auch einmal senkrecht im Geäst hängt. Trotzdem der Wels oder Waller als furchtbar stark und raubgierig gilt, ist über Unfälle mit Tauchern nichts bekannt geworden.
Die größte Gefahr geht wohl weniger davon aus, dass der Wels einen Taucher als Beute ansieht. Viel eher ist es möglich, dass das Tier am Tage durch taucherische oder fotografische Aktivitäten aus seinem Ruheplatz »gestänkert« wird. Der riesige Fisch sieht – entsprechend seinem Leben am sedimentreichen Grund – sehr

schlecht und kann beim »Durchstarten« schon einmal einen harten Rammstoß versetzen, sodass schreckhaften Leuten »die Luft wegbleibt«.
Welse verlassen in der Dämmerung ihr Versteck und ziehen auf Raub aus. Trotzdem sie dann über den Grund schwimmen, ist Nachttauchen »auf Wels« auch nicht unbedingt erfolgreich. Der Waller ist dann aktiv und unruhig, seinen Weg begleitet eine Bahn aufgewirbelten Drecks. Fotovorhaben »auf Wels« sind deshalb mit der gebührenden Umsicht für den Tag anzuraten, auch hinsichtlich der zeitweise geringen Sichtweite im Hellsee.
Im Nordwesten ist der Hellsee über den mit Schlauchbooten durchaus befahrbaren Oberseegraben mit dem Obersee verbunden. Dieser See – fast in Ortslage von Lanke – reicht beinahe bis unter die Autobahn. Auch im Obersee sind Welse zu finden, die im Gewirr von gestürzten Bäumen und zahlreichen Wasserpflanzen am Südufer gute Unterstände haben. Hier wächst ein artenreicher Dschungel aus Hornblatt, Wasserpest, Tausendblättern und Großlaichkräutern. An der Kanaleinfahrt zum Liepnitzsee gedeihen sogar Krebsscheren und Gelbe Teichrosen.
Der Obersee ist bekannt für prächtige Hechte, Plötzen Ukeleie und Kaulbarsche. Ganz im Verborgenen leben zahlreiche Steinbeißer, eine sehr seltene Art aus der Familie der Schmerlen. Makrofreaks finden verschiedene Süßwasserpolypenarten und sogar Doldenglockentierchen an den Wasserpflanzen. Auch Wasserschlauch gibt es im Obersee. Der ideale See für Makrofotografen und Fischporträtjäger! Man kann an mehreren Stellen einsteigen, zum Beipiel nahe am Kanal unter der Autobahnbrücke oder am einfachsten vom Parkplatz gegenüber dem Hotel »Seeschloss«.
Infos: Tauchbasen 53 und 54.

105. Der Lange See im Gamengrund

Max. Tiefe 7 Meter, 17 ha.

Vom Berliner Autobahnring erreichen Sie über die Abfahrt Blumberg die Bundesstraße 158. Auf dieser können Sie bis Leuenburg fahren, um nach dem Ortseingangsschild hart rechts abzubiegen und zwischen einigen bäuerlichen Wirtschaftsgebäuden hindurch einen Waldweg abwärts zur Badestelle am Langen See zu finden. Etwa 300 Meter vor dem Wasser wird die Zufahrt zum Landschaftsschutzgebiet Gamengrund durch eine Schranke gesperrt. Bitte lassen Sie dort Ihren Wagen stehen, der Fußmarsch mit Ausrüstung zum Langen See ist akzeptabel.
Der Lange See ist der oberste See der Seenkette im Gamengrund, die durch ein winziges Fließ miteinander verbunden sind. Das Wasser dieser malerischen – auch zum Wandern sehr geeigneten – Seenkette fließt dann weiter gen Süden zum Fängersee und Bötzsee bei Strausberg.
Die beste Tauchzeit im Langen See ist das zeitige Frühjahr. Neben vielen Hechten, Schleien und Aalen finden sie Rotfedern, Güstern, Kaulbarsche, Barsche und

Unmittelbar vor der Stadt Strausberg gibt es eine spannende Kulturhalde.

Plötzen. Außerdem laichen bald nach Eisaufbruch Teichmolche im Langen See. Die Uferbänke sind über die Maßen reich mit Wasserpflanzen bestanden.
Wenn Sie auf vielleicht nur 2 bis 3 Metern Tiefe die Ufer des Langen Sees abtauchen, können Sie Urwälder von Wasserpest, Ährigem- und Quirltausendblatt, Großem Nixkraut, Starrem Hahnenfuß und den verschiedensten Laichkräutern bewundern. Selbst Quellmoos und Raues Hornblatt, ja sogar einige wenige Krebsscheren wachsen in diesem See. Die Bestände an Gelben Teichrosen (auch Große Mummel) und Weißen Seerosen sind spärlich. Fotografen, die Pflanzenarten dokumentarisch oder künstlerisch-kreativ ablichten wollen, werden den Langen See schätzen lernen.
Die in südlicher Richtung anschließenden Seen Mittelsee und Gamensee sind ebenfalls als Tauchgewässer geeignet, haben jedoch oft geringere Sichtweiten. Hier empfiehlt sich erst eine Erkundungsrunde mit ABC-Gerät, um zu sehen, ob ein »richtiger« Tauchgang lohnt.
Infos: Tauchbasis 54.

106. Der Straussee

Max. Tiefe 21 Meter, 133 ha.

Den Straussee erreichen Sie über die A 10, Abfahrt Berlin-Hellersdorf, weiter nach Strausberg.
Der Straussee ist einer der merkwürdigsten Seen der Region. Das Becken des Sees reicht in düstere Tiefen hinab. Alljährlich hat das Eis auf dem See tückisch dünne Stellen, an denen man selbst in harten Wintern (wenn die Fähre nicht mehr verkehrt) einbrechen kann. Diese Stellen im Eis sind nur geringfügig dunkler gefärbt als andere Bereiche; sie liegen über starken Quellen am Seeboden, die ein für winterliche Bedingungen relativ warmes Wasser schütten.
Am Südende des Sees befindet sich ein Sumpf, der schon mehrere Menschenleben gefordert hat, nahe dem so genannten Postbruch. Das schmale Südbecken des

Straussees ist auch der flachste Seeteil. Hier ruht ein meterdickes, grauschwarzes Sediment am Seeboden. In diesem Modder haben die Welse des Straussees ihren Ruheplatz.
Ein weiterer interessanter Tauchplatz ist das Ostufer des Sees, etwa von der Fähre (einzige Oberleitungsfähre Europas, 1894 gebaut!) bis zur Nordspitze des Sees. Dieses Seegebiet ist – vor allem in Ufernähe – die richtige Region für mittelalterliche bis neuzeitliche Funde. Über Jahrhunderte hinweg ist alles nicht mehr Benötigte in den See geworfen worden, wertvolle historische Kacheln und seltsam geformte Flaschen ruhen neben Waffen der letzten beiden Weltkriege und verrosteten Waschmaschinen.
Sogar jüdische Grabsteine mit eingemeißelten Palmwedeln und hebräischen Schriftzeichen liegen nahe der Fährlinie im See. Die Grundbedeckung ist unmittelbar an der Stadt haldenartig-unübersichtlich, immer wieder findet man überraschende Gegenstände. In der bizarren Unterwasserlandschaft steht natürlich auch viel Fisch.
Aus der Zeit des Strausberger Dominikaner-Klosters gibt es die Sage von der versunkenen Glocke im Straussee:
»Vor Jahren stand an der Klosterstraße ein Kloster. Jeden Tag läutete vom Turm der Klosterkirche eine große schwere Glocke mit Namen ›Anne Susanne‹.
Als die Bewohner Strausbergs eines Tages erwachten, waren plötzlich über Nacht Kloster und Klosterkirche in den See versunken. Auch die schöne Glocke mit dem wundervollen Geläut lag nun tief unten auf dem Grunde des Sees.
Seitdem erscheint in lauen Sommernächten, wenn sich der bleiche Mond in den dunklen Fluten des Wassers spiegelt, eine marmorne Treppe, die in die Tiefe des Sees zu dem versunkenen Kloster führt. Langsam schreitet eine weiße Frau mit weißer Schleppe Stufe um Stufe hinunter und verschwindet durch den Eingang zum Kloster in der Klosterkirche. Dumpf tönt dann vom Grunde her der eherne Mund der Glocke, aber ihr Läuten klingt wie Weinen und Klagen.«
Nach den Berichten einheimischer Taucher liegen auch »Koggen« im See. Koggen waren mittelalterliche hochseetüchtige Segelschiffe und dürften sich kaum in den Straussee verirrt haben. Dennoch ist etwas Wahres an den »Koggen« im Straussee. Einige Ruderkähne jener vornehmen Bauart, wie sie im vorigen Jahrhundert wohl situierte Kavaliere bevorzugten, um ihre Angebetete über den See zu rudern, liegen als mehr oder weniger gut erhaltene Wracks im See. Boote dieser Art waren eigentümlich hochbordig gebaut und besaßen eine leicht erhöhte Bank mit Lehne und Armstützen für Damen im Heck. Der Linienriss dieser Nussschalen mag einen ironisch-phantasievollen Betrachter an Koggen erinnern.
Die Tauchplätze unmittelbar am Stadtufer sind nur schlecht zu erreichen, da man mit dem Auto nur an der Fähre, dem Fischerkietz und im Bereich des Stadtparkes in Wassernähe kommt. Im Strandbad Strausberg befindet sich eine Tauchbasis.
Wesentlich leichter gestalten sich Einstiege am Südwestufer des Sees, wo eine Fahrstraße nahe ans Wasser heranführt und wegen eines vielbesuchten Badestran-

des auch gute Parkmöglichkeiten bestehen. Hier finden sich, vor allem am nördlichen Ende dieses Badestrandes, steil abfallende, bisweilen steinige, in Ufernähe auch pflanzenreiche Partien. Dieser Tauchplatz ist vor allem für nächtliche Fischbeobachtungen gut geeignet.
Im Nordteil des Straussees bestehen ausgedehnte Characeenflächen mit Großlaichkräutern, Hornblatt, Wasserpest und Hahnenfuß. Nach Süden hin dominiert immer stärker das Hornblatt, in dessen Gesellschaft dann nur noch Durchwachsenes Laichkraut und Hahnenfuß wächst. Im Straussee werden Hechte, Aale, Karpfen, Schleien, Plötzen, Rotfedern, Güstern, Graskarpfen, Barsche, Zander, Dreistachlige Stichlinge und Regenbogenforellen beobachtet. Im Winter und zeitigem Frühjahr ist auch der Ihlandsee bei Strausberg ein zeitweise klares Tauchgewässer.
Infos: Tauchbasis 54.

107. Der Bötzsee bei Eggersdorf

Max. Tiefe 17 Meter, 96 ha.

Der See liegt als lang gestreckter Rinnensee inmitten von Wäldern nördlich von Eggersdorf bei Strausberg. Hinter schmalen Schilfzonen fällt der Grund dieses Sees rasch in die Tiefe ab. Dennoch gibt es reich entwickelte See- und Teichrosenvorkommen. Am häufigsten beobachtet man Blei, Zander und Aal in diesem See. Der Bötzsee ist über große Flächen hinweg nur 10 bis 15 Meter tief, denoch findet man immer wieder unterseeische Steilhänge, die tief hinabzureichen scheinen.
Der Bötzsee ist ein phytoplanktonreicher See, der mäßige Sichtweiten von höchstens um 5 Meter bietet und sich zu manchen Jahreszeiten nur für sichere Taucher eignet. Dennoch hat der See nahezu Trinkwasserqualität. Im Südteil des Sees existiert ein Strandbad, bei dem man auch Ruderboote ausleihen kann, um zum Tauchen abgelegenere Seestellen aufzusuchen. Am leichtesten wird der See über Parkplätze bei Eggersdorf und an der Ortschaft Spitzmühle zugänglich. Dort, wo über einen Graben das Wasser vom Fängersee in den Bötzsee einfließt.
Während des Zweiten Weltkrieges stürzte ein Flugzeug in den Bötzsee, das etwa 14 bis 16 Meter tief in Höhe des zweiten Strommastes liegen soll. Die alten Eggersdorfer kennen die Stelle und wissen auch, dass sich damals oben bei Spitzmühle eine Flakstellung befand. Derzeit wird der See intensiv abgesucht, um das Wrack eventuell zu heben.
Etwa 150 Meter hinter dem Landhaus »Villago« liegt das Gelände des Tauchsportclubs Eggersdorf. Der Club verfügt über einen vermietbaren Bungalow und bald auch ein festes Haus. Zelten und Bootsausfahrten sind möglich. Zum Tauchen im Bötzsee sollte man sich beim ansässigen Verein anmelden, um Tipps zu Einstiegsstellen zu erhalten und Ärger mit dem Eigner des Sees zu vermeiden.
Infos: Tauchbasis 55.

108. Der Schermützelsee bei Buckow/Mark

Max. Tiefe 37 Meter, 147 ha.

Einer der schönstgelegenen Seen der Märkischen Schweiz ist der Schermützelsee bei Buckow. Theodor Fontane schreibt zu dieser Landschaft:
»Buckow hat einen guten Klang hierlands, ähnlich wie Freienwalde, und bei bloßer Nennung des Namens steigen freundliche Landschaftsbilder auf: Berg und See, Tannenabhänge und Laubholzschluchten, Quellen, die über Kiesel plätschern, und Birken, die, vom Winde halb entwurzelt, ihre langen Zweige bis in den Waldbach niedertauchen.«
Der Schermützelsee ist ringsum mit einem Schilfsaum geschmückt und im flachen Wasser finden sich mancherlei Laichkraut- und Tausendblattarten. Die besten Einstiegstellen befinden sich direkt vor Buckow sowie am Ostufer des südlichen Seezipfels, an anderen Stellen ist schlecht heranzufahren und sollte auch mit Rücksicht auf die Pflanzen nicht eingestiegen werden.
Der Schermützelsee ist besonders reich an Aalen, jedoch lassen sich auch kapitale Bleie und Schleien beobachten. Plötzen sind fast allgegenwärtig, Hecht, Barsch und Zander vorhanden. In größeren Tiefen befindet sich nur noch ein Faulschlammboden, der keine interessanten Entdeckungen verheißt. Am spannendsten sind die steilabfallenden Ufer vor der Schilfzone, wo die Schilfwurzelmatten teils unterspült düstere Höhlen abdecken, in deren Dunkelheit das Licht der Taucherlampe so manchen verborgenen Fisch erfasst.
Besonders interessant ist ein Seegebiet, über das Theodor Fontane einen alten Fischer berichten lässt:
»Dort unten liegt die alte Stadt. Drüben am andern Ufer, wo Sie die spiegelglatte Stelle sehen, dort hat Alt-Buckow gestanden. Wir kennen die Stelle ganz genau. Von dem Eck dort, wo die Binsen hundert Schritt weit in den See hineingehen, bis hier gradüber von uns, wo die Weiden ins Wasser hängen – so weit ging die Stadt. Ich spreche nicht von Glocken, die bei Sonnenuntergang klingen, Alt-Buckow hatte schwerlich Glocken, aber das müssen Sie schon glauben, dass wir an klaren Tagen zehn Fuß tief unterm Spiegel allerhand Pfahlwerk stehen sehn, Blockhäuser vielleicht, jedenfalls Zaun und Steg, und mancher unter uns hat etwas von dem Pfahlwerk herausgeholt und ihm einen guten Platz im Hausflur gegeben. Wir denken, es ist ein Segen dabei.«
Wie heute bekannt ist, kann man von einer Stadt nicht reden, aber eine slawische Siedlung befand sich tatsächlich einstmals an einer Stelle des heutigen Seebodens. Dass früher die Fischer hölzerne Pfähle mit ihren Netzen nach oben geholt haben, ist sehr wahrscheinlich. Heute ist die alte Fundstelle im ehemaligen Siedlungsbereich in der Südbucht völlig beräumt. Nur bisweilen findet einmal ein Taucher noch eine Keramikscherbe aus vorgeschichtlicher Zeit.
Infos: Tauchbasis 54.

Solchen großen Fischen ... (links)

... begegnet man unter dieser interessanten, teils unterspülten Schilfwurzelmatte (rechts).

109. Der Störitzsee bei Erkner

Max. Tiefe 6 Meter.

Beinahe kreisrund präsentiert sich der Störitzsee, ein typischer märkischer Waldsee mit einer breiten Flachwasserzone. Das Gewässer liegt inmitten eines Erholungskomplexes aus Ferienlagern und Zeltplätzen und dürfte nur außerhalb der Badesaison ein Tauchtipp sein.
Die Sichtweiten sind auch im Frühjahr und Herbst nicht überragend in dem bis sechs Meter tiefen See, dafür bietet er dem Makrofotografen allerhand: Vom Amerikanischen Flusskrebs über Teichmuscheln von beträchtlicher Größe bis hin zu Sumpfdeckelschnecken und den hier lebenden und ablaichenden Wasserfröschen. Das Dickicht aus Tausendblatt, Wasserpest, Wasserknöterich, Starrem Hahnenfuß und Hornblatt, welches sich vor der Schilfzone hinzieht, ist Lebensraum von zahlreichen Wasserinsekten und deren Larven. Liebhaber von Nahaufnahmen sollten ihre ganze Auswahl von Makroobjektiven und Zwischenringen mitnehmen.
Schilfsaum und Wasserpflanzenbestände sind das interessante an diesem See, außerhalb der bewachsenen Zone ist der Seeboden nur noch von Faulschlamm bedeckt. Dort treffen Sie urtümliche Riesen von Bleien und Karpfen.
Sie erreichen den Störitzsee, indem Sie den Berliner Ring an der Abfahrtsstelle Berlin–Köpenick verlassen und Richtung Grünheide weiterfahren. Etwa auf halbem Wege zwischen Grünheide und Spreeau ist in östlicher Richtung der Fahrweg zum Störitzsee ausgeschildert.

110. Die Müggelspree von Mönchwinkel bis Spreeau

Max. Tiefe 5 Meter, Durchschnittstiefe 2,5 Meter, Fluss.

Parallel zum Straßendorf Mönchwinkel fließt die Spree ruhig dahin. Zehn bis 15 Meter breit mag der Fluss hier sein, etwa 2 bis 5 Meter Tauchtiefe sind zu erreichen. Am leichtesten kommt man über die Spreestraße im Osten von Mönchwinkel an den Fluss heran, wo es bei einer Holzbrücke auf Betonpfeilern beidseitig der Spree zwei Parkplätze gibt. Weitere Einstiege finden sich parallel zum Dorf nahe der Uferfahrspur.

Kurz nach Fürstenwalde hat sich die »Haupt-Spree« wieder in zahlreiche Nebenarme verzweigt. Ab dem Ort Große Tränke fließt der größere Teil der Wassermassen im Oder-Spree-Kanal direkt zum Seddinsee. Ein anderer Teil fließt als das idyllische Tauch- und Schnorchelrevier Müggelspree in Richtung Müggelsee.

Tauchen in der Müggelspree ist naturgemäß ein Drifttauchgang. Je nach Wasserführung gelingt es, für kurze Strecken stroman zu schwimmen, aber nie lange! Für entspanntes Tauchen garantiert ein geplanter Drifttauchgang mit der Strömung, auf dem man leicht für Fotoarbeiten und genauere Betrachtungen an bestimmten Stellen stoppen kann. Unterwasserfotografen lassen sich am besten zunächst am Objekt der Begierde vorbeitreiben, um sich dann gegen die Strömung den Fotomotiven zu nähern. So ist Klarwasser garantiert.

Nachdem der Flusslauf der Spree viele Jahrzehnte trübe war, treten seit kurzem wieder wochenlange Klarwasserphasen auf, während denen das Tauchen Freude bereitet. Dann ist mit etwa 2 bis 5 Metern Horizontalsicht zu rechnen. Wann lohnt das Tauchen in der Müggelspree? Bester Test: Sie stellen sich auf die Spreebrücke vor dem Ort Spreeau und schauen hinunter in den Fluss. Der ist hier etwa 2 Meter tief. Wenn Sie von der Brücke alle Details des Grundes erkennen können und die Pflanzen in der Strömung wehen sehen, lohnt ein Drifttauchgang.

Was gibt es im Fluss zu sehen? Am Ufer beobachten wir oft unterspülte Baumwurzeln und ins Wasser gestürzte Bäume. In den Wurzelhöhlen leben sehr gern Gründlinge. Althölzer im Fluss sind der ideale Lebensraum für fangnetzbauende Köcherfliegenlarven wie *Neureclipsis bimaculata*, die hier trichter- bis sackförmige, um 10 Zentimeter lange Fangnetze baut.

Mitten im Fluss finden wir hochaufragende Pflanzenbänke, die oft aus den schmalen flutenden Blättern des Einfachen Igelkolbens und des Pfeilkrautes bestehen. Die zierlichen Igelkolben und die weißen Pfeilkrautblüten schmücken weithin den Fluss. In der Strömung der Spree wehen mannshohe Bulte von Durchwachsenem Laichkraut, Rauem Hornblatt und Ährigem Tausendblatt. Auch Flutenden Hahnenfuß können wir entdecken. Leuchtend hellgrüne Wassersternpolster zieren vor allem flache Stillwasserzonen.

Der Grund des Flussbettes ist fest und kiesig, wir beobachten hier zahlreiche Flussmuscheln und Wasserschnecken. In der Hauptströmung leben Schmerlen. Außerdem können Barsche, Ukeleie und Plötzen beobachtet werden. Wo große Pflanzenbulte die Strömungsgeschwindigkeit verringern, verharren junge Hechte. Im Grenzbereich zu den Altarmen, wo trübes Wasser und verrottende Pflanzen stagnieren, sind die Bleie zu Hause. Kaulbarsche beleben die Spree in ganzen Schwärmen und sind entgegen ihrem aus Seen bekannten Verhalten sogar schwarmweise im Freiwasser des Flusses unterwegs.

Im Spreewasser wallen überraschend hohe Wasserpflanzenbulte (oben links).

Ruhig – mit gerade noch beherrschbarer Strömung – zieht die Spree bei Berlin dahin (oben rechts).

Die Köcherfliegenlarve Neureclipsis bimaculata heftet etwa 10 Zentimeter lange Fangnetze an Pflanzenstängel (unten links).

Die Spree bei Nacht ... Ein Wels verläßt sein Versteck (unten rechts).

Absolut lohnend sind Nachttauchgänge, auf denen man ufernah, oft in gerade metertiefem Wasser, Welse beobachten kann. Nachts sind außerdem mehr Schmerlen zu sehen. Mit etwas Glück trifft man auf Hasel, eine wenig bekannte Weißfischart. Für den clever geplanten Flusstauchgang haben Sie sich mit Freunden verabredet und am Anfang und Ende der Schwimmstrecke je ein Auto stehen. Im ungünstigen Falle müssen Sie den Rückmarsch mit Ausrüstung am Fluss entlang einplanen.

Flusstauchen kann süchtig machen. Das Spiel der Sonne im goldgelben, partikelreichen Wasser, die Strömung selbst und die malerisch wehenden und wallenden Pflanzenfelder geben dem Flusstauchen eine ganz besondere, dynamische Stimmung. Freaks haben es schon ausprobiert: wer besonders viel Müggelspree sehen will, braucht von Mönchwinkel bis Spreeau 4 bis 5 Stunden – eine ganz tolle Sommerunternehmung! Ein weiterer gut erreichbarer Flussabschnitt ist der bei der Autobahnanschlussstelle Freienbrink – allerdings ist hier die Strömungsgeschwindigkeit deutlich höher.

Infos: Tauchbasis 57.

111. Der Scharmützelsee bei Bad Saarow-Pieskow

Max. Tiefe 29 Meter, Durchschnittstiefe 9 Meter, 1300 ha.

Den Scharmützelsee erreichen Sie über die Autobahn A 12 Berlin–Frankfurt/Oder, Abfahrten Beeskow oder Fürstenwalde. Das Seeufer von Brandenburgs größtem See ist im Nordteil stark bebaut, im Südteil etwas freier zugänglich. Dort sind allerdings die Seeufer besonders steil. Ringsum erstreckt sich eine schmale Schilfzone. Der Seeboden ist überwiegend sandig bis kiesig mit reichem Muschelbestand. Von Region zu Region verschieden kann es Tauchblattpflanzen und Armleuchteralgen bis in höchstens 6 Meter Tiefe geben.
Dicht beim Ufer, am Schilf oder der meist noch im hellen Lichte liegenden Scharkante lassen sich vor allem große Hechte und Schleien beobachten. Weiter unten, wo das Sediment etwas feiner wird, trifft man auch auf prächtige Welse. Der Rekordfisch unter den Wallern ging Berufsfischern 1999 ins Netz. Der Prachtkerl war 1,86 Meter lang. Die Fischer haben das Tier schonend wieder aus der Reuse entlassen!
Große Barsche sind ebenso wie Plötzen und Bleie die »Standards« im See. Wer rund um die Laichzeit der Friedfische unter Wasser geht, sollte Wasserpflanzenfeldern und Schilfzonen besondere Aufmerksamkeit widmen: Dort halten sich nicht allein die Weißfische in Hochzeitslaune auf, sondern auch armdicke Aale, die sich tagelang am Laich gütlich tun. Karpfen begegnet man nur selten, aber es wurden schon bis 20 kg schwere »Moosrücken« gefangen.

112. Katja- und Helenesee bei Frankfurt/Oder

Katja: max. Tiefe 15 Meter, Helene: max. Tiefe 58 Meter, 250 ha.

Zwei der bekanntesten Tauchgewässer der neuen Bundesländer sind die mit einem Kanal verbundenen Seen Helene und Katja. Sie liegen nicht weit vom östlichen Ende der Autobahn Berlin–Frankfurt/Oder (A 12). Im hydrologischen Sinne hängen diese Bergbaurestseen (ehemalige Braunkohlegruben) auch mit der Oder zusammen. Die mit um 80 Meter tiefsten Stellen (erste Sohle um 15 bis 20 Meter, zweite Sohle um 45 Meter, dritte Sohle bis um 58 Meter) des Helenesees reichen bis in Grundwasserhorizonte, in denen man eine hydrologische Verbindung der Gewässersysteme Oder und Spree vermutet.
Aus diesem Grunde füllte sich die Grube nach Ende des Kohleabbaus im Jahre 1958 relativ schnell mit klarem Grundwasser. Der Katjasee diente lange Zeit als Spülkippe für den Tagebau Helene und war durch einen Damm abgetrennt. Da man mit steigendem Wasserstand im Helenesee einen ruckartigen Dammbruch mit erheblichen Folgen für das Umland befürchten musste, wurde der Damm weggespült und so per Kanalverbindung Helene und Katja auf einen einheitlichen Wasserstand gebracht.

Prächtige Characeenwiesen bedecken im Helenesee den Seeboden (oben links).

Im sandigen Boden verbirgt sich der handlange Steinbeißer (oben rechts).

In düsterer Tiefe ruht die »Mahagoniyacht« (Mitte).

Tauchen am aufgetakelten Segelboot (unten links).

Tauchgang zum Helene-U-Boot (unten rechts).

Der relativ große Helenesee bietet zahlreiche Tauchplätze, zu denen man wandern und dann dort schnorcheln kann. Für das Gerätetauchen ist derzeit allein die Taucherbucht am Weststrand zugelassen. Unterhalb einer Bungalowsiedlung zieht sich ein schöner Sandstrand hin, das »andere« Ufer der Bucht gibt sich bewaldet bis zum Seglerhafen.
In der Taucherbucht befindet sich in 8 Meter Tiefe unter einer gelben Boje eine große Ausbildungsplattform, eine kleine Blockhütte für Fotospäße und eine einfache Taucherglocke ohne Licht und Luftversorgung (Spülluftflasche mitnehmen!).
Unterhalb des Waldes bis zum Seglerhafen und auch noch dahinter liegt ein gutes Revier für Hechtbetrachtungen, zwischen Laichkräutern und Wasserpest spielen Barschschwärme und Krebse.
Über Sandgrund leben häufig die zierlichen Steinbeißer. Beim Heranschwimmen verharren diese Kleinfische zunächst reglos. Falls die Tierchen beunruhigt werden, stellen sie sich kopfüber senkrecht in den Sand und haben sich in Sekundenbruchteilen spurlos eingegraben. Der Helenesee ist ein relativ nährstoffarmer See, sodass wir in diesem Gewässer sogar Armleuchteralgenfelder finden. Typisch für den Helenesee sind kurzrasige Characeen, wie die Sternarmleuchteralge und die Zarte Armleuchteralge. Die Sternarmleuchteralge kann bis in 12 Meter Tiefe angetroffen werden. Das Interessante an dieser Art ist, dass sie sich an wechselnde Bedingungen leicht anpassen kann.
Ihr Vorzugslebensraum liegt bei 3 bis 9 Meter Tiefe. Während andere Characeenarten bei ansteigender Nährstofflast und abnehmendem Lichtangebot eingehen, kann die Sternarmleuchteralge relativ kurzfristig »hochwandern«, d. h. ihren Siedlungsbereich in Wassertiefen von 1 bis 2 Metern verlegen.
Für das Tauchen in der Helene muss besonders vor senkrechten Wänden gewarnt werden. Solche Wände entstehen bisweilen durch Fließrutschungen. Sie bestehen aber nur aus Sand, Kies und Mergel und stürzen irgendwann auch wieder zusammen. Tauchen Sie niemals an oder unterhalb von senkrechten Wänden in ehemaligen Braunkohletagebauen, Sie spielen mit Ihrem Leben.
Ein besonders schöner Platz für Schnorchler im Helenesee ist die große Sandbank, die am Südufer in der Nähe des Wegekreuzes »Die Spinne« liegt. In einiger Entfernung vom Ufer kann man hier noch einmal beinahe stehen. Die Untiefe ist sehr attraktiv bewachsen und bevorzugter Standort von riesigen Jungfischschwärmen. Da eine Anfahrt mit dem Auto nicht mehr möglich ist, muss für einen Besuch abseits des Tauchtourismus viel Zeit eingeplant werden.
Das Tauchen im beliebten und viel frequentierten Helenesee ist streng geordnet. Alle Taucher müssen sich bei den zwei Tauchbasen anmelden und werden mit den Einstiegsstellen und der Taucherordnung vertraut gemacht. Für Tages- und für Nachttauchgänge gibt es vorgeschriebene Maximaltiefen.
Der Katjasee und der als »Kongo« bekannte Verbindungskanal sind privatisiert worden und können nicht mehr ohne weiteres betaucht werden, allen nostalgischen Erinnerungen an den berühmten versunkenen Wald in der Katja zum Trotz ...

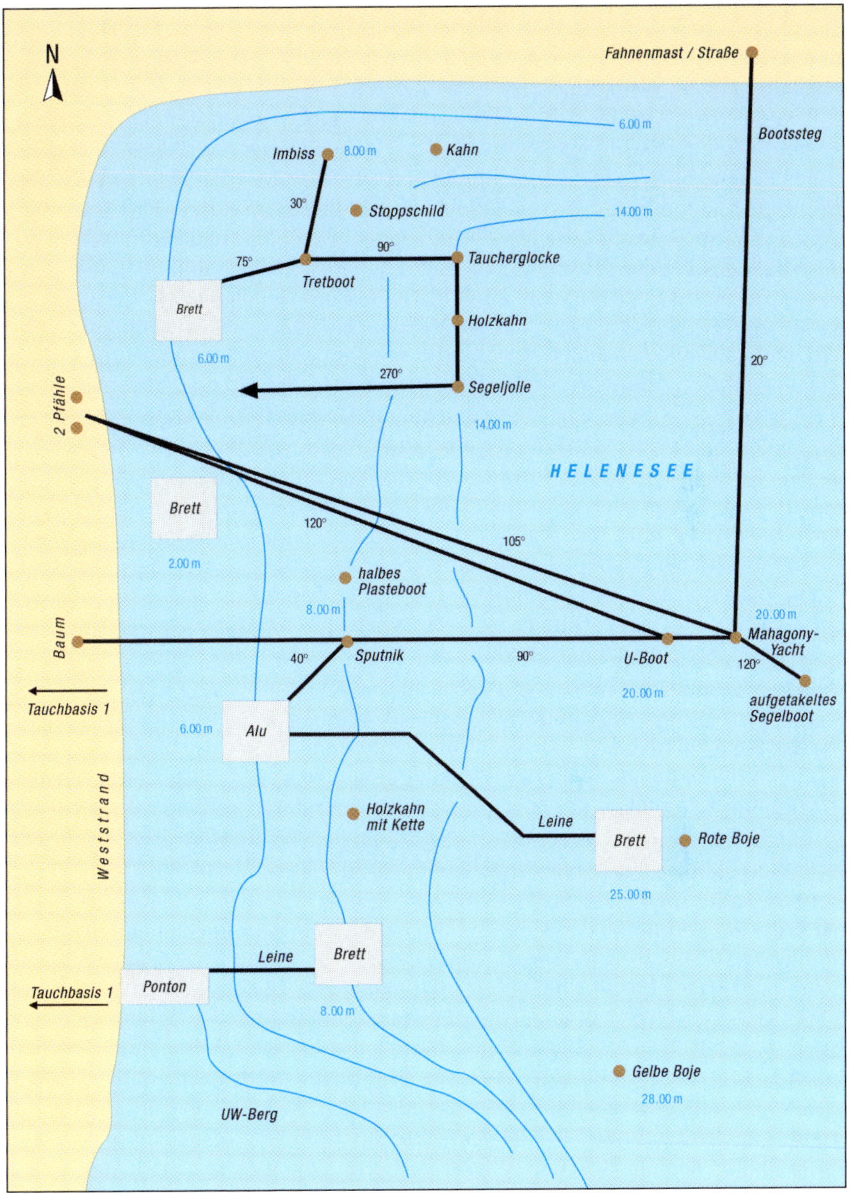

Die Tauchkurse zu allen UW-Sehenswürdigkeiten in der Helene.
Nach Jan-Martin Manzek, www.tauchermeister.de

Obwohl der Helenesee de facto »nur« eine alte Kohlengrube ist, bestehen vollständige Zonen submerser Pflanzen wie in oligotrophen und mesotrophen Naturseen. Dies macht »die Helene« zum Stargewässer für Süßwasserfotografen.
Selbstverständlich hat auch »die schöne Helene« ihre Mythen: Etwa, dass der See in der Gegend der alten Wasserhaltung des Tagebaues 84 Meter tief sei. Oder dass ungefähr 200 Meter vor der Kongoeinmündung noch der Turm einer Förderbrücke im Wasser steht, dessen oberes Ende erst in 12 Meter Wassertiefe beginnt.
Die schöne Helene bleibt der unangefochtene Star unter den einheimischen Gewässern in der Nähe Berlins. Trotz reicher Naturausstattung sind nicht alle Taucher mit »Natur pur« zufrieden, ist ein gewisses Verlangen nach UW-Attraktionen aufgekommen. Dem trugen die ansässigen Tauchbasen und Tauchclubs Rechnung und haben verschiedene »technische Sehenswürdigkeiten« im zugelassenen Tauchgebiet der Helene versenkt. Die Attraktionen am Grunde kann man teils humoristisch, teils anspruchsvoll und manchmal regelrecht »edel« nennen. Sorgfältig wurde dafür gesorgt, dass sich die Tauchziele in sehr unterschiedlichen Tiefen für verschieden trainierte Taucher befinden. Außerdem stellt es eine anspruchsvolle Orientierungsübung dar, anhand der bei den Basen erhältlichen Kursskizzen einen Tauchgang über mehrere Sehenswürdigkeiten zu planen und diese dann wirklich zu finden. Dabei ist von einer Art Flachwasserorientierungstauchgang bis zur großen Runde, die schon dekopflichtig ausfallen kann, alles drin.
Auf einer relativ flachen Runde in Tiefen von 6 bis 14 Meter können Sie zwei Holzkähne, vier Ausbildungsplattformen (2/5/6/8 Meter), den Sputnik, eine Taucherglocke, ein Tretboot, die Segeljolle und »Helgas Imbiss« (Blockhaus) ansteuern. Die kuriose Holzhütte ist Heimstatt eines Barschschwarms und wurde kürzlich sogar saniert. Den Tauchkurs hierher verbindet man zweckmäßigerweise mit der Besichtigung des Unterwasserwaldes im linken Teil der Bucht vorm Weststrand und dem Tauchen über die Wasserpflanzenfelder.
Auf einer tieferen, anspruchsvollen Runde kann man über 20 Meter tief das U-Boot, die wirklich edel aussehende Mahagoniyacht (7 Meter lang) und ein inklusive Segel voll aufgetakeltes Segelboot finden. Am gelben U-Boot, stilecht mit Turm und Schnorchel, befindet sich eine Gedenktafel für den verstorbenen Tauchkameraden eines ansässigen Vereins, den bekannten Filmer Olaf Ullmann. In größeren Tiefen bis hin zu 40 Meter sind manchmal noch angeschnittene Kohleflöze zu sehen. Etwa auf der 13-Meter-Tiefenlinie befinden sich in der Helene ebenso wie in der Katja abgeteufte Schächte mit gemauertem Sockel. Diese Schächte haben lediglich 2 Meter Durchmesser und führen wohl bis auf das Niveau des früheren Grundwasserstandes bei trockenliegendem Tagebau in »das Erdinnere«. In den Schächten befinden sich Querstreben, die einen Notaufstieg massiv behindern würden. Vor dem Betauchen dieser Bauwerke, die man zufällig finden kann, wird gewarnt. Man sollte sich vernünftigerweise auf Fotos vom Eingangsbereich beschränken.
Infos: Tauchbasen: 57, 59, 60, 61 und 62.

Im Potsdamer Tauchturm haben kleine und ... (links)

... große Leute ihren Spaß (rechts).

113. Der Heilige See und der Potsdamer Tauchturm.

Max. Tiefe Heiliger See 12 Meter, Tauchturm 4 Meter.

In unmittelbarer Nähe der Potsdamer Parkanlagen, direkt am Neuen Garten, erreichen Sie den Heiligen See. Geschwungene Wege, die von Lennèscher Gartenbaukunst künden, führen vom Park ans Wasser. Als Ausgangspunkt zum Tauchen ist die Seestraße festgelegt worden, wo man problemlos parken kann. Der zentrumsnahe Heilige See befindet sich im Eigentum der Stiftung Schlösser und Gärten. Wildes Tauchen hätte beinahe zu einem Tauchverbot von Seiten des Eigentümers geführt.

Die derzeitige Regelung ist Folgende: Der Unterwasserbesuch ist auf 10 Taucher pro Tag limitiert. Wer hier tauchen möchte, muss sich telefonisch beim Tauchsportservice Potsdam anmelden und einen Termin vereinbaren. Die Tauchgenehmigung ist übrigens kostenlos, der Tauchsportservice Potsdam koordiniert den Tauchbetrieb lediglich so, dass nicht mehr als 10 Taucher per Tag einsteigen und der See weiterhin für das Tauchen geöffnet bleibt. Bitte nehmen Sie das Angebot an, sicher lernen Sie so interessante Tauchpartner kennen.

Im Heiligen See beträgt die Horizontalsicht im Jahresgang 2 bis 6 Meter. Obwohl die steilscharigen Ufer relativ pflanzenarm sind, ist der Heilige See äußerst fischreich. Fische des flachen, bis in relativ große Tiefe durchlichteten Wassers wie Hecht, Barsch, Plötze und Schleie überwiegen. Es gibt zudem große Muschelflächen und auch Jahre mit dichterem Wasserpflanzenbewuchs.

Man kann im Heiligen See drei versunkene Kähne finden, aber nicht wirklich tief tauchen.Unterhalb von 5 bis 6 Meter Tiefe breitet sich langweilig-trostloser Schlammgrund aus. An mehreren Stellen im See werden Sie abgesteckte, eindeutig erkennbare wissenschaftliche Test- und Versuchsflächen entdecken. Bitte weiträumig umschwimmen.

Bedingt durch die Parks und die fotogenen Bauwerke am Ufer ist der Heilige See zu »weitsichtigen« Jahreszeiten ein ideales Gewässer für Halb-und-Halb-Aufnahmen. Wenn allerdings die Havel Hochwasser führt, wird auch der Heilige See mit eingetrübt.
Im Headquarter des Tauchsportservice Potsdam am Nuthedamm 29 finden Sie einen kleinen stationären Tauchturm. Es handelt sich um einen Stahlzylinder mit Bullaugen, der mitten im Geschäft steht. Im Bedarfsfalle können Sie Ihre Begleiterin(nen) an der Taucherbar des Geschäftes mit Drinks versorgen und in charmanter Gesellschaft zurücklassen, um selbst in Ruhe Ausrüstung im Wasser zu testen respektive ihrer staunenden Gesellschaft Einblick in die Taucherei zu gewähren.
Der Potsdamer Tauchturm ist 4 Meter tief und hat 3 Meter Durchmesser. Man kann an trüben Tagen eine UW-Beleuchtung zuschalten und auf großen Matten Geräteübungen absolvieren. Das Wasser ist etwa 21 Grad Celsius warm. Eingestiegen wird in der oberen Etage des Tauchsportzentrums. Für Besucher mit Kindern ist allerhand Spielzeug vorrätig, unter anderem eine bemerkenswerte Gummi-Enten-Flotte. Selbstverständlich gibt es Duschen und Umkleidemöglichkeiten. So live machen Ausrüstungstests und einfache Ausbildungsübungen Spaß.
Infos: Tauchbasis 58.

114. Der Sacrower See

Max. Tiefe 36 Meter, 110 ha.

Etwa 15 Kilometer von Potsdam entfernt befindet sich der Sacrower See. Der Sacrower See ist durch zahlreiche Privatgrundstücke nur an wenigen Stellen, zum Beispiel am südlichen Ortseingang von Sacrow, zugänglich. Die Horizontalsichtweiten liegen bei mäßigen 1 bis 4 Metern, was jedoch für Fischbeobachtungen völlig ausreichend ist. Den Sacrower See zieren nur spärliche Schilf- und Binsenvorkommen, auch die Zone der Unterwasserpflanzen mit Durchwachsenem Laichkraut, Rauem Hornblatt, Wasserpest, Spreizhahnenfuß und Großem Nixkraut ist gering ausgebildet.
Nach dem Zweiten Weltkrieg fanden im Sacrower See furchtbare Sprengungen statt, die große Verluste an Fischen verursachten. Heute hat sich der Bestand erholt. Hecht, Barsch und Plötze kommen in relativ großer Zahl vor, Aale und Schleien sind schon seltener und am besten nachts zu beobachten. Auffallend ist eine Vielzahl von flinken, kleinwüchsigen Bleien, die in relativ flachem Wasser ihre Nahrung suchen. Vermutlich ist das Tiefenwasser nicht sauerstoffreich genug für die Bleie und deren Nährtiere. Die Regionen knapp über der Sprungschicht teilen sich oft Amerikanische Flusskrebse mit den erwähnten Bleien und Güstern.
Ausgesprochen selten, aber doch hin und wieder einmal zu »belauschen« sind Zander, Rotfeder, Rapfen und Karauschen. Im Sacrower See leben auch Kleine Maränen und Regenbogenforellen. Für den Tierfotografen ist der Sacrower See

Nur in sehr warmen Sommern blüht die Kanadische Wasserpest (oben links).

An langen weißen Stielen ent-stehen im Hochsommer wie orchideenartig schöne Wasserpestblüten (oben rechts) (Abbildungsmaßstab 2:1).

In nährstoffreichen Seen überzieht der Geweihschwamm Hartsubstratflächen völlig (rechts).

auf jeden Fall ein Erlebnis. Man sollte jedoch von Anfang an ein 50er- oder 90er-Makroteleobjektiv einplanen. Für Taucheinstiege sollten aus Naturschutzgründen nur die beiden offiziellen Badestellen am Nordufer bei Groß Glienicke und nördlich von Sacrow genutz werden.
Infos: Tauchbasis 58.

115. Der Gruben- oder Tiefsee bei Limsdorf

Max. Tiefe 24 Meter, 52 ha, Tauchverbot für Gerätetauchen, bitte ab Badestrand schnorcheln.

Von der Autobahn A 13 Dresden–Berlin bei Halbe/Teupitz in Richtung Märkisch Buchholz abfahrend, erreichen Sie über Nebenstraßen zwischen Kehrigk und Limsdorf ein malerisches Waldgebiet mit zahlreichen kleinen Seen. Wer sich die Mühe macht, nach Messtischblättern oder Wanderkarten die vielen Gewässer aufzusuchen und zu begutachten, kann sicher noch manche angenehme Entdeckung machen. Es soll nicht unerwähnt bleiben, dass in der Märkischen Schweiz auch noch Europäische Sumpfschildkröten leben.
Die um 20 Zentimeter großen Tiere mit dem für Schildkröten auffallend langen Schwanz sind sehr scheu und können beim Tauchen kaum beobachtet werden. Viel größer sind die Chancen, an Gewässern mit sumpfigen Buchten einmal so

ein Tier per Fernglas zu »belauschen«. Aus Naturschutzgründen kann hier kein konkretes »Schildkröten«-Gewässer genannt werden, dem Naturfreund seien äußerste Aufmerksamkeit und stilles Hantieren am Wasser empfohlen.
Der Grubensee südwestlich von Limsdorf ist der Quellsee eines winzigen Wasserlaufes, der über Melangsee, Springsee und die Glubigseen gen Scharmützelsee fließt. Bitte fahren Sie nicht bis ans Wasser, die Ausrüstung kann problemlos auf dem offiziellen Parkplatz angelegt werden.
Die größte Tiefe des Grubensees wird hart am Ostrand der Insel bei 25 Metern erreicht. Wenn an einer der sandigen Badestellen eingestiegen wird, fliehen zahlreiche winzige Weißfische in hellen Schwärmen ins Schilf. Die Schilfzone des klaren Sees ist besonders interessant. Da ragen große filtrierende Teichmuscheln aus dem Untergrund, haften bizarre Süßwasserschwämme an dicken Schilfstängeln, verbergen sich Jungbarsche und Amerikanische Flusskrebse hinter imposanten Kalmus-Wurzelballen.
Der aromatisch duftende Kalmus steht wie selbstverständlich mit im Röhricht, ist aber eigentlich keine einheimische Pflanze. Er wurde bereits im 18. Jahrhundert aus Ostasien eingeführt. Der Grubensee ist ein Klarwassersee und damit auch ein See der großen Hechte. Die gewaltigen Räuber stehen oft in nur hüfttiefem Wasser im Röhricht, nutzen aber auch gewaltige frei stehende Hornblattbänke als Tarnung. Sehr zu empfehlen ist das nächtliche Schnorcheln. Fantastisch, wie weit in diesem See der Lichtkegel von Handlampen und Pilotleuchten trägt, welche aufregenden Schatten die interessant strukturierten Pflanzenbestände werfen! Nächtliche Beobachtungen garantieren im Grubensee beinahe für Begegnungen mit riesigen, armstarken Aalen. Hier ist Gelegenheit, eine Nahaufnahme des räuberischen und scheuen Gesellen zu schießen. Nebenbei sieht man aber auch ausgewachsene Plötzen, vorsichtige Schleien und überaus feige Döbel aus nächster Nähe. Mit etwas Glück kommt man an die nachts oft tief im Kraut verborgenen Rotfedern oder die flinken, im Sand wohnenden Steinbeißer ganz nah heran, sei es zur Beobachtung oder für ein Porträtfoto.
Im Schilf leben große Schwärme scheuer Rotfedern. Diese Fische kreuzen oft zwischen der Vorderkante der Schilfzone und dem Freiwasser hin und her. Die Masse der Rotfedern ist vielleicht handgroß, aber manchmal sind auch einzelne 30 bis 40 Zentimeter große Fische dabei.
Außerdem leben im Schutze des Schilfes gigantische Jungfischschwärme von Plötzen und Bleien. Meist stehen der Bequemlichkeit halber gleich in diesen »Wolken« höchstens fingerlanger Fischchen einige mehr als handgroße Barsche, die träge um sich schnappen. Für sie liegt inmitten eines spätsommerlichen Jungfischschwarmes wahrscheinlich das Schlaraffenland.
Doch manchmal zuckt der ganze Schwarm inklusive der fressenden Barsche zusammen, denn wenn ein Hecht wie ein silberner Blitz aus dem Schilf schießt, wird es für alle zusammen gefährlich. Zwischen den Schilfwurzelballen sehen wir so manchen Aal und auch allerhand Amerikanische Flusskrebse. Bedingt durch

Süßwassertauchen live – Begegnung im Grubensee (oben links).

Die Stoffumsätze im Untergrund von Seen verursachen im Sommer ungeheure Gasblasen, die den Seeboden mit Wurzeln und Algen »kuppelartig« anheben und ... (unten links)

... nach der Eruption regelrechte Krater zurücklassen (rechts).

die während des Wachstums notwendigen Häutungen der Krebse sind oft abgeworfene Krebspanzer zu finden.

Unmittelbar vor dem Schilf wachsen zierliche Tausendblätter und eine Art verfilzter Grundrasen aus Rauem Hornblatt, dass hier ungeheuer kräftig, aber gerade mal eine Handbreit hoch ist. Dann folgt seewärts ein Streifen kahlen Grundes, ehe in 2 bis 5 Meter Tiefe ein zweiter Vegetationsgürtel beginnt.

Hier wuchern die hellgrünen Halme der Astalgen wie kleine Wiesen, aus denen sich armdick und frischgrün gewuchertes Tausendblatt und erneut Raues Hornblatt erheben. Das Hornblatt bildet hier unten eher solitäre Pflanzen oder Bulte und wird über einen Meter hoch. Auf den Astalgenwiesen liegen kräftige, mehr als meterlange Ranken des Wasserschlauches. Im Spätsommer sind schon die kugelrunden Winterknospen an den Spross-Spitzen zusehen.

Im Hochsommer kommt es in warmen Jahren zu erheblichen Stoffumsätzen im vermutlich sauerstoffarmen Sediment des Sees. Ungeheure Methanblasen quellen aus dem Boden und heben den mit Astalgen und Wasserpflanzenwurzeln durchzogenen und damit »armierten« Seeboden partiell an.

So entstehen gasgefüllte kleine Hügel im Flachwasser des Grubensees; halbkugelförmige Erhebungen des Seebodens, die einen halben bis drei viertel Meter Durchmesser haben können und etwa halbmeterhoch sind. Wir bezeichnen diese Gebilde in Ermangelung eines Fachwortes als »Algendome«, denn so sehen sie aus.
An anderen Stellen finden wir »Algendome«, die schon zerrissen oder zerplatzt sind. Die ehemaligen Wände des Gebildes aus halbzähem Seeboden und Pflanzenfasern stehen noch und man kann von oben hineinsehen. Im Ganzen sieht diese erstaunliche Erscheinung wie der Krater eines Miniaturvulkans aus. Manchmal stehen sogar nur noch Trümmer und Fetzen des Algendome wie die bizarren Überbleibsel einer Eruption im Wasser.
Doch nicht in jedem Falle entsteht ein »Algendom«. Wenn das Gas aus dem Seesediment nicht in einer glockenförmigen Aufwölbung des Seebodens zeitweise festgehalten wird, kann es auch ruckartig sofort entweichen, indem fast kreisförmige Seebodenstücken beinahe wie ein Lukendeckel aufklappen. Das ist ein überaus seltsamer Anblick, den wir bisher allein im Spätsommer und nur im Grubensee, Nehmitzsee und Gerlinsee hatten.

116. Der Springsee bei Limsdorf

Max. Tiefe 20 Meter, 59 ha.

Der etwas westlich liegende Melangsee ist flach und zum Tauchen wenig geeignet. Der nächstfolgende See am Mühlenbach heißt Springsee. Dieser See erreicht im Südteil bis 20 Meter, im Nordteil nur etwa 15 Meter Tiefe. Der Springsee erhielt seinen Namen von zahlreichen Quellen, die in den See schütten. Vor allem eine dieser Quellen, die etwa auf halber Länge des Sees am Ostufer entspringt – inmitten des hiesigen Zeltplatzes – fällt durch starke Schüttung und eisenhaltiges Wasser auf. Die Grundbedeckung direkt vor der Einmündung des Quellbaches in den See besteht aus rostbraunen Eisenausfällungen und ist sehr leicht aufzuwirbeln.
Nördlich der Quelle befindet sich das beste Tauchgebiet, eine herrliche Röhrichtzone sowie ein ausgedehntes Hornblattfeld ziehen sich hin bis zum Kanal Richtung Glubigseen.
Der Kanal ist reich an Seerosen. Im Pflanzenfeld des Nordbeckens lassen sich sehr schöne Fotos von im Biotop stehenden Einzelfischen gestalten. Der Fischbestand ähnelt dem des Grubensees, jedoch gibt es im Springsee zusätzlich Dreistachlige Stichlinge und Zander.
Tauchgänge im Springsee lohnen, jedoch muss man sich mit sehr wechselnden Horizontalsichten abfinden. Während im Frühjahr und Spätherbst schon einmal 6 Meter Sicht herrschen können, bringt es der See im Sommer kaum noch auf 2 Meter.

Eine Phryganea-Köcherfliegenlarve sucht gemessen Torfmoospolster ab.

117. Die Milaseen bei Kehrigk

Im NSG.

Wenige Kilometer von Kehrigk, Richtung Limsdorf gesehen, liegen rechts ab beziehungsweise südlich der Landstraße die Milaseen im Wald. Wenn man dazu keine Angabe findet, richte man sich einfach nach einem Schild, das die Einfahrt zu einem Feriencamp der Humboldt-Universität Berlin anzeigt – selbiges liegt am Großen Milasee!

Das Gelände des Ferienlagers darf nicht betreten werden, sodass nichts anderes übrig bleibt, als die Tauchausrüstung außen am Zaun entlang bis zum See zu tragen. Direkt heranfahren ist nicht möglich – sollte aber auch nicht versucht werden, denn die Milaseen stehen unter Naturschutz.

Insbesondere der Große Milasee ist einer der sehr wenigen nährstoffarmen Heideseen, in denen auf Sandgrund noch der seltene Strandling wächst. Im Großen Milasee sind weder weltbewegende Sichtweiten noch sensationelle Fischbeobachtungen zu erwarten, einzig eine ganz spärliche und höchst schutzwürdige Pflanzenwelt dürfte sachkundige Liebhaber anziehen. Im Großen Milasee leben Hecht, Barsch, Aal, Rotfeder, Plötze und Karausche.

Vor allem am Ende des Großen Milasees, wo über ein Moor eine für Taucher unpassierbare Verbindung zum Kleinen Milasee besteht, finden sich rare Wasserschlauchgesellschaften und ein überaus großer Reichtum an aquatisch lebenden Libellenlarven. Im Kleinen Milasee können sich nur noch kleinwüchsige Plötzen, Rotfedern und Karauschen halten.

Ein Besuch am Großen Milasee, sei es mit Maske und Schnorchel oder mit Druckluftgerät, ist mehr etwas für Liebhaber mit speziellen Kenntnissen und Interessen. Der See eignet sich nicht für das Erlebnistauchen von großen Gruppen oder Tauchclubs. Vor der aufwändigen Schlepperei der Gerätschaften ans Wasser sollte ein Erkundungsspaziergang stattfinden, um Sinn oder Unsinn eines »richtigen« Taucheinstieges genau abzuwägen.

118. Die Tonseen bei Körbiskrug

Max. Tiefe 20 Meter.

Östlich der Straße von Märkisch Buchholz nach Körbiskrug liegen die beiden durch ein winziges Kanälchen verbundenen Seen im Wald. Sie entstanden einst durch den Abbau reicher Tonvorkommen für die Ziegelindustrie.
Die beiden Tonseen sind von einem schmalen Schilfgürtel sowie Kiefern- und Mischwald umgeben. Ihre Ufer fallen steil ab, der größere See ist 20 Meter, der kleinere 14 Meter tief. Die beiden Tonseen sind recht klar und können auch im Hochsommer 5 Meter Horizontalsicht bieten. Der Grund der Gewässer ist teils schlammig, teils liegt noch weißer Ton frei.
In den durchlichteten Uferregionen wachsen verschiedene Laichkräuter, Ähriges Tausendblatt und Raues Hornblatt, etwas tiefer schließen sich kleine Characeenflächen an. Hechte, Barsche, Plötzen und Rotfedern halten sich häufig im Kraut auf, an der Grenze des Pflanzenwuchses zum Freiwasser ziehen oft kleine Schwärme von Ukeleien dahin. In tieferen Regionen, wo die Characeenflächen an Faulschlamm und Organomudd grenzen, leben Bleie, Karpfen und Karauschen. Nur selten werden kapitale Aale beobachtet.
Die Anfahrt zu den malerischen Seen ist nur über Forst- und Feldwege möglich; bitte beachten Sie eventuelle Waldbrandwarnstufen. Am einfachsten sind Taucheinstiege vom Campingplatz aus zu realisieren.

119. Der Tonsee bei Klein Köris

Von der Autobahnabfahrt »Groß Köris« (A 13 Dresden–Berlin) fahren Sie bis Löpten. Von hier führt – im spitzen Winkel links abbiegend – ein Fahrweg nach Norden zum Zeltplatz am Tonsee. Beim Zeltplatz gibt es mehrere sandige Einstiegsstellen.
Der Tonsee entstand, wie der Name sagt, aus einer alten Tongrube. Er ist ringsum von Kiefernwald umgeben. Der See unterteilt sich in zwei Becken, in der Mitte ragt eine malerisch bewaldete Landzunge weit ins Wasser hinein. Der Uferabfall des Gewässers ist sehr steil, dennoch hat sich beinahe ringsum ein Schilfsaum ansiedeln können.
In wenigen Flachwassergebieten wachsen Ähriges Tausendblatt, Hornblatt, Kanadische Wasserpest und verschiedene Laichkräuter. Vor allem die sonnige Bucht im Osten offeriert großflächige Pflanzenteppiche. Am Westufer der Nordhälfte des Tonsees liegen allerhand versunkene Bäume im Wasser, der Südteil des Sees soll dagegen noch Ruinen aus der Bergbauzeit enthalten.
Flussbarsche, Plötzen und Rotfedern sind vor allem im Schilfgürtel häufig. Typisch für die tiefen Regionen des Tonsees sind riesige Bleie, die in kleinen Gruppen nach Nahrung wühlen. Karpfen, Aal und Hecht lassen sich selbstverständlich auch beobachten. Außerdem beherbergt der Tonsee Kaulbarsch und Schlamm-

Grüne Gallertkugeltierchen – koloniebildende Einzeller (links).

Ein junger Schleienbestand ist Markenzeichen des Tonsees bei Klein Köris (rechts).

peitzger sowie gewaltige Teichmuscheln. Letztere stecken in den wenigen sandigen Bodenpartien. Zahlreiche Schilfhalme und Althölzer sind von kastaniengroßen bis faustgroßen Bällchen umschlossen und sehen etwas futuristisch aus. Die hellgrünen Gebilde sind Wimperntierchenkolonien, die offensichtlich im Flachwasserbereich des Tonsees ein gutes Auskommen haben.
Das nördliche, etwas tiefere Becken des Tonsees dient gelegentlich als Austragungsort für Wettkämpfe im Orientierungstauchen. Der Tonsee bietet im zeitigen Frühjahr noch vor der Badesaison die besten Sichtweiten.
In diesem Seengebiet rund um Klein Köris und Teupitz gibt es eine Vielzahl geeigneter Tauchgewässer. Empfehlenswert sind außerdem der Teupitzer See, der Karbuschsee und eigene Erkundungen.

120. Der Klein Köriser See mit Stintgraben und der Hölzerne See

Klein Köriser See: max. Tiefe 5 Meter, 116 ha.
Hölzerner See: max. Tiefe 14 Meter, 114 ha.

Erst weit im Norden von Klein Köris, wo die Bebauung der Seeufer weniger dicht ist, erreicht man das Ufer des Klein Köriser Sees. Nach einer schmalen Schilfzone fallen sandige Uferzonen steil ab. Im Klein Köriser See sind häufig nur Makroaufnahmen von Muscheln und Schnecken zu realisieren, weil die Horizontalsicht nur mäßig ist.
Am interessantesten ist der See im zeitigen Frühling, vor allem um Ostern herum. Nördlich von Klein Köris mündet ein kleiner, kaum einen Meter breiter Wiesengraben in den See, der so genannte Stintgraben. Irgendwann zwischen März und Mai sammeln sich die Binnenstinte aus dem Klein Köriser Seengebiet, um in diesem Graben über Sandgrund abzulaichen. Der Wiesengraben kann dann prall gefüllt mit Fischleibern sein, dicht bei dicht drängen sich die höchstens 15 Zenti-

meter langen Fische. Ein großer Teil der kleinen Planktonjäger stirbt unmittelbar nach dem Laichgeschäft, die Stintlarven verlassen den Graben nach 2 bis 3 Wochen.
Im Graben selbst sind kaum Unterwasserfotos möglich, aber vor der Einmündung des Grabens in den See kann der über mehrere Abende verteilte Einzug der Stinte in ihren Graben mit der Kamera dokumentiert werden. Stintpopulationen sind für erhebliche Schwankungen bekannt. Das heißt: in manchen Jahren erscheinen kaum ein paar unscheinbare Fischlein, in anderen Jahren ist mehr Fisch als Wasser im Stintgraben.
Stinte wurden in früheren Jahren zum Verzehr gefangen, sie sollen frisch gebacken vorzüglich sein. Gefangene Stinte duften intensiv nach Gurken. Für Freunde von naturkundlichen Makrofotos ist auch der weiter nördlich liegende Hölzerne See einen Tauchgang wert.

121. Die Krumme Spree bei Alt Schadow, Kossenblatt und Briescht

Max. Tiefen 2 bis 4 Meter, Fluss, Strömung, Gerätetauchen, Paddeln und Schnorcheln möglich.

Die Krumme Spree: Der Flusslauf der Spree heißt zwischen Alt Schadow und Trebatsch die Krumme Spree. Die Krumme Spree ist Teil der »Oberen Spree-Wasserstraße« zwischen Neuendorfer See und dem Schwielochsee. Ab 1912 war die Spree aufgrund verschiedener Wasserbauten bis Leibsch schiffbar. Weil die Kammerschleuse Kossenblatt wegen Baufälligkeit nicht betrieben wird, ist heute eine Durchgängigkeit der Wasserstraße nur für kleine Boote gegeben. Selten hört man hier einmal einen Bootsmotor, meist ziehen nur ein paar einsame Paddler ihre Bahn. So ist dieser Spreeabschnitt ein interessantes Tauchgebiet geworden und wird es hoffentlich noch lange bleiben.
In der Spree sind mit sehr wechselhaftem Glück 14 Fischarten zu beobachten: Plötze, Ukelei, Gründling, Rotfeder, Barsch, Döbel, Zander, Kaulbarsch, Hecht, Steinbeißer, Schleie, Wels, Aal und Aland. Außerdem gibt es rund 100 Arten makroskopisch sichtbarer Wirbellose wie Köcherfliegenlarven, Krebse, Schnecken, Muscheln, Egel, Wasserkäfer und Libellenlarven. Eine auffällige Besonderheit sind die fangnetzbauenden Köcherfliegenlarven, denn derlei beobachtet man in Seen nie.
Im Oberlauf der Krummen Spree überwiegen unter den Muscheln flächige Dreissena-Kolonien, während es unterstrom große Felder aus drei großen Flussmuschelarten gibt, die sich jeweils bandförmig längs der Fließrichtung hinziehen. Wenn man die ebenfalls beschriebene Müggelspree mit der Krummen Spree vergleicht, so fällt auf, dass die Müggelspree die größere Strömungsgeschwindigkeit, mehr Pflanzenarten und auch mehr Wasserschneckenarten aufweist.

Die Krumme Spree bei Alt Schadow – ein völlig natürlicher Fluss (oben links).

Romantische Spreebrücke aus Holz bei Briescht (oben rechts).

Tauchfahrt auf der Krummen Spree (Mitte links).

»Zu Besuch« in der Wissenschaft: Sedimentkartierung in der Spree (Mitte rechts).

Unterhalb von Spree-Wehren beobachten wir immer wieder Döbel (unten links).

Ein »Fluss-Aal« schlängelt sich durch bizarr gewachsene Schwämme (unten rechts).

Am Nadelwehr bei Alt Schadow: Direkt beim Dorf Alt Schadow befinden sich eine kleine Spree-Insel und ein altertümliches Nadelwehr. Bei diesen Wehren werden der Durchfluss des Wasser und damit die Stauhöhe durch senkrecht an eine brückenartige Konstruktion angelehnte Vierkanthölzer reguliert. Die Hölzer können dicht an dicht wie eine Wand oder auch mit weiten Zwischenräumen kammartig »drapiert« werden. Diese Wehre sind mittlerweile ebenso selten geworden wie Spree-Inseln, von denen es auf der »Schmettauschen Kabinettskarte« von 1787 noch viele gab.
Wenn man unterstrom der Wehranlage ins Wasser geht, ist es zweckmäßig, sich an der Wasseroberfläche etwa 50 bis 80 Meter abtreiben zu lassen und dann auf den 2-4 Meter tiefen Flussgrund abzusinken. Entgegen der Strömung tauchend hat man immer so klares Wasser vor sich, wie es der Fluss eben zu bieten vermag. (Erlebtes Sichtweitenspektrum im Jahresgang: 0,3 bis 5 Meter.)
Am Flussgrund aus festem Sand beobachten wir hier bizarre Geweihschwämme, diverse Flussmuscheln und nur spärliche Wasserpflanzen. Insbesondere beim Nachttauchen winden sich raubgierige Aale durch die Schwammlabyrinthe, beobachten wir mobile Bleie und unruhige Kaulbarsche im Flussbett. Ganz in der Nähe des Wehrs kann man Glück haben und Döbel antreffen, sie sind hier allerdings nicht so zahlreich wie um Kossenblatt. Flusstauchen bei Nacht ist ob der sich beinahe sekündlich ändernden Bilder immer wieder spannend.

Am Nadelwehr bei Kossenblatt: Man fährt auf gewundenen engen Straßen aus dem Dorf Kossenblatt bergan, bis man hoch über der Spree an einem alten, halb zerstörten Wehr mit Brückenruine parkt. Das Tauchen lohnt hier im Gumpen unterhalb des Wehres. Am günstigsten steigt man etwa 100 Meter weg vom Wehr ins Wasser, taucht stroman und gerät dabei in eine wahre Fischgrube:
Es ist Sportfischern gut bekannt, dass die Fische Gumpen oder Tosbecken unterhalb von Wehranlagen besonders mögen. Der Fluss bietet hier vieles: das sauerstoffreiche Wasser eines turbulenten Fließgewässers, schwach strömende und fast stehende Bereiche, schützende Unterstände, Anflugnahrung ebenso wie Wasserpflanzen und ein Flussbett von sehr variabler, stromab immer feiner werdender Körnigkeit. Was werden wir nachts beobachten können?
Wir warten, bis sich ein blasser Mond im Wasser spiegelt. Und tauchen vielleicht hundert Meter unterhalb des Wehres ein in den nächtlichen Fluss. Hier ist die Strömung gemächlich. Die langen flutenden Blätter von Igelkolben und Pfeilkraut wehen sanft im Wasser, bilden einen dynamisch schwankenden Dschungel mit Hornblattbüschen und Wasserhahnenfußranken. Am Fuße des Wasserpflanzen ruhen Plötzen, liegen mit dem Bauch auf dem Flussgrund auf, haben abgeschaltet.
Kleine und mittelgroße Bleie ziehen in kleinen Gruppen durch den Pflanzendschungel, wühlen hier im Untergrund, ziehen dort etwas aus dem Mudd. Die ruhenden Weißfische liegen nahezu alle im Schutze der Pflanzen, die wühlenden

Bleie hingegen wagen sich auch hinaus ins freie Wasser, um im Flusssediment zu graben. Die Bleie sind agil und ungezwungen. Immer wieder stoßen sie ruhende Plötzen und Ukeleie an, die dann fluchtartig starten und einige Meter weg erneut in Schlaf verfallen.
Nachdem die Zone der Wasserpflanzen passiert ist, liegen weite Flächen relativ kahlen Flussgrundes vor uns. Sandiger Boden, einzelne Steine, Senken mit feinen Sedimentflächen.
Wo die Strömung nicht hinlangen kann, sammelt sich schwarzgrauer Schlamm. Auch über dem deckungslosen Flussgrund scheinen die Claims regelmäßig verteilt: Im lockeren Raster verteilt beobachten wir Schmerlen, Steinbeißer und Kaulbarsche bei ihrem Tun. Schmerlen scheinen mit organischen Resten bedeckten Boden deutlich vorzuziehen, während die Steinbeißer geduldig Sandkörner durchkauen. Das Verhalten der Kaulbarsche ist recht unterschiedlich: manche scheinen zu ruhen, andere zupfen mit hektischen Bewegungen Zuckmückenlarven und Trichopteren aus dem Boden.
Dieses Gezappel bringt kein Glück. Immer wieder gleiten Aale heran und es gelingt ihnen oft, einen Kaulbarsch zu verschlingen. Solange wühlende Kaulbarsche gewissermaßen Signale aussenden, beachten die Aale solche statischen Arten wie Schmerlen und Steinbeißer kaum. Die Aale sind unersättlich. Sie folgen den fliehenden Flusskrebsen bis hinein in die Schotterhalden beim Ufer. Und sie klauben auch die kleinen Mützenschnecken von den Steinen, wenn sich gerade nichts Bewegliches bietet.
Die Sohle des Flussbettes in der Nähe des Wehres ist grobkörnig. Die Strömung zeigt ihre Kraft. Am Prallhang des Flusses gibt es unterspülte Ufer, Höhlen in Baumwurzeln, schwimmendes Wurzelgeflecht von Uferpflanzen. Aus diesem Dickicht löst sich ein riesiger Schatten. Ein wohl mannslanger Fisch. Ein Waller. Dieser große Räuber gestattet ein einziges Foto, ehe er gelassen in der trüben Strömung der Spree verschwindet. Ohne hektisch zu fliehen. Das braucht er nicht. Er ist der King hier...
Wir nähern uns dem Wehr. Man hört das Wasser von oben herabdonnern. Wo es schneller strömt, ist es klarer, fast gläsern. Steinschüttungen sind von hellgrünen Algen rasch überzogen. Es gibt Quellmoos. Zähe Wassersternsprosse wehen in der Strömung. Abseits der heftigen Strömung, im ganz flachen Wasser, nur etwa 40 Zentimeter tief, sehen wir große Hechte ruhen.
In unmittelbarer Nähe des Wehres schlafen die Döbel. Sie liegen nur einen Meter tief zwischen Steinen. An einer Stelle, über die schon die silbernen Blasenbahnen der ins Wasser hinein gerissenen Luft wehen.
Unterhalb des Wehres finden wir flache steinige Bereiche mit Döbeln und Rapfen ebenso wie bis zu 4 Meter tiefe Furchen. In diesen finsteren Abgründen halten sich große Zander auf. Wahre Monster, die in der fischreichen Unterwelt des Wehres ganz langsam unterwegs sind. Sie müssen nicht viel Aufwand betreiben, um gesättigt wieder in die Schlupfwinkel zurückzukehren.

Unmittelbar am Wehr können wir nicht an Land gehen. Und so lassen wir uns langsam abtreiben. Und das Licht der Scheinwerfer streift noch einmal ruhende Döbel und Rapfen unmittelbar am Stabwehr, Hechte im Flachwasser, Zander in den tiefen Rinnen des Flussbettes und immer wieder einmal einen elegant und langsam schwimmenden Waller.
Wo der Fluss flach und breit wird, wo Sandbänke und Wasserpflanzen vorherrschen, gehen wir an Land. Plötzen, Bleie und Schmerlen spritzen auseinander. Sie mögen uns die erneute Störung verzeihen. Wenn man sich vom Wehr Kossenblatt etwa 400 Meter weit abtreiben lassen würde, könnte man jenes große Fischerboot entdecken, dass hier quer im Fluss liegt.

Bei der Spreebrücke Briescht: Nachdem unterstrom von Alt Schadow meist Erlen- und Eschenwald am Fluss wuchs, fließt die Spree ab Kossenblatt durch weite Landschaften mit Wiesen und schönem Birken-Stieleichen-Kiefern-Wald. Echter Bruchwald ist nur noch an den insgesamt 37 Altarmen erhalten.
In Briescht wurde ab 1745 Brückenzoll erhoben. Die alten Spreebrücken waren wegen der Schifffahrt als Holzklappbrücken ausgeführt. Da die Brieschter Brücke von eher lokaler Bedeutung ist, wurde sie glücklicherweise nicht aus Stahlbeton erneuert, sondern die historische Holzklappbrücke aus zwei tropischen Hartholzarten nachgebaut. Solcherart hat Briescht die wohl romantischste aller Spreebrücken, unter der sich das Flüsschen seerosenbedeckt und mit gelassen in der Strömung wehenden Wasserpflanzen zeigt.
Wer hier taucht oder schnorchelt, kann nicht allein diese harmonisch in die Landschaft gefügte Brücke als Motiv verwenden, sondern auch pflanzenreiche Stillwasserbereiche mit Krebsscherenpflanzen bewundern. Ein Lebensraum, in dem sich gern Schleien, Rotfedern und der eine oder andere Aland verstecken.
Infos: Tauchbasis 57.

122. Der Schiwastrom im Unterspreewald bei Schlepzig

Max. Tiefen 1 bis 2 Meter, Spreetour zum Paddeln und Schnorcheln.

Der Spreewald ist eine für mitteleuropäische Verhältnisse einzigartige Landschaft. Das Gewirr von Wasserstraßen und Kanälen konnte nur entstehen, weil die Spree in einem 75 km langen und 16 km breiten Niederungsgebiet ein besonders geringes Gefälle hat. Der Hauptstrom der Touristen konzentriert sich auf den Oberspreewald, weshalb hier eine Tour im mindestens ebenso schönen Unterspreewald vorgeschlagen wird. Theodor Fontane schrieb über diese Landschaft:

Und dass dem Netze dieser Spreekanäle
Nichts von dem Zauber von Venedig fehle,
Durchfurcht das endlos wirre Flussrevier
In seinem Boot der Spreewalds-Gondolier.

Zu Besuch im »Urwald« – mit dem Kanu auf Spreewald-Tauchtour (oben links).

Die Spreewaldschleusen müssen von Hand bedient werden – ein Riesenspaß für Kinder (oben rechts).

Spreewaldfahrt – die touristische Seite (unten links)

In der Spree wachsen die seltsamsten Formen von Schwämmen (unten rechts).

Man fährt auf der A 13 bis zur Anschlussstelle Lübbenau, dann weiter in Richtung Lübbenau. Unterwegs biegen Sie links ab auf die B 115, fahren bis Lübben und von dort auf Landstraßen weiter bis Schlepzig. In Schlepzig suchen Sie sich die Kahnabfahrtsstelle, wo man auch Kanus ausleihen kann. Dies sollte man auch tun, um das Tempo und die eventuell zum Schnorcheln benötigten Pausen einer Rundfahrt selbst bestimmen zu können.
Sie fahren auf der Hauptspree los und müssen gleich durch eine Schleuse. Dann geht es durch weite Wiesen stromab, ehe Schilder links abbiegen in Richtung Schiwastrom und Groß Wasserburg anraten. Sie paddeln auf dem gewundenen Schiwastrom durch großartige Bruchwälder. Am Ende des Schiwastromes haben Sie etwa die Hälfte der Strecke geschafft. Denn nun liegt noch die Rückfahrt über Puhlstrom und Quaasspree bis Schlepzig vor Ihnen. Kurz vor Schlepzig muss wieder eine Schleuse passiert werden.
Auf dieser Paddeltour können Sie bei im Sommer oft klarem Wasser die Unterwasserwelt des Spreewaldes vom Boot aus bewundern, sei es mit »Guckkasten«

oder einfach so. Außerdem kann man natürlich im Schiwastrom oder an anderen geeigneten, klaren Flussabschnitten ein wenig schnorcheln. Man beobachtet im Wasser prächtige Hahnenfußgesellschaften, aber auch die riemenförmigen Unterwasserblätter des Einfachen Igelkolbens, es gibt Pfeilkraut und Wassserpest. Aber die Fließe und Kanäle des Unterspreewaldes bieten noch mehr botanische Kostbarkeiten:
Wir sehen Unterwassergärten mit Alpen-Laichkraut, Stumpfblättrigem Laichkraut, und Wassersternarten. Außerdem wuchern fantastische Tauchfluren mit Hornblatt, Tausenblättern und Wasserfeder in den Fluten der bizarr verzweigten Spree. Sogar zwei Arten des Fleisch fressenden Wasserschlauches werden gefunden.
Viele Gräben und Fließe sind mit See- und Teichrosen geschmückt, haben Tannenwedel, Bachbunge, Froschlöffel und Flutenden Schwaden. Sogar die Zwerglinse, Europas kleinste Blütenpflanze, gibt es hier. Im Gegensatz zur Stromspree finden wir in den Spreewaldgräben auch Aalrutten oder Trüschen. Der Spreewald ist Biosphärenreservat und gewisse Kernzonen dürfen nicht befahren werden. Das ist eindeutig ausgeschildert und kein Problem, denn in den frei zugänglichen Bereichen gibt es genug zu sehen.

123. Der Senftenberger See

Max. Tiefe 30 Meter, Tauchgebiet Südsee max. 21 Meter, 1100 ha, davon 400 ha Vogelinsel.

Sie erreichen den See über die A 13, AS Ruhland. Hier fährt man weiter auf der B 169 nach Senftenberg, kurz nach dem Orteingang rechts ab Richtung Niemtsch. Die Straße führt durch den Wald bis zu einem Kassenhäuschen, vor dem die Einfahrt zur Tauchbasis abzweigt.
Der Senftenberger See ist eines der geradezu gigantischen Restlöcher des Lausitzer Braunkohlentagebaus: etwa 6 km lang! Nach 26 Jahren Betrieb wurde am 15.11. 1967 der Tagebau Niemtsch geflutet. Das überdimensionale Becken dient auch wasserwirtschaftlichen Zwecken, über Wehre und Schütze kann der Senftenberger See bei Hochwasser der Schwarzen Elster als Auffangbecken dienen.
Trotz der kilometerlangen Ufer ist nur ein Teilbereich des Sees zum Tauchen interessant. Dazu fahren Sie am besten von Senftenberg über Niemtsch an den südlichen Strand des so genannten »Südfeldes«, ins »Naherholungsgebiet Südsee«. Das Südbecken hat strahlendblaues, glasklares Wasser. Allerdings fehlen Fische in diesem Seeteil völlig beziehungsweise verirren sich nur kurzzeitig hierher. Die Einleitung von Grubenwässern aus noch in Betrieb befindlichen Tagebauen und auch saures Grundwasser aus der eigenen Tagebauvergangenheit machen den Senftenberger See stark sauer.
Dieser Wasserchemismus bewirkt, dass in dem relativ abgetrennten, von Durchfluss und Wassererneuerung abgeschirmten Südsee an Wassertieren nur Insektenlarven vorkommen. Im Hauptbecken des Senftenberger Sees können einige Fischarten

Das Wrack im Senftenberger See – in 11 Meter Tiefe.

Unter dem Fährenwrack im Senftenberger See.

leben, vor allem Barsch, Hecht, Zander, Dreistachliger Stichling, Karpfen und Moderlieschen. Außerdem werden im Senftenberger See die größten Maränen der Neuen Bundesländer gefangen. Hier ist das Wasser wegen des Durchflusses von Ost nach West nicht ganz so sauer, die Sicht liegt aber bei nur 1 bis 2 Metern! Der steil abfallende Grund des Südfeldes ist bis in durchlichtete Tiefen mit untergetauchten säureresistenten Zwiebelbinsen (*Juncus bulbosus*) bedeckt, an anderen Stellen kontrastieren hellgrüne Algen wunderbar zu rostroten Ablagerungen von Eisen-III-Oxid. Nur spärlich wachsen Algen und Wassermoose. Der Senftenberger See ist im Südfeld maximal 21 Meter tief und besonders geeignet für Ausbildungsvorhaben oder fotografische Unternehmungen, bei denen mehrere Taucher im Bild erwünscht sind. In der Vor- und Nachsaison treten Sichtweiten bis zu 15 Meter auf.

Am Ufer der gegenüberliegenden Insel säumt eine kräftig ausgebildete Schilfkante das Wasser. Die hiesige Schilfart schimmert geheimnisvoll silbrig-grün, vor allem umgebrochene Halme und Blätter mit anhaftenden Luftblasen lassen sich hervorragend für die Komposition von UW-Stilleben verwenden.

Unterhalb der Insel, in 4 bis 10 Metern Wassertiefe, stehen aufrecht und gut erhalten noch regelrechte kleine Wälder im Wasser. Die dunklen Zweige mit malerischen Algenbehängen kontrastieren aufregend mit dem blaugrünen Wasser und sind das ideale Studio für Gegenlichtaufnahmen mit grafischer Wirkung. Die Gegebenheiten am Senftenberger See lassen ultrakurze Brennweiten mit Domescheibe als die optimalen Optiken für attraktive Fotos erscheinen.

Vor oder nach dem Tauchen ist eine Schlauchboottour an der Insel entlang zu empfehlen. Die Insel wurde zum Vogelschutzgebiet erklärt, da hier Lachmöwe, Uferschwalbe, Blessralle, Haubentaucher und noch manche andere Vogelart brüten. Ein Betreten der lang gezogenen Insel verbietet sich nicht nur aus Naturschutzgründen. Teilbereiche gelten als noch instabil. Fließrutschungen wie in jedem Bergbaugebiet sind an allen Ufern möglich, die nicht zum Baden freigegeben sind.

Am Südufer des Südbeckens finden Sie die Tauchbasis, die nach vorheriger Anmeldung nutzbar ist. Außerdem bietet das Ufer vor der Basis eine auch für den mit allerhand Gerätschaften bepackten Taucher bequeme Einstiegsleiter sowie auf dem Grund eine stufenförmige Ausbildungsplattform für Übungen.

In 6 Metern Tiefe erhebt sich eine weiße Taucherglocke über dem Seeboden, links vor der Basis liegt in 11 Metern Tiefe das Wrack einer eigens versenkten Elbfähre. Außerdem gibt es auf 14 Meter ein komplettes Büro mit PC und Telefon; all den Dingen, denen man mit einem Tauchgang eigentlich entfliehen will. Im Südfeld ruhen zahlreiche versunkene Bäume, zum Teil ist auch die Kohle-Abbaukante noch zu sehen.

Interessant können außerdem Bootsausfahrten zu den beiden Kanälen sein, die das Südfeld mit dem Hauptbecken des Senftenberger Sees verbinden. Hier mischen sich die allgegenwärtigen Zwiebelbinsen bereits mit Flutendem Schwaden

Die Taucherglocke im Senftenberger See (oben).

Zwischen den Binsen haften die Gespinste von Köcherfliegenlarven der Familie Rhyacophila *(unten links).*

Die säureresistente Zwiebelbinse Juncus bulbosus ist oft die erste und einzige Pflanze in sauren Seen (unten rechts).

und anderen Wasserpflanzen, hier gibt es Barschschwärme, Gespinnst bauende Köcherfliegenlarven, Libellenlarven und Wasserspinnen. Allerdings ist das Wasser der Kanäle nur 1 bis 4 Meter tief.
Infos: Tauchbasis 63.

V. Info-Teil

124. Die Tauchbasen der beschriebenen Gewässer, Stand 1. 2. 2004

1. Special Diving World
Tauchsport-Zentrum Zinnowitz
Neue Strandstraße 49
17454 Zinnowitz
Tel.: 03 83 77-3 60 38
Fax: 0 38 77-3 60 87
E-mail:
service@special-diving-world.org
und service@ostseetaucher.com
www.special-diving-world.org *und*
www.ostseetaucher.com

2. Aquila Kanu- und Naturreisen
Strandweg 4a
17498 Frätow
Tel. + Fax: 03 83 51-8 13 39
E-mail:
Aquila@Aquila-Naturreisen.de
www.Aquila-Naturreisen.de

3. Tauchdepot Rostock
Einkaufszentrum Dierkow
Hannes-Meyer-Platz 30
18146 Rostock
Tel.: 03 81-69 04 41
Fax: 03 81-69 04 40

4. Regenbogen Tauchbasis
Veit Barta
Tarnewitzer Chaussee
23946 Boltenhagen
Tel.: 03 88 25-4 22 33
Fax: 03 88 25-4 22 25
Funk: 01 73-4 11 40 42 (abends)

5. Hotel »Zum Rethberg«
Uwe Conrad & Sigrid Niemann
Feldweg 1
19069 Lübstorf
Tel.: 0 38 67-6 11 10
Fax: 0 38 67-61 11 45
E-mail: GzRethberg@t-online.de
www.Rethberg.m-vp.de

6. Poseidon-Tauchschule
Andreas Lohse
Forststraße 19
19065 Raben-Steinfeld
Tel. + Fax: 0 38 60-3 12
Funk: 01 72-5 60 89 04
E-mail: lohse@schwerin-tauchen.de
www.schwerin-tauchen.de

7. D.I.V.E. Sports Center Parchim
und Schwerin
Ziegeleiweg 23
19370 Parchim
Tel.: 0 38 71-44 11 40
Fax: 0 38 71-44 24 96
Nitrox- und Rebreatherausbildung
E-mail: dive-center@t-online.de
www.dive-center.de

8. Tauchschuppen Dükerhahn
Dr. Gerald Reeps
August-Bebel-Str. 21
17213 Malchow
Tel.: 01 71-5 03 04 04
Tel. + Fax: 03 99 32-1 27 61

9. Tauchbasis Plau am See
Steinstraße 26
19395 Plau am See
Tel.: 03 87 35-4 22 00
Fax: 0180-50 52 55 46 90 06
Funk: 01 73- 6 09 45 15
E-mail:
tauchbasisplauamsee@t-online.de
www.tauchbasisplauamsee.de

10. Tauchbasis Linstow GbR
im Valk Resort Linstow
Zweigstelle der Tauchbasis Plau am See
Krakower Chaussee 1
18292 Linstow
Tel.: 03 84 57-7 10 50
Fax: 03 84 57-7 10 99
Funk: 01 73-6 09 45 15
www.tauchbasislinstow.de

11. Outdoor-Trecking-Reisen
Baumann-Tauchschulen im Wassersportzentrum Augustastr. 7
direkt am See
17033 Neubrandenburg
Tel.: 0395-566 0061
Fax: 0395-566 0074
Funk: 0173-609 4515
E-mail:
mail@outdoor-treckingtauchen.de
www.tauchen-mv.de

12. Hotel Bornmühle
Quartier am Tollensesee mit Vermittlung von Bootstauchfahrten
17094 Groß Nemerow
Tel.: 03 96 05-6 00

13. Tauchshop Octopus Ulf Bartel
Juri-Gagarin-Ring 6
17036 Neubrandenburg
Tel.: 03 95-7 79 04 80
Fax: 03 95-7 79 08 88
Tauchbasis 1 beim Hotel »Altes Zollhaus« am Erddamm zwischen Schmalem und Breitem Luzin
Tauchbasis 2 am Dreetzsee
Campingplatz Dreetz
Thomsdorf 37
17268 Boitzenburger Land
Tel.: 03 98 89-83 44
Tauchbasis 3 Tollensesee im Wassersportzentrum
Augustastraße 7
17033 Neubrandenburg
Funk: 01 72-3 94 50 72 und
01 71-5 04 53 37
E-mail: info@octopus-barthel.de
www.octopus-barthel.de

14. Tauchsportverein Strasburg e. V.
Ralf Hoppstädter
Tel.: 03 97 43-5 10 78
Funk: 01 60-2 07 31 53
E-mail: TSV.Strasburg@web.de

15. Tauchsportservice TAUROS
Möllendorffstr. 45
10367 Berlin
Tel. + Fax: 0 30-5 54 18 83
Basis Thomsdorf/Feldberger Seen
Tel.: 03 98 89-7 26
E-mail: w.zschaebitz@t-online.de
und knuth@Tauros.de
www.tauros.de

16. Taucherhof Schwarz bei Mirow
Horst Goschnick
Langenschlage Hof 2
17252 Schwarz

Übernachtung auf dem Bauernhof und Tauchtipps vom Mecklenburg-Kenner
Tel. Basis: 03 98 27-3 05 45
Tel. Buchung: 0 30-9 26 91 34

17. Airborne Diver
Hermann Lindner
Holtenklinker Straße 122
21029 Hamburg-Bergedorf
Tel.: 0 40-69 79 39 71

18. HTSB e.V.
Anita Hintz-Glitza
Schäferkampsallee 1
20357 Hamburg
Tel. + Fax: 0 40-44 93 95
www.htsb-ev.de

19. DIVE CENTER Hamburg
Bramfelder Chaussee 41
22177 Hamburg
Tel.: 0 40-69 70 34 70
Fax: 0 40-69 70 34 72

20. BIG BLUE Tauchbasis
Gärtnerstraße 48
20253 Hamburg
Tel.: 0 40-4 01 49 41
www.bigblue.de

21. Basis am Kreidesee
Holger Schmoldt
Cuxhavener Str. 1
21745 Hemmoor
Tel.: 0 47 71-79 21
E-mail:
seeservice@compuserve.de
www.kreideseetaucher.de
www.ulftimmerman.de
www.wissi.de

22. PADI-Tauchschule Dive-Station Hemmoor
Hauptstr. 100
21745 Hemmoor
Tel.: 0 47 71-30 31
E-mail:
info@dive-station-hemmoor.de

23. Barakuda-Tauchschule
Tauchen und Tomaten
Nordhoop 38
21745 Hemmoor
Tel.: 0 47 71-78 96
www.tauchenundtomaten.de

24. Tauchsport Heinemann
Helmholzstr. 1-3
26 389 Wilhelmshaven
Nitrox-Füllstation, Basis am Banter See
Tel.: 0 44 21-20 12 94
Fax: 0 44 21-95 01 02
E-mail: info@ts-heinemann.de
www.ts-heinemann.de

25. UWC Manta e. V.
Henschelstr. 15 b
26382 Wilhelmshaven
Tel.: 0 44 21-20 15 21
Buchungen Vereinsheim über Hans Schmühl
Tel.: 0 44 21-99 65 75
Fax: 0 44 21-99 65 77
Funk: 01 60-8 45 25 03

26. Tauchclub Hydra Lingen e. V.
Herr Hollmann, Fledderbergstr. 17
49809 Lingen
Tel.: 0591-52 555
Fax: 0591-59 55

E-mail:
TC-Hydra.Lingen@t-online.de
und Herr Wallmann, Holterhues
Hof 20
49811 Lingen
Tel. + Fax: 0 59 06-22 99
und Herr Schiffer,
Am Mühlenberg 10,
49808 Lingen
Tel. + Fax: 0 59 07-12 11
W.Schiffer@gmx.de

27. DLRG-Tauchstation
Rohrweg 9
49808 Lingen/Biene
Tel.: 0 59 07-13 76

28. Ferienpark Heidesee
29328 Fassberg-Oberohe bei
Munster in der Lüneburger Heide
Tel.: 0 58 27-97 05 46 oder
97 03 41
Fax: 0 58 27-97 05 47
www.ferienpark.de

29. Triton Diving Club Celle
Gerd Amman
Am Hang 10
29 308 Winsen
Tel.: 0 51 43-25 00
E-mail:
bodenhagen@tiscalinet.de

30. Tauchertreff Am Aegi
Breite Straße 14
30 159 Hannover
Tel.: 05 1 1-32 9 2 47
Fax: 05 11-3 68 16 77
E-mail: info@tauchertreff-aegi.de
www.tauchertreff-aegi.de

31. Tauchbasis am Weissekreuzplatz
Eckerstraße 3
30161 Hannover
Tel. + Fax: 05 11-3 88 63 63
E-mail:
info@tauchbasis-hannover.de
www.tauchbasis-hannover.de

32. Bernsteinsee GmbH&Co.KG
Bernsteinallee 1
38 524 Sassenburg-Stüde
Tel.: 0 53 79-5 15 14 55
Fax: 0 53 79-5 15 14 56
E-mail: info@bernsteinsee.de
www.bernsteinsee.de

33. Zugang zum Steinbruchsee
Kuhloch:
Campingplatz Velpker Schweiz
Tel.: 0 53 64-38 84
Fam. Brand
Tel.: 0 58 32-27 30

34. Tankumsee GmbH
Dannenbütteler Weg 12
38550 Isenbüttel
Tel.: 0 53 74-16 65
Fax: 0 53 74-18 51
E-mail:
tankumseegmbh@t-online.de
www.tankumsee.de

35. TC Hibaru e. V.
1. Vorsitzender Herr Ralf Meyer
Am Bornsiek 13
38 550 Isenbüttel
Tel.: 0 53 74-67 24 41

36. Tauchsport Hartwig
Fallersleber Str. 29
38100 Braunschweig

Tel.: 05 31-2 40 69 19
Fax: 05 31-2 40 69 20
www.tauchsport-hartwig.de

37. Ferienpark Humboldtsee
31020 Salzhemmendorf-Wallensen
Tel.: 0 51 86-95 71 40
Fax: 0 51 86-95 71 39
www.ferienpark.de

38. LTSV Niedersachsen e. V.
Eveline Luscher
Postfach 1642
21416 Winsen
Tel.: 0 41 71-26 27
Fax: 0 41 71-6 29 71
E-mail: info@tln-ev.de
www.tln.ev.de

39. Tauchgenehmigung von den
Harzwasserwerken für
die Okertalsperre:
Tel.: 05 11-78 96 03

40. Tauchclub Osterode (OTC) und
Tauchbasis Juessee
Fam. Bremer
Juesseestr. 1
Herzberg am Harz
Tel. + Fax: 0 55 21-13 90
www.osteroder-tauchclub.de

41. Tauchbasis Stechlin
des LTSV Brandenburg im VDST
Roland Hehr
Fischerweg 2
16775 Neuglobsow
Tel. + Fax: 03 30 82-7 04 53
E-mail: tauchbasis@aol.com
www.tauchen-stechlinsee.de

42. Tauchschule Aqua Live
Jürgen Knauer
Neustädter Damm 90
17291 Prenzlau
Tel.: 0 39 84-80 52 68 und
0 39 84-39 89
Funk: 01 71-5 22 85 57

43. Inselhotel Brückentinsee
17237 Wokuhl-Dabelow
Edles Quartier auf Insel im See,
keine Basis, Tauchen nur für
Hotelgäste mit mitgebrachtem
Equipment und Luft
Tel.: 03 9 8 25-2 0 2 47
Fax: 039 825-20 240
www.inselhotel-brueckentinsee.de

44. Hape‘s Tauchschule
Hans-Peter Kelm
Basis am Großen Warthesee /
Uckermark
Jakobshagener Str.
17268 Warthe
Tel.: 0 30-62 70 64 22
und 0 30-4 51 82 81
Funk: 01 72-3 23 85 04

45. Tauchertreff Schwedt/Oder
Berliner Str. 19
16303 Schwedt
Tel.: 0 33 32-5 12 3 29

46. Tauchschule Beck
Friedrich-Engels-Straße 2
16 303 Schwedt
Tel. + Fax: 0 33 32-47 51 01

47. PDIC-Tauchbasis
Kai Dietterle
Am Werbellin

Seerandstr. 19
16247 Joachimsthal
Tel. + Fax: 0 33 34 - 28 12 68
Funk: 01 71-4 57 37 91
E-mail:
dietterle@tauch-service.de
www.tauch-service.de

48. Tauchclub Werbellow e. V.
Schopfurter Str. 32
16225 Eberswalde
Herr Rutz
Tel.: 0 33 34-35 72 84
Herr Galle
Tel.: 0 33 34-28 07 47
www.tc-werbellow.de

49. Füllstation und Pensionszimmer in Altenhof
Klaus Hörnicke
Dorfstr. 5
16244 Altenhof / Schorfheide
Tel.: 03 33 63-32 96

50. Tauchbasis Werbellinsee
Europäische Jugend-Begegnungsstätte Werbellin
Joachimsthaler Str. 20
16247 Joachimsthal
Funk: 01 70-9 77 33 80

51. Tauchparadies Oranienburg
André-Pican-Str. 9-10
16515 Oranienburg
Tel.: 0 33 01-53 83 52
Fax: 0 33 01-53 83 54
mit Sommertauchbasis am Werbellinsee bei Joachimsthal
www.tauchparadies-ohv.de

52. Camping Pöhl mit Tauchschule, Füllstation und Tauchturm
Hauptstraße 210a
16547 Birkenwerder
Tel.: 0 33 03-50 13 07

53. Tauchsportzentrum Tauch in Frank Meinschien
Prenzlauer Chaussee 5
16348 Wandlitz
Tel.: 03 33 97-2 25 58
Fax: 03 33 97-8 17 93
E-mail: tauchin@nikocity.de
www.tauchin.de.cx

54. Tauchsportcenter N2
Fredersdorfer Chaussee 69
15370 Fredersdorf
mit Tauchbasis im Alten Strandbad am Straussee.
Tel. + Fax: 03 34 39-5 09 00
Funk: 01 77-2 86 46 34
E-mail: info@n2-tauchsport.de
www.n2-tauchsport.de

55. Tauchsportclub Eggersdorf e. V.
Steffen Jendrek
mit Tauchbasis am Bötzsee
E-mail:
steffen.jendrek@t-online.de
mail@tauchsportclub-eggersdorf.de
www.tauchsportclub-eggersdorf.de

56. Tauchschule Günter Reichelt
Berliner Str. 30
15537 Erkner
Tel. + Fax: 0 33 62-7 58 26
Funk: 01 71-7 77 20 97

57. Tauchshop Rath
Janstr. 9
15517 Fürstenwalde-Spree
Tel.: 0 33 61-34 26 08
Funk: 01 71-5 16 29 13
www.1-TCF.de

58. Tauchsportservice Potsdam
Nuthedamm 29
14480 Potsdam
Tel.: 03 31-2 70 16 13
Fax: 0331-2 80 00 20
E-mail:
info@tauchsportservice.de
www.tauchsportservice.de
www.200bar.de

59. Action Sport Tauchschule
Herr Fischer
Ehrlichstr. 15
10318 Berlin
Tel.: 0 30-5 08 81 13
Fax: 0 30-5 09 89 44
Basis Helenesee
Tel.: 03 35-52 58 11

60. Aqua Aero Tauchsportservice Berlin
Tel.: 0 30-4 29 18 93
Basis Helenesee:
Weststrand*, Bungalow 254
15236 Helenesee
Tel.: 03 35-52 59 84
Fax: 03 35-5 00 33 81
E-mail: info@tc-helenesee.de
www.aqua-aero.net
www.tc-helenesee.de

61. Rezeption Camping-Park Helenesee
Übernachtungen und Bootsverleih
Tel.: 0335-55 66 60/66 14/66 15

62. Tauchladen Lossow
Dive & Fun
Lutz Seelow
Hinter den Höfen 4
15236 Frankfurt/Oder-Lossow
Tel.: 03 35-54 5 6 76
Funk: 01 72-7 44 88 27

63. Action Sport Tauchschule
Thälmannstr. 61
01968 Senftenberg
Tel. + Fax: 0 35 73-79 2 1 77

64. Taucherbasis Dänholm-Hotel
Am Alten Marinehafen 16
18439 Stralsund
Tel.: 0 38 31-29 70 90
Fax: 0 38 31-29 70 99
E-mail:
daenholmmaritim@gmx.de

65. Tauchclub Tollense e. V.
c/o Erhard Mohnke
Schillerstraße 6
17033 Neubrandenburg
Tel.: 03 95-7 79 19 05
Funk: 01 71-2 17 73 69
E-mail:
tauchclub-tollense@gmx.de
www.tauchclub-tollense.de.vu

66. Oliver Zimmermann
Tauchlehrer AOWI 590G
Wassersportzentrum am Tollensesee
Augustastraße 7
Tel.: 0395-779 0480
Fax: 0395-779 0888
Funk: 0171-504 5337
E-mail: info@octopus-barthel.de

*für 2004 Basisumzug an den Oststrand vorgesehen

67. Wassersport-Shop Roger Mader
Große Grüne Straße 2
17192 Waren/Müritz
Tel.: 0 39 91-63 36 11
Fax: 0 39 91-63 36 12
Funk: 01 71-5 58 75 58
E-mail: roger-mader@web.de

68. Tauchbasis Fleesensee
Tel.: 03 99 32-8 18 68
E-mail: spirit.of.the.sea@web.de

69. Tauchschule Diving pool
Dorfstraße 1a
17259 Schönhof
Funk: 01 74-3 18 80 10

70. Ferienhotel Templin
Tauchbasis Lübbesee
Funk: 01 74-7 57 66 37

71. Staatliches Amt für Umwelt und Natur
Neustrelitzer Str. 120
17033 Neubrandenburg
Tel.: 03 95-3 80 50 00
Fax: 03 95-3 80 50 20

125. »Kluge Bücher« für engagierte Süßwassertaucher

Über Fische:
»Die Süßwasserfische Europas«, R. Gerstmeier und T. Romig
»Einheimische Wildfische«, W. Fiedler

Über Wasserpflanzen:
»Farbatlas Wasser- und Uferpflanzen«, H.-D. Krausch
»Sumpf- und Wasserpflanzen«, K.-H. Willer
»Die Pflanzengesellschaften Deutschlands«, R. Pott

Über die »kleinen Tiere« des Wassers:
»Süßwassertiere«, H. Schwab
»Farbatlas Süßwasserfauna Wirbellose«, K. Grabow

Über Süßwasserlebensräume:
»Unterwasserführer Europäische Binnengewässer«, B. Humberg,
»Einführung in die Limnologie«, J. Schwoerbel
»Tiere und Pflanzen unserer Gewässer«, H. W. Ludwig

Über sachkundiges Tieftauchen:
»Tieftauchen«, B. Gilliam und andere
»Mischgastauchen«, T. Mount, B. Gilliam und andere
»Enzyklopädie des Technischen Tauchens«, Dr. B. Aspacher,
www.ASPACHER.de

126. Archäologische Funde in Gewässern

Jederzeit können Sie in Binnenseen historische Gegenstände entdecken, die für die Wissenschaft Archäologie wertvoll sind. Die »Spielregeln« sind in den Bundesländern ähnlich und jeweils im Denkmalschutzgesetz (DSchG) geregelt. Grundsätze sind:

- Das Bundesland ist Eigentümer von Funden aus den Gewässern.
- Eigenmächtige Ausgrabungen sind verboten.
- Die Verwendung technischer Suchgeräte (Sonar, Detektoren) ist in einigen Bundesländern genehmigungspflichtig.
- Der Finder darf eine Fundstelle nicht verändern und soll – soweit ihm eine Positionsbestimmung im See möglich ist – die Fundstelle beim zuständigen Amt für Bodendenkmalpflege melden.
- Falls möglich, soll für obige Meldung der ursprüngliche Fund-Zusammenhang skizziert werden.
- Detailinformationen bietet das Buch »Denkmalschutzgesetze« von 1997.

Kontaktadressen:
Mecklenburg-Vorpommern:
Landesamt für Bodendenkmalpflege
Fachreferat Unterwasserarchäologie
Schloss Wiligrad
19069 Lübstorf
Tel.: 038 67-8805

Berlin und Brandenburg:
Brandenburgisches Landesmuseum für Ur- und Frühgeschichte
Wünsdorfer Platz 11
15838 Waldstadt
Tel.: 033 702-71 701

Interessierte Sporttaucher können oft innerhalb der jeweiligen Landesverbände für Unterwasserarchäologie als ehrenamtliche Helfer an der Vermessung von Fundstellen und Bergungen teilnehmen. Dafür sind manchmal ehrenamtliche Qualifizierungsmaßnahmen erforderlich. Kontakt über die Landesämter für Archäologie oder die DEGUWA.
Allgemeine Infos zur Unterwasserarchäologie: Publikationen, Ausbildung und Mitgliedschaft in der Deutschen Gesellschaft für Unterwasserarchäologie DEGUWA (hier kann jeder interessierte und entsprechend qualifizierte Sporttaucher mitarbeiten!):

DEGUWA-Sekretariat
Hetzelsdorf 33
91362 Pretzfeld.
Tel.: 09 194-5965
Fax: 09 197-1684
E-mail: mail@deguwa.org
www.deguwa.org

Fachzeitschrift speziell für Unterwasserarchäologie: SKYLLIS.
Unterwasserarchäologische Beiträge erscheinen oft auch in der Zeitschrift ARCHÄOLOGIE IN DEUTSCHLAND.

127. Tauchturmservice: Deutschlands mobile Tauchtürme

Die stationären Indoortauchanlagen im beschriebenen Gebiet sind im Lauftext dieses Buches integriert. Falls Sie einmal mobile Tauchtürme für besondere Events oder Werbemaßnahmen benötigen, finden Sie nachfolgend Angebote aus ganz Deutschland. Die Vollständigkeit kann nicht garantiert werden, aber wir arbeiten daran und freuen uns über alle Informationen an:
E-mail: webmaster@unterwasserfoto-und-story.de .

1. *Standort:* 01277 Dresden
Betreiber: Tauchtreff Dresden
L x B x H: 3,6 x 1,9 x 2,9 Meter (ca. 8 Kubikmeter Wasser, 7 Fenster)
Transport: Anlieferung per Lkw und Anhänger
Kontakt: Tel. + Fax: 03 51- 3 10 91 20
E-mail: info@tauchtreffdd.de

2. *Standort:* 01920 Steina
Betreiber: Tauchschule Dresden
L x B x H: 3 x 2 x 3,85 Meter (ca. 11 Kubikmeter Wasser, 7 Fenster)
Transport: Anlieferung auf Spezialanhänger
Kontakt: Tel.: 03 51-4 16 23 04
Fax: 03 51-4 16 23 32
E-mail: info@tauchschule-dresden.de

3. *Standort:* 06406 Bernburg
Betreiber: Tauchsportverein Bernburg e. V.
L x B x H: Durchmesser 3 x 5 Meter (ca. 25 Kubikmeter Wasser, 10 Fenster)
Transport: Lkw
Kontakt: Tel.: 0 34 71-62 84 70
E-mail: kai.mehliss@web.de

4. *Standort:* 33378 Rheda-Wiedenbrück
Betreiber: DLRG Rheda-Wiedenbrück
L x B x H: Durchmesser 3 x 4 Meter (ca. 20 Kubikmeter Wasser)
Transport: Lkw
Kontakt: Rolf Kissenbeck, Kopernikusstraße 10
33378 Rheda-Wiedenbrück
Tel.: 0 52 42-31 33

5. *Standort:* 34260 Kaufungen
Betreiber: Joachim Raub, Crumbacher Weg 11a, 34260 Kaufungen
L x B x H: Tauchturm mit Durchmesser 3 x 5 Meter (ca. 25 Kubikmeter Wasser, 12 Fenster)
Transport: Spezial-Lkw des Betreibers
Kontakt: Tel.: 05 61-9 51 39 60
Fax: 05 61-9 51 39 61
Funk: 01 72-5 62 49 28
www.tauchattraktion.com

6. *Standort:* 34260 Kaufungen
Betreiber: Joachim Raub, Crumbacher Weg 11a, 34260 Kaufungen
L x B x H: Tauchtruck; Lastzug mit montiertem Tauchcontainer 6 x 2,2 x 2 Meter (ca. 26 Kubikmeter Wasser, 8 große Fenster)
Transport: Spezial-Lkw des Betreibers
Kontakt: Tel.: 05 61-9 51 39 60
Fax: 05 61-9 51 39 61
Funk: 01 72-5 62 49 28
www.tauchattraktion.com

7. *Standort:* 38820 Halberstadt
Betreiber: Taucherservic Halberstadt
L x B x H: 6,5 x 2,5 x 2,7 Meter (ca. 40 Kubikmeter Wasser, 4 Fenster)
Transport: Abrollkipper mit Systemhaken
Kontakt: Fax: 0 40 36-03 55 41 66
Funk: 01 70-1 61 70 49

8. *Standort:* 56070 Koblenz
Betreiber: Divefactory Koblenz
L x B x H: 5 x 2,5 x 2,5 Meter, (ca. 32 Kubikmeter Wasser, Eurocontainer mit 6 cm Panzerglas verglast und allseits einsehbar)
Transport: Lkw
Kontakt: Tel.: 02 61-8 3 3 80
Fax: 02 61-9 82 42 89
E-mail: info@divefactory.de
www.tauchbecken.de

9. *Standort:*	42579 Heiligenhaus
Betreiber:	Messegesellschaft Düsseldorf
L x B x H:	8 x 4 x 4 Meter, mit 8 Panzerglasscheiben à 2,2 qm verglast, Gesamtgewicht 150 Tonnen, Einsatz bislang ausschließlich auf der boot-Wassersportmesse.
Transport:	Lkw
Kontakt:	Messegesellschaft Düsseldorf

128. Autor/Fotografen/Bibliografie

Der Autor (Jg. 1962) begann während seiner Abiturzeit in Mecklenburg am Tollensesee mit dem Tauchen. Er war mit 18 Jahren bereits Tauchlehrer (T III) und kann heute auf 20 Jahre Praxis in der Unterwasserfotografie zurückblicken. Er absolvierte seine Armeedienstzeit als Pionier- und Sprengtaucher und arbeitet derzeit als Techniker und Forschungstaucher für wissenschaftliche Projekte des Institutes für Hydrobiologie der TU Dresden.
Er hat für nahezu alle deutschsprachigen Tauchmagazine und viele Zeitschriften der Reise-, Aquarien-, Fischerei- und Naturkundebranche geschrieben und fotografiert. Seine Spezialität sind Unterwasserfotos aus dem Süßwasser, der Ostsee und nordischen Meeren, wo die Unterwasserfotografie aufgrund der Kälte und der eher mäßigen Transparenz des Wassers zu einer besonderen Herausforderung wird.
Die Fotos im vorliegenden Tauchführer stammen zum Teil von Sabine Wieland. Sie arbeitet als Professorin für Informatik an der privaten Fachhochschule der Telekom zu Leipzig und fotografiert besonders gern Fischporträts bei Nacht. An vielen geplanten Aufnahmen hat sie als tauchendes Model mitgewirkt.

Bibliografie

1993: Tauchreiseführer Ostdeutschland – Der Norden
1994: Tauchreiseführer Ostdeutschland – Der Süden
1996: Kapitel Süßwasserbiologie im HANDBUCH TAUCHEN
1999: Tauchreiseführer Deutschland – Der Osten
1999: Süßwasser- und Meeresbiologie, gemeinsam mit Dr. Victor Petriconi
1999: Tauchplätze der Ostsee II, Nordwestmecklenburg bis Usedom (die Landtauchplätze der Küste von Mecklenburg-Vorpommern)
2001: Tauchreiseführer Ostseeinseln (mit Fehmarn, Rügen, Bornholm, Gotland und Åland)
2002: Süßwasser- und Meeresbiologie, gemeinsam mit Dr. Victor Petriconi, polnische Lizenzausgabe
2003: Krabbe, Hecht und Blasentang-Schnorchel-Abenteuer in der Ostsee (praktische Beobachtungstipps für den Urlaub mit Kindern an der Ostsee)
2003: Tauchreiseführer Deutschland: Berlin, Hessen, Sachsen, Sachsen-Anhalt und Thüringen (mit Ausflügen nach Tschechien und in die Slowakei)
2004: Tauchreiseführer Deutschland: Brandenburg, Hamburg, Mecklenburg-Vorpommern und Niedersachsen